天津社会科学院重点项目"京津冀区域协同下天津经济高质量发展趋势研究"

项目编号：21YZD-09

 宏观经济与产业前瞻系列

京津冀

区域产业一体化发展的统计研究

李晓欣　著

天津社会科学院出版社

图书在版编目（CIP）数据

京津冀区域产业一体化发展的统计研究 / 李晓欣著.
天津：天津社会科学院出版社，2025. 6. --（宏观经济
与产业前瞻系列）. -- ISBN 978-7-5563-1067-8

Ⅰ. F127.2

中国国家版本馆 CIP 数据核字第 2025YN9957 号

京津冀区域产业一体化发展的统计研究

JINGJINJI QUYU CHANYE YITIHUA FAZHAN DE TONGJI YANJIU

责任编辑：杜敬红
装帧设计：高馨月
出版发行：天津社会科学院出版社
地　　址：天津市南开区迎水道 7 号
邮　　编：300191
电　　话：（022）23360165
印　　刷：天津印艺通制版印刷股份有限公司
开　　本：710×1000　　1/16
印　　张：16
字　　数：227 千字
版　　次：2025 年 6 月第 1 版　　2025 年 6 月第 1 次印刷
定　　价：78.00 元

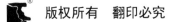

前　言

　　京津冀协同发展是习近平总书记亲自谋划、亲自部署、亲自推动的重大国家战略。多年来,京津冀协同发展历经谋思路、打基础、寻突破阶段,协同思想更加坚定,发展路径愈加清晰,紧紧执住"疏解北京非首都功能"的牛鼻子,谱写出"京津双城记",打造北京城市副中心,建设起"国家千年大计"雄安新区。可以说,京津冀协同发展战略提出并实践的十年,是京畿重地转型蜕变、实现经济社会高质量发展的十年,京津冀三省市携手在产业、交通、生态、公共服务等领域一体化发展,不断实现新的突破。2023 年 5 月,习近平总书记在河北考察并主持召开深入推进京津冀协同发展座谈会时强调,要以更加奋发有为的精神状态推进各项工作,推动京津冀协同发展不断迈上新台阶,努力使京津冀成为中国式现代化建设的先行区、示范区。京津冀协同发展未来可期,定会大有可为!

　　京津冀协同发展是当前和未来相当长一段时期我国的重大国家战略。从经济学角度来看,京津冀协同发展是在经济理论指导下,在区域经济发展中的创新性改革与实践。它突破了原有的、建立在比较优势理论基础上的常规区域发展模式,以着眼于未来可持续发展的协议性分工理论来指导区域经济活动,对经济格局超前谋划、合理布局,通过优势互补、互利共赢,走出一条科学发展的道路。

　　在这一实践创新背景下,传统的、基于比较优势理论建立的区域经济统计测度理论、方法和模型,必然面临重大的改革与创新。只有这样,才能更加全面、客观地反映区域经济的运行状态,发现经济规律,准确评价和认识经济运行结果。

本书的研究重点是京津冀区域产业一体化发展的统计测度研究。选择这一研究点的理由是,区域产业一体化发展是实现区域协同发展的主要内容和重要经济基础。在新经济背景下,对区域内部的要素和产品流动壁垒、市场分割、经济发展和产业水平梯度差异、产业转移、地区间产业空间经济联系进行测度,对一体化发展的产业结构优化与产业技术效率水平进行评价,将成为制定区域协同发展政策和评估区域协同发展成效的参考依据,具有重要的应用价值。

本书以协议性分工理论为基础,探索建立测度区域产业一体化发展的理论研究框架。京津冀区域产业一体化发展的实质是区域内部产业分工程度不断深化,以地区间生产要素和产品自由流动为保障,以产业转移为主要实现途径,消除地区间市场分割,强化地区间产业空间经济联系,最终实现科学合理的产业布局、优化的产业结构以及更高水平的产业技术效率。基于这一理解,本书在系统梳理前人研究成果的基础上,综合以下理论观点形成了一个系统性的理论框架,共包括五方面内容:一是一体化是消除区域间生产要素和产品自由流动壁垒的理论观点。区域间要素与产品自由流动壁垒程度越高,表明地区市场分割越严重,要素和产品的跨地区流动就越差,产业一体化就越难以实现,因此,消除生产要素和产品自由流动壁垒是实现区域产业一体化的保障。二是地区间经济发展和产业梯度水平是诱发产业一体化动力的理论观点。区域产业一体化是以产业转移作为实现一体化的主要途径,是协议性分工的重要体现,而产业转移发生的直接动力来自区域内部存在着经济发展和产业水平的梯度,正是这种梯度差异的存在诱发了产业一体化的实现。三是一体化是加强地区间空间经济联系的观点。区域内部各地区间经济不是相互独立的,而是存在着普遍的空间经济联系,特别是在协议性分工条件下,更是紧密地将不同地区的经济发展联系在了一起,强化了地区间经济的相互影响。

通过对地区间产业空间联系的研究,可以发现本地区哪些产业受到了来自周边地区产业发展的空间影响,且这种影响对本地区经济发展的作用强度如何。四是产业一体化进程提升了产业结构优化水平的观点。以地区协议性分工为基础,地区间的产业布局将发生显著变化,通过地区间的产业转移,区域产业布局更加合理,地区间的经济发展更加均衡,这将会提升区域产业结构水平。五是产业一体化促进产业技术效率提高的观点。随着区域一体化程度逐步加深,地区间流动壁垒逐渐减弱,区域内部生产要素配置更加科学,人才和资金流动更加便利,新的生产技术在区内传播更加迅速,改变了地区产业的生产投入与产出结构,使得产业技术效率水平获得普遍提升。

　　本书针对理论框架中每一方面,结合经济学理论和统计方法,建立了统计测度系统。关于生产要素和产品自由流动的测度研究,本书从市场一体化中的"市场价格"角度进行测度。市场价格一体化水平反映了产品和要素市场的分割程度,而这也体现了要素和产品在地区间的流动壁垒。因此,对区域生产要素和产品流动壁垒的测度就转变为采用基于"冰山成本"模型的市场价格法对区域市场一体化水平的测度。关于产业转移动力的测度研究,从地区间经济发展水平梯度、城市经济发展不平衡性、产业结构梯度差异以及产业同构等角度进行了测度。关于产业空间经济联系的测度研究,主要是对地区间三次产业的空间经济联系进行测度,运用地区间产业空间联系测度模型、产业空间关联综合指数等进行了测度研究。关于一体化中产业结构优化的测度研究,从产业结构优化的结构合理化和高级化两个角度,采用产业结构转换指数、泰尔结构偏离度指数等经济统计指标进行了测度,并采用了因子分析方法对结构优化水平进行了综合评价。关于一体化中的产业效率的测度研究,从产业生产投入结构与产出结构的角度,采用数据包络分析方法与 Malmquist-DEA 指数模型相结合,对区域主要工业产业的技术效率水平进行了测度。

　　根据本书建立的理论框架和统计测度系统,笔者对京津冀区域产业一体化发展进行了实证研究。研究结果表明:第一,京津冀区域市场一体化程度逐步加深,要素和产品的流动壁垒逐渐减弱,这加速了区域产业一体化进程。第二,京津冀区域内部存在着明显的经济发展和产业水平梯度差异,城市经济发展存在空间不平衡,这既构成了产业一体化与产业转移的直接动力,又由于地区经济质量和产业结构水平的较大差距延缓了产业转移的步伐,同时,京津冀三省市间存在着一定的产业同构问题,造成了地区间产业竞争大于合作的局面。第三,河北省产业发展受地区间产业空间经济联系的影响最大,其次是天津市,北京市受到的影响最小。与京津两市相比,河北省产业发展在很大程度上受到了京津两市产业发展水平的影响,借助京津冀区域产业一体化趋势,河北省的产业水平将会获得更大程度的提升。第四,随着产业一体化的发展,京津冀区域产业结构优化水平逐渐提升,但与我国长三角、珠三角经济区相比,在产业结构水平上仍存在着差距,同时,近年来,京津冀三省市的产业结构在我国主要城市的产业结构水平排名中的位置没有发生明显变化,区域产业一体化的发展还未能够拉动城市产业结构水平普遍提升,产业一体化对地区产业结构优化水平的拉动作用还亟待加强。第五,在区域产业一体化进程中,地区不同类型产业的技术效率水平存在着差异。在京津冀区域内部,属于高新技术产业的通信电子、医药制造业并未显现出高于传统工业的较大技术效率优势。传统工业产业仍具有一定的技术效率水平,在高新技术产业还未发展成熟前,传统工业仍有发展空间,这一结论支持了在区域产业一体化下将北京市部分传统制造业转移至河北省继续发展的做法是合理的。同时,京津冀三省市在产业内部形成了技术效率梯度。

　　全书共分九章,各章节研究内容概括如下。

　　第一章,导论。本章提出本书的研究目的、背景和意义,介绍研究内容、研究方法。

　　第二章,文献综述。本章对区域经济发展理论、经济一体化理论,特别是对协议性分工理论进行了系统性解读,在介绍各重要理论思想的同时,阐述了理论发展的关联和脉络,比较了不同理论的研究特色。同时,对已有的关于区域市场一体化测度、产业空间联系测度等相关内容的统计测度方法进行了回顾,还梳理了京津冀区域一体化发展的研究文献,从中得出了许多重要的历史经验,为本书的研究工作提供了重要的参考。此外,还发现了现有文献在产业一体化研究中所存在的不足,提出了改进目标。

第三章,区域产业一体化测度的理论与方法。本章围绕着协议性分工理论在区域产业一体化研究中的适用性与新的理论内涵进行了深入讨论。在此基础上,基于协议性分工理论建立了测度区域产业一体化发展的理论框架,包括了要素流动壁垒、产业一体化动因、一体化的空间经济联系、地区产业结构优化与产业技术效率水平等理论研究内容。同时,建立了区域产业一体化发展的统计测度系统,该系统包含了市场一体化水平测度、经济发展与产业梯度差异测度、地区间产业空间经济联系测度、产业结构优化测度以及技术效率测度等内容。

第四章,京津冀区域市场一体化测度与产业分工合作。地区间的要素和产品的自由流动是实现产业一体化的保障,因此,需要对要素和产品的跨地区流动进行研究。由于直接进行测度存在着困难,我们将流动性测度转换为对市场一体化水平的测度。实证研究发现,京津冀三省市的市场一体化水平正在逐步提升,表明地区间的市场分割程度不断下降,反映出了生产要素和产品的跨地区流动在增强。在此基础上,本章回顾了京津冀区域内部产业分工合作的发展历程,描述了现阶段区域产业分工合作状况。

第五章,京津冀区域产业一体化的产业转移研究。京津冀三省市间的产业转移是实现区域产业一体化的重要途径,是对现有产业布局的调整,是按照地区协议性分工安排生产的一种体现。本章讨论了区域产业转移发生的直接动力是地区间经济水平梯度差异与产业结构梯度差异,详细分析了京津冀三省市经济发展水平,区域内部 13 座城市之间存在一定的发展差距,经济发展存在空间不平衡。同时,京津冀地区间产业结构也存在较大差异。在此基础上,系统分析了京津冀三省市间的劳动力、资金、技术要素转移状况,分析了京津冀区域产业转移发生的现实背景,梳理了近年来京津冀三省市间发生的产业转移情况,等等。

第六章,京津冀区域产业一体化的地区空间联系测度。区域内部各地区间经济不是相互独立的,而是存在着普遍的空间经济联系,特别是在协议性分工条件下,更是紧密地将不同地区的经济发展联系在了一起,强化了地区间经济的相互影响。本章基于空间偏离份额模型提出了新的测度地区空间经济联系的研究方法——地区间产业空间联系测度模型,该模型与已有测度模型相比具有更高的可操作性。在此基础上,结合产业空间关联综合指数和空间结构强度指数对京津冀三省市产业空间联系程度进行了测度,并对测度结果进行了比较分析。

第七章,京津冀区域产业一体化的结构优化水平测度。以地区协议性分工为基础,京津冀区域产业布局将发生显著变化,通过地区间的产业转移,使得区域产业分布更加合理,这会对区域的产业结构产生积极影响,因此,对京津冀区域产业结构优化水平进行测度是十分必要的。本章提出了测度产业结构合理化和高级化的统计指标体系,对京津冀区域产业结构优化问题进行了实证研究;进一步采用多元统计分析中的因子分析方法对京津冀区域产业结构优化水平进行了综合评价。

第八章,京津冀区域产业一体化的技术效率测度。随着京津冀区域产业一体化进程的不断发展,地区间产业分工更加深化,跨地区的要素和产品流动逐渐加强,市场壁垒逐渐下降,这势必会改变产业的生产投入和产出结构,影响产业技术效率水平。本章采用基于数据包络分析方法的规模报酬可变的 BCC 模型,对京津冀区域石油加工、汽车等四个制造业以及金融、交通等四个服务业的综合技术效率、纯技术效率与规模效率进行了测度;进一步,采用 Malmquist-DEA 指数模型对八大产业的全要素生产率、技术效率变化、技术进步水平进行了动态测度,并对测度结果进行了对比分析。

第九章,研究总结、政策建议与展望。本章对前文主要章节的研究内容和研究结论进行了总结,对发现的问题提出了具有前瞻性、针对性、可操作性的对策建议,并对研究中存在的不足提出了改进方向。

与同类研究相比,本书的创新性工作概括如下。

(1)在新经济背景下,基于协议性分工理论提出了测度区域产业一体化发展水平的理论框架,推进了这一领域的理论研究。理论研究内容涵盖了要素流动壁垒、产业一体化动因、一体化的空间经济联系、地区产业结构优化与产业技术效率水平等内容,形成了一个系统地测度区域产业一体化的理论框架。

(2)针对理论框架中每一方面,结合经济学理论和统计方法,提出了统计测度模型,建立了统计测度系统,推进了这一领域的经济统计方法研究。统计测度系统包括了市场一体化测度、产业空间经济联系测度、产业结构合理化和高级化测度以及产业技术效率测度等内容,运用该统计测度系统可以很好地对区域产业一体化发展水平进行测度。

(3)运用新方法和模型对京津冀区域产业一体化水平进行了测度,获得了诸多有价值的实证分析结果,并根据结果对京津冀区域产业一体化发展提出了意见和建议,这对于区域经济实践具有重要的参考意义。

本书是以笔者的博士论文为基础,进行全面梳理、补充完善、调整更新而成。笔者的博士论文完成于 2015 年末,正值京津冀协同发展起步阶段,论文中提出的区域理论、产业一体化路径、统计测度方法在当时颇具前瞻性和开创性,丰富了京津冀协同发展理论方法研究。十年如白驹过隙,京津冀协同发展取得了巨大成就,为我们的区域经济研究提供了诸多全新的、动态的、鲜活的案例和素材,这些都需要与时俱进、及时加以研究。同时,京津冀协同发展新阶段也面临新的情况、新的问题、新的挑战,为了针对新时期新任务开展有效研究,笔者以京津冀协同发展为主题申请立项天津社会科学院重点项目,在前期研究基础上,对研究内容进行了诸多必要的拓展和完善,确保现有京津冀研究工作能够跟上新时代步伐,能够有效满足新的发展需要,更加凸显社科研究所具有的较高时代价值。

更好地推动京津冀协同发展迈上新台阶是一个重大的时代命题,我们都是答题人。希望本书的面世,能够为国家以及京津冀相关政府部门制定出台政策提供支撑,能够为学界同仁开展区域经济问题研究提供参考。当然,受限于本人的知识水平,书中难免会存在不足之处,甚至有些学术观点还需继续讨论,在此,恳请各位专家学者、广大读者不吝赐教。

李晓欣

2024 年 2 月

目　录

第一章 导 论

第一节 研究背景、研究目的和意义

从研究的现实背景来看,区域经济一体化是经济全球化目标在区域层次上的率先实现。区域经济一体化使得中央政府对经济的控制力下移至各地方政府,从而将地方政府推至经济竞争发展的前沿。由此,在激烈的国际竞争中,经济全球化的大趋势凸显了区域经济一体化发展的重要性,促进了区域产业带的形成。

进入 21 世纪以来,作为我国北方沿海地区最重要的原材料、能源生产基地,环渤海经济区呈现出迅猛增长的态势,成为带动中国经济增长的第三大"引擎"。作为环渤海区域的核心地区,京津冀区域已成为继长三角、珠三角之后,极具增长潜力的第三大经济板块。2022 年,京津冀区域经济总量突破 10 万亿元,占全国经济总量的 8% 以上,对外贸易总量占全国外贸总量的 12% 以上,已经成为我国经济的重要增长极。

京津冀区域作为我国北方经济发展最好、现代化程度最高的经济区域,有能力成为构建环渤海经济区、引领北方经济高质量发展的战略基地和增长引擎,成为中国式现代化建设的先行区、示范区。推进京津冀区域一体化协同发展也有利于形成南北均衡的宏观经济格局。

京津冀三地产业结构各具特色。2022 年,北京第三产业已占据地区产业主导地位,占比超过83%,其总部经济十分发达,金融业、技术服务、商业咨询行业发达,技术、人才等创新资源集聚优势明显。天津自2014年以来,第三产业经济规模超过了第二产业,上升为地区主导产业,但与北京不同的是,第二产业中的制造业仍然拥有着举足轻重的地位。2023年,天津坚持以高端化、智能化、绿色化为制造业转型升级方向,制定出台了制造业高质量发展行动计划,打造"1+3+4"现代化产业体系,其中,"1"是指智能科技产业,"3"是指汽车、装备制造、绿色石化等优势产业,"4"是指生物医药、新能源、新材料、航空航天等产业。2018年之前,河北省始终是第二产业占据主导,2018年,河北省的第三产业占比首次超过第二产业,达到46.2%,到2022年,第三产业占比进一步扩大到49.4%,但仍显著低于京津两市的第三产业占比,第二产业比重在京津冀三省市中仍保持最高,其产业正在逐步高技术化调整,比如,近年来河北的生物医药产业取得了长足发展。客观来讲,京津冀三省市在产业发展水平上依然存在着差距。

在京津冀区域中,北京市、天津市和河北省地域相邻,三省市的历史、文化一脉相承,渊源深厚,为区域一体化发展奠定了坚实的基础。京津冀区域一体化协同发展,就是要打破"一亩三分地"的旧行政区划思维,秉承合作共赢的思想理念,最大化地区间的优势互补功能,强调现代化区域产业分工机制,重点是区域内部的产业重新科学规划布局,为区域内部生产资源要素和商品、服务的自由流动创造良好的市场条件,并以京津冀区域基础设施一体化、大气污染联防联控作为优先领域,实现区域的合理发展、快速发展、共赢发展。

20世纪80年代初期,中央已就我国大经济区建设问题形成初步意见。1985—1986年,中国科学院地理所的专家学者讨论形成了《应当进行"大渤海湾地区资源开发和经济布局"的统一规划和前期研究》的报告,并向中国科学院和国家计委作了汇报。① 1986年,为了避免出现各自

---

① 张斌兴.从"大渤海湾"到"环渤海"——"环渤海经济圈"概念的提出与发展过程[N].科学时报,2008-9-21.

为政和重复建设的局面,国家规划出了包括环渤海在内的若干经济区域,环渤海经济区由此提出。同年,十五座环渤海经济区的沿海城市①成立了环渤海地区经济联合市长联席会,这是我国北方区域最早的经济合作组织,同时,联席会推举天津市作为主任城市,在天津市经协办设立联席会办公室和办事机构,委员由十五座城市的市长特派员组成。

1990 年以来,环渤海经济区确立的总体发展定位是建设成为现代化的原材料、能源生产加工和外向型经济发展的综合基地。1991—1995 年("八五"时期),作为全国最大的工业密集区,环渤海经济区的合作发展前景一片光明。然而,现实是环渤海经济区发展并没有出现预期中的腾飞,这主要是区域合作机制等多方面原因造成的。

直到 2004 年,随着京津冀都市圈的提出,环渤海经济区域合作进入了加速阶段。国家发展和改革委员会于 2004 年 2 月在廊坊市召集北京市、天津市与河北省三地发改委等部门,签署了旨在加强京津冀区域经济一体化发展的"廊坊共识"。"廊坊共识"的提出,表明京津冀区域经济一体化发展思想的正式确立,京津冀三省市地区经济合作已进入实质性阶段。根据"廊坊共识",交通设施一体化建设领域将作为三省市最先突破的合作领域,并以此为基础,逐步开展编制京津冀总体规划工作,落实产业布局的合理规划,统筹三省市经济社会的协同发展。

2014 年 2 月 26 日,习近平总书记在北京市主持召开座谈会②,专题听取了京津冀协同发展工作汇报,强调实现京津冀协同发展,是面向未来打造新的首都经济圈、推进区域发展体制机制创新的需要;是探索完善城市群布局和形态、为优化开发区域发展提供示范和样板的需要;是探索生态文明建设有效路径、促进人口经济资源环境相协调的需要;是实现京津冀优势互补、促进环渤海经济区发展、带动北方腹地发展的需要;是一个

---

① 十五座环渤海经济区的沿海城市分别为天津、秦皇岛、唐山、沧州、威海、丹东、大连、营口、锦州、潍坊、东营、盘锦、滨州、烟台和青岛。

② 习近平主持召开座谈会听取京津冀协同发展工作汇报[EB/OL]. 中国政府网,www.gov.cn/ldhd/2014-02/27/content_2624901. htm.

重大国家战略,要坚持优势互补、互利共赢、扎实推进,加快走出一条科学持续的协同发展道路。2015年4月30日,中共中央政治局审议通过《京津冀协同发展规划纲要》,明确京津冀整体和京津冀三地各自发展定位,明确布局思路和空间骨架,明确以有序疏解北京非首都功能为核心,以交通、生态、产业为率先突破的重点领域,京津冀区域协同发展顶层设计初步完成。2017年4月,中共中央、国务院决定设立雄安新区;同年10月,在党的十九大报告中提出,要以疏解北京非首都功能为"牛鼻子",推动京津冀协同发展,高起点规划、高标准建设雄安新区。2019年1月,中共中央、国务院批复北京城市副中心控制性详细规划。2021年3月,在国家"十四五"规划中提出,实施区域重大发展战略,加快推动京津冀协同发展,紧抓疏解北京非首都功能"牛鼻子",实施一批标志性疏解项目。2023年,工信部会同国家发改委等有关部门以及京津冀三地政府共同编制《京津冀产业协同发展实施方案》①,明确到2025年,京津冀产业分工定位更加清晰,产业链创新链深度融合,综合实力迈上新台阶。2023年5月,习近平总书记在深入推进京津冀协同发展座谈会上提出,要努力使京津冀成为中国式现代化建设的先行区、示范区。

自京津冀协同发展提出至今,已走过十年时间,京津冀三省市牢牢抓住疏解北京非首都功能这个"牛鼻子",严格把控增量、高效疏解存量,北京城市内部空间结构逐步优化;北京"新两翼"建设工作高标准推进,雄安新区建设全面提速,一批标志性的疏解项目加快在雄安新区落地,同时,在千亿元高投资强度带动下,北京城市副中心也在加速建设当中,各类办公场所、文化建筑纷纷落地建成;京津冀创新驱动力显著增强,滨海国家超级计算机天津中心承担的海量计算任务中的三分之二来自京津冀区域,京津冀国家技术创新中心研发的11项技术成果处于世界领先水平;轨道上的京津冀、生态联防联控等领域取得重要突破,加速构建京津冀主要城市之间1~1.5小时交通圈,北京空气质量明显改善,等等。此

---

① https://www.gov.cn/govweb/lianbo/bumen/202305/content_6875854.htm。

外,三地在医疗、教育等公共服务领域实现优质资源共享,协同发展红利惠及普通百姓。习近平总书记指出,京津冀如同一朵花上的花瓣,瓣瓣不同,却瓣瓣同心。京津冀协同发展十年来取得的巨大成效,就是在一步一个脚印、一年一个台阶的去坚定落实习近平总书记的战略部署。

京津冀协同发展战略上升为国家战略,对与之相关的理论研究、实证研究也提出了新的要求,同时,京津冀区域研究潜力也将被极大激发。从经济学角度来看,京津冀协同发展是在经济理论指导下,在区域经济发展中的创新性改革与实践。它突破了原有的、建立在比较优势理论基础上的常规区域发展模式,以更着眼于未来可持续发展的协议性分工理论来指导区域经济活动。在这一实践创新背景下,传统的、基于比较优势理论建立的区域经济统计测度理论、方法和模型,必然面临重大的改革与创新。

在经济学理论指导下,以协议性分工理论为基础,探索建立一个测度区域产业一体化发展的理论框架,并结合统计学方法,建立一套完整的统计测度系统。对京津冀区域产业一体化中的产业分工、要素流动、产业转移、地区间产业空间联系、产业结构优化以及技术效率变化等关键问题进行统计测度。目的是为我国新的区域经济发展模式提供与之适宜的统计测度方法,推进这一领域的理论方法和应用研究。相信本书的研究对于我国区域经济改革与实践具有重要价值,为完善区域协同发展政策和评价区域协同发展成效提供参考,对于推进相关领域的经济统计理论与方法研究具有积极意义。

第二节 研究内容

本书系统回顾和解读区域经济发展、经济一体化等的理论与实证研究海量文献,持续推进区域产业一体化理论与统计方法创新,以拓展的协议性分工理论为基础,搭建京津冀区域产业一体化测度的理论研究架构,构建产业一体化统计测度系统,采用大量经济数据、体系化指标和统计模型等,从多个维度对京津冀区域产业一体化进行深入分析研究,提出加快区域产业一体化发展的对策建议。

全书共分九章,各章节研究内容概括如下。

第一章,导论。本章提出研究目的、背景和意义,介绍研究内容、研究方法。

第二章,文献综述。本章对区域经济发展理论、经济一体化理论,特别是对协议性分工理论进行了系统性解读,在介绍各重要理论思想的同时,阐述了理论发展的关联和脉络,比较了不同理论的研究特色。同时,对已有的关于区域市场一体化测度、产业空间联系测度等相关内容的统计测度方法进行了回顾,还梳理了京津冀区域一体化发展的研究文献,从中得出了许多重要的历史经验,为本书的研究工作提供了重要的参考。此外,还发现了现有文献在产业一体化研究中所存在的不足,提出了改进目标。

第三章,区域产业一体化测度的理论与方法。本章围绕着协议性分工理论在区域产业一体化研究中的适用性与新的理论内涵进行了深入讨论。在此基础上,基于协议性分工理论建立了测度区域产业一体化发展的理论框架,包括了要素流动壁垒、产业一体化动因、一体化的空间经济联系、地区产业结构优化与产业技术效率水平等理论研究内容。同时,建立了区域产业一体化发展的统计测度系统,该系统包含了市场一体化水平测度、经济发展与产业梯度差异测度、地区间产业空间经济联系测度、产业结构优化测度以及技术效率测度等内容。

第四章,京津冀区域市场一体化测度与产业分工合作。地区间的要素和产品的自由流动是实现产业一体化的保障,因此,需要对要素和产品的跨地区流动进行研究。由于直接进行测度存在着困难,我们将流动性测度转换为对市场一体化水平的测度。实证研究发现,京津冀三省市的市场一体化水平正在逐步提升,表明地区间的市场分割程度不断下降,反映出了生产要素和产品的跨地区流动在增强。在此基础上,本章回顾了京津冀区域内部产业分工合作的发展历程,描述了现阶段区域产业分工合作状况。

第五章,京津冀区域产业一体化的产业转移研究。京津冀三省市间的产业转移是实现区域产业一体化的重要途径,是对现有产业布局的调整,是按照地区协议性分工安排生产的一种体现。本章讨论了区域产业转移发生的直接动力是地区间经济水平梯度差异与产业结构梯度差异,详细分析了京津冀三省市经济发展水平,区域内部13座城市之间存在一定的发展差距,经济发展存在空间不平衡。同时,京津冀地区间产业结构也存在较大差异。在此基础上,系统分析了京津冀三省市间的劳动力、资金、技术要素转移状况,分析了京津冀区域产业转移发生的现实背景,梳理了近年来京津冀三省市间发生的产业转移情况,等等。

第六章,京津冀区域产业一体化的地区空间联系测度。区域内部各地区间经济不是相互独立的,而是存在着普遍的空间经济联系,特别是在协议性分工条件下,更是紧密地将不同地区的经济发展联系在了一起,强化了地区间经济的相互影响。本章基于空间偏离份额模型提出了新的测度地区空间经济联系的研究方法——地区间产业空间联系测度模型,该模型与已有测度模型相比具有更高的可操作性。在此基础上,结合产业空间关联综合指数和空间结构强度指数对京津冀三省市产业空间关联程度进行了测度,并对测度结果进行了比较分析。

第七章,京津冀区域产业一体化的结构优化水平测度。以地区协议性分工为基础,京津冀区域产业布局将发生显著变化,通过地区间的产业转移,使得区域产业分布更加合理,这会对区域的产业结构产生积极影响,因此,对京津冀区域产业结构优化水平进行测度是十分必要的。本章提出了测度产业结构合理化和高级化的统计指标体系,对京津冀区域产业结构优化问题进行了实证研究;进一步采用多元统计分析中的因子分析方法对京津冀区域产业结构优化水平进行了综合评价。

第八章,京津冀区域产业一体化的技术效率测度。随着京津冀区域产业一体化进程的不断发展,地区间产业分工更加深化,跨地区的要素和产品流动逐渐加强,市场壁垒逐渐下降,这势必会改变产业的生产投入和产出结构,影响产业技术效率水平。本章采用基于数据包络分析方法的规模报酬可变的 BCC 模型,对京津冀区域石油加工、汽车等四个制造业以及金融、交通等四个服务业的综合技术效率、纯技术效率与规模效率进行了测度;进一步,采用 Malmquist-DEA 指数模型对八大产业的全要素生产率、技术效率变化、技术进步水平进行了动态测度,并对测度结果进行了对比分析。

第九章,研究总结、政策建议与展望。本章对前文主要章节的研究内容和研究结论进行了总结,对发现的问题提出了具有前瞻性、针对性、可操作性的对策建议,并对研究中存在的不足提出了改进方向。

第三节　研究方法

本书运用京津冀区域市场一体化程度来反映地区间生产要素和产品的流动状况,区域市场一体化水平越低,表明地区间的市场分割就越严重,生产要素和产品的跨地区流动性就越差,区域产业一体化的实现就越困难。在测度京津冀区域市场一体化程度时,采用基于"冰山成本"模型的市场价格法来测度市场一体化程度。具体来说,区域市场整合问题研究的关键在于讨论商品相对价格的变化规律,研究三省市两两之间的相对价格在一定的时间序列上是否收敛。同时,在比较京津冀地区三省市彼此之间相对价格是否存在收敛的基础上,研究京津冀区域整体商品相对价格的波动,以判断京津冀区域市场一体化水平,以此考察地区间生产要素和产品的流动水平。

在研究京津冀区域产业转移问题时,首先需要判断京津冀三省市之间是否存在经济水平和产业发展的梯度差异。本书运用经济总量指标、结构指标、区位商指标等,综合判断京津冀三省市存在的经济和产业水平梯度差异。区域经济与产业的发展梯度差异导致了产业转移,是产业转移出现的直接动力。产业转移促进了分工的进一步深化,调整了区域产业布局,是协议性分工的重要体现。

京津冀地区间产业空间联系反映了在一体化进程中三省市产业之间相互影响的程度,是产业一体化研究的重要内容。为了能够对产业空间联系进行测度,本书在已有的空间偏离份额模型基础上,创新性地提出了地区间产业空间联系测度模型、产业空间关联综合指数、空间结构强度指数,并运用该测度方法对京津冀三省市主要产业地区空间影响进行了测度,从量化的角度考察了京津冀三省市地区间产业的空间经济影响。

区域产业一体化的发展,带动了京津冀三省市以及区域整体产业结构的优化升级,同时促进了地区产业技术效率水平的提升。因此,本书十分关注在京津冀区域产业一体化发展之下,近年来的京津冀区域产业结构和产业技术效率究竟发生了怎样的变化。

在研究京津冀区域产业结构优化问题时,主要围绕产业结构合理化与高级化两个方面展开。首先是判断京津冀地区产业合理化问题。目前,在学术界,产业结构合理化评价并未形成统一的评价方法,因此,要想客观评价京津冀区域产业结构合理化水平,当务之急是要确立行之有效的研究方法。本书在总结已有方法的基础上,采用了基于泰尔指数的结构偏离度指标来衡量产业结构的合理化程度。在判断产业结构高级化方面,本书采用高技术化指数、高加工度化指数、服务化指数以及能源功效指数等对产业结构高级化水平进行判断。同时,采用产业结构变动系数(Moore 指数)测算京津冀区域产业结构的高级化转换速率。然后,运用多元统计中的因子分析方法,对京津冀、长三角和珠三角等区域的主要城市产业结构优化水平进行了综合评价。

在京津冀区域产业技术效率测度方面,本书认为,随着区域产业一体化程度不断加深,不同产业的技术效率水平会表现出不同的特征,因此,采用数据包络方法对京津冀区域主要制造业和服务业的技术效率进行了测度。数据包络分析方法是基于生产中的投入与产出样本数据,刻画出最佳的生产前沿面,将每一个决策单元与最佳生产前沿面的距离作为生产单元的技术效率测度值,运用该方法可以测算出京津冀三省市以及整体区域主要产业的规模效率、纯技术效率以及综合技术效率。然后运用Malmquist-DEA 指数模型对京津冀区域主要制造业和服务产业全要素生产率水平做了动态测度,并将全要素生产率变化指数进一步分解为技术效率变化指数和技术进步指数,目的是对京津冀区域重要产业的生产率动态变化进行全面分析。

第二章 文献综述

本章对区域经济发展理论、经济一体化理论,特别是对协议性分工理论进行了系统性解读,在介绍各重要理论思想的同时,阐述了理论发展的关联和脉络,比较了不同理论的研究特色;对已有的关于区域市场一体化测度、产业空间联系测度等相关内容的统计测度方法进行了回顾,同时,梳理了京津冀区域一体化与产业发展的研究文献,从中得出了许多重要的历史经验,为本书的研究工作提供了重要的参考。

第一节 区域经济均衡发展与非均衡发展理论

一、区域经济均衡发展理论

区域经济均衡发展理论强调市场的自我调节作用,认为各经济领域应该平衡增长。按照 Smith(1776)对市场的阐述,市场机制是一只"看不见的手",在价格机制和竞争机制作用下,生产要素自由流动,最终将实现收益的平均化,最优化经济资源配置,实现区域经济的全面增长。

大推进理论(the theory of the big-push)是均衡发展的代表性理论,由 Rosenstein Rodan 在 1943 年提出。该理论认为,为了突破经济发展中的瓶颈,应该对国民经济生产部门进行大规模全面投资,以拉动经济增长。

大推进理论是建立在储蓄、需求以及生产函数的三个不可分性基础之上的。1989年,Murphy给出了大推进理论的具体模型形式。

贫困恶性循环理论(vicious circle of poverty)揭示了在实施大推进策略中,发展中国家可能面临的困境。Nurkse(1953)认为,在需求恶性循环当中,较低的国民收入往往造成低购买力,进而引发生产领域的投资不足,这又将造成生产率很难提升,而低生产率就意味着低收入水平,这样在宏观经济中就出现了需求的恶性循环;而在供给恶性循环当中,低国民收入水平造成了低储蓄能力,进而引发了社会资本形成不足,这将会使产业部门的生产率难以提高,而低生产率又会造成低国民收入,于是,在宏观经济中又出现了供给上的恶性循环。需求恶性循环和供给恶性循环交织在一起,制约了发展中国家推进经济发展的能力。贫困恶性循环理论寄希望于大规模增加储蓄,进而扩大投资来突破这一发展瓶颈。然而,正如Nelson(1956)在低收入陷阱理论(low level equilibrium trap)中所指出的,资本形成不足严重制约了发展中国家经济的增长,同时,过高的人口增长率使得人均收入水平落入低收入陷阱之中。

为解决大规模投资问题,North(1955)提出了出口基地理论(export base theory)。该理论认为贫困恶性循环理论,只考虑了封闭经济条件下区域经济均衡发展的问题,忽略了贸易水平对区域经济增长的作用。实际上,通过扩大区域外需求,可以弥补了这一缺陷。各区域只要发挥各自的比较优势,在市场机制和自由贸易的共同作用下,就可实现区域间经济资源配置的平衡和产品市场价格的均衡,最终将实现经济的全面增长。

区域经济均衡理论希望通过市场的自动调节,实现经济的全面均衡增长。然而在现实世界中,发展中国家所处的市场经济环境,远不能满足均衡发展理论所要求的外部条件,因此理论应用在实践中受到了很大限制。

二、区域经济非均衡发展理论

与区域经济均衡理论不同,非均衡理论更加关注地区经济发展模式与空间分布的方式,主要的理论包括了增长极理论、核心—边缘理论、梯度转移理论和新经济地理理论等,研究内容涉及要素流动、产业集聚、产业转移、区位条件和经济增长方式等,代表人物有 Perroux、Myrdal、Hirschman 和 Krugman 等人。

增长极理论(growth pole)在世界区域经济发展实践中曾经获得了广泛的应用,它是由 Perroux 在 1950 年提出的。该理论打破了传统的均衡发展理论的思维方式,这主要体现在两点:一是主张非均衡的区域经济增长方式,反对区域经济的均衡增长方式;二是将空间变量引入区域经济研究领域,丰富了该领域的研究内容。之后,Rodwin 和 Boundville(1960)将增长极的概念由经济层面拓展到了地理层面,突出了其空间特性,他们在系统地研究了区域经济的外部性和产业集聚效应的基础上提出了经济空间的概念。

针对增长极理论中区域经济非均衡发展所造成的地区经济发展差距问题,Myrdal(1957)在累积因果模型(cumulative causation model)中提出,地区经济差距是扩散效应(expansion effect)和回流效应(return effect)综合作用的结果。具体来说,扩散效应是指经济发展较快的地区不断将资本、技术等要素向落后地区转移,进而带动了落后地区的经济增长,使得地区间的经济差距不断缩小;而回流效应是指经济发达地区不断凭借着自身经济发展的优势,不断从落后地区吸纳优质的经济资源,来实现本地区经济的快速增长,这样一来,地区间经济差距呈现出扩大的趋势。Myrdal 指出,在经济的不同发展阶段,扩散效应和回流效应的作用强度是不同的。

与累积因果模型较为接近,Hirschman(1958)在"核心区—边缘区"理论中,提出了影响区域经济增长的极化效应和涓滴效应。他指出,如果在区域经济发展中,极化效应长期占据优势,则地区经济发展差距将不断扩大,因此,需要政府采取有效的区域经济干预政策,以维持地区间经济的平衡。

与上述理论观点不同,区域梯度转移理论(regional gradient transfer

theory)强调了地区经济发展差距是由处于不同生命周期上的产品(产业)所决定的,该理论是 Vernon 在 1966 年提出的。根据区域梯度转移理论的观点,产品生命周期在空间上的表现就是地区间经济梯度(差距),并将不同地区分为了高梯度地区和低梯度地区。高梯度区域产业部门主要由处于技术创新阶段的新兴产业和处于发展阶段的产业构成,而低梯度地区的产业部门主要由成熟期产业和衰退型产业构成,技术水平在高梯度地区与低梯度地区之间形成了明显的梯度差异,这将导致不同技术水平的产业在高、低梯度区域之间的转移。

与传统区域经济理论在完全市场和规模报酬不变的假设条件下展开研究不同,Krugman 等人将空间因素纳入经典的一般均衡分析框架中,在垄断市场和规模报酬递增的假设条件下研究了地区经济的非均衡增长问题。Krugman(1999)深刻探讨了"核心—边缘"模型,在消费者多样性偏好以及冰山成本存在的假设下,当一个地区集聚了大量厂商时,消费品的种类就呈现出多样性,工业品价格将有下降的趋势,会吸引其他地区的劳动力向该地区集中;而伴随着地区劳动力人口的不断增多,对产品多样性需求又将进一步提升,吸引越来越多的厂商向该地区转移,因此,在地理空间上逐步形成了产业布局和经济活动不均衡的"核心—边缘"区域。

非均衡发展理论为发展中国家突破贫困陷阱,实现经济增长提供了理论指导。正如区域经济非均衡发展理论所论述的那样,我国区域经济建设也是在非均衡发展模式下进行的,其结果是形成了诸如京津冀经济区、长三角经济区和珠三角经济区等经济发达区域的发展格局。特别是在京津冀区域内部形成了一个非均衡的经济发展局面,京津两市成为区域经济发展的核心区,河北省多数地级市则属于发展的边缘区。因此,如Hirschman 所说,政府亟需扭转这一发展不均衡的局面,这也是区域协同发展所要达到的目标之一。

第二节　经济一体化与协议性分工理论

一、经济一体化的内涵

"一体化"在经济学中最初指的是生产企业依靠卡特尔、辛迪加、托拉斯、康采恩等方式结合所形成的工业或企业组织,它包括了垂直一体化和水平一体化。垂直一体化指的是生产企业产品供需双方的联合,而水平一体化指的是同一产品生产企业间的合并。

"经济一体化"的具体概念最早是由 Tinbergen 于 1954 年提出的,它指的是建立一种适宜世界经济相互合作发展的结构,在这种经济结构中,不存在任何人为因素阻碍经济的正常运行。之后,Pinder(1969)提出,应借助国家间的政策协调,逐步消除不同区域间影响生产要素和产品自由流动的不利因素,尽快实现经济的一体化发展。而 Balassa(1973)认为,"经济一体化"具有双重属性,一方面,它指的是这样一种过程,即逐步缩小国家间在经济行为上差别的过程;另一方面,它又是一种状态,即国家间不存在经济行为上的差别。他进一步提出,如果两个国家存在着自由贸易关系,则经济一体化就已经实现了。

经济一体化的形式包括了自由贸易区、共同市场以及完全一体化等多种形式,显然,不同的形式反映了一体化的不同程度。自由贸易区形式指的是成员国之间取消贸易关税和进口限制,对于非成员国则保留贸易关税;共同市场形式是指在各成员国取消贸易关税和进口限制的同时,采取政策措施保证资源和要素的自由流动;完全经济一体化则是指各成员国实施统一的经济政策,并建立起对全部成员国均具有约束力的超越国家的权力机构。

进一步,从经济一体化中"市场价格"作用的角度,Lindert 和 Kindleberger(1965)提出,通过建立统一的要素市场和产品市场,充分发挥各成员国间的要素市场价格和产品市场价格作用,促进生产要素和产品的自由流动,实现自由贸易。而 Holzman(1976)基于共同市场形式,认为经济一体化就是各成员国间的要素市场和产品市场价格的一体化。

借鉴 Tinbergen(1954)和 Pinder(1969)所提出的一体化观点,借助国家间的政策协调,逐步消除不同区域间影响生产要素和产品自由流动的不利因素。同时,Lindert(1965)和 Holzman(1976)等人从市场价格的角度对一体化给出的定义十分具有启发性,特别是价格一体化水平是可以直接进行统计测度的,它也反映了在一体化进程中地区间要素和产品自由流动的壁垒程度。

基于上述一体化的经济学含义,可以解读出促进地区间要素和产品的自由流动,破除贸易壁垒,是实现国家间经济一体化的保障,这一思想可以被借鉴到区域产业一体化研究当中。具体来说,地区产业分工是在一定的地区要素结构上所形成的格局,随着要素和产品的跨地区流动性逐渐增强,地区的要素结构发生了改变,造成了产业分工发生变化,形成了新的产业格局。然而,新的产业格局与原有分工格局相比,并不能够保证地区间经济发展的协调性,甚至会加剧失衡。具体到京津冀区域来说,由于京津冀区域产业一体化问题是基于区域一体化协同发展思想所提出的,这里的产业一体化发展强调了地区经济发展过程与结果的协同,突出经济发展的平衡性、产业格局的合理性,因此,京津冀区域产业一体化有着与以往一体化不同的经济内涵。

二、经济一体化与协议性分工理论

(一)经济一体化理论

经济一体化是协议性分工理论产生的根源。Viner(1950)在系统地研究了关税对各国经济贸易影响的基础上,最早提出了关税同盟理论。

该理论的核心思想是各成员国内部取消关税与对外实行统一关税将会对国家经济造成影响(一体化效应),成员国能否在关税同盟中获益,关键在于贸易创造效应与贸易转移效应的综合作用。之后,Mead(1955)、Vanek(1955)、Corden(1957)、Riezman(1958)等人进一步发展了该理论,提出了"三国家三商品"模型;Mcmillan(1970)、Mclann(1970)、Lloyd(1973)对该理论进行了归纳总结。

关税同盟理论提出了两个重要的经济概念,分别是贸易创造效应和贸易转移效应。贸易创造效应指的是成员国内部实行自由贸易,取消关税,成员国之间通过积极进口成本低的产品以取代本国生产的成本高的同类产品,由此创造出了新的产品贸易;而贸易转移效应指的是在成员国对内取消关税和对外实行统一关税的共同作用下,导致先前的成员国与非成员国的低成本产品进口贸易转化为成员国之间的高成本产品进口贸易,引起了贸易方向的变化。

与关税同盟理论较为近似的是自由贸易区理论,Robson(1998)对该理论进行了系统总结。自由贸易区理论强调了通过消除区内贸易壁垒来实现成员国之间的贸易自由化。自由贸易区是指国家间通过经济协议等形式所形成的经济一体化组织,而协议的主要内容是围绕成员国间取消关税或采取其他与关税有关的措施。自由贸易区理论与关税同盟理论相似的是,它也具有贸易创造效应和贸易转移效应,但二者的作用机制不同。同时,与关税同盟条件下的福利水平相比,成员国在自由贸易区条件下的福利水平要有所提高;从成员国以外各国的贸易水平来看,与关税同盟条件下相比,出口水平与福利水平都将出现提升。

与关税同盟理论不同,自由贸易区理论的特点有二:一方面成员国拥有对非成员国关税制定的自主权,另一方面实行原产地规则,即可以在自由贸易区内进行贸易的产品必须原产自成员国内部,或者产品的主要生产环节在成员国内部。

Mead(1955)和Wooton(1955)进一步提出了共同市场理论。与关税同盟理论相比,共同市场理论不但强调通过成员国内部取消关税等促进自由贸易形成一体化的产品市场,更强调通过消除成员国要素市场的壁垒以促进要素的自由流动,形成一体化的要素市场,即实现了成员国的产品市场与要素市场的完全一体化。

Scitovsky 和 Deniau(1958)在共同市场理论基础上,又发展出了大市场理论。大市场理论的核心思想是将成员国内部市场向外延伸至成员国间的大市场,依靠扩大市场规模获得规模经济效益;通过成员国间的大市场,有利于创造一个竞争激烈的市场环境,有利于促进生产技术的进步。

与关税同盟的经济一体化形式相比,共同市场形式的经济一体化程度要更加深刻,共同市场通过破除各成员国存在市场壁垒的小市场而形成大市场,并依靠激烈的市场竞争带来了规模经济效益。Scitovsky 提出,各成员国内部的企业只有在共同市场激烈竞争的条件下,才会放弃以往的小规模生产,并逐步扩大生产规模。

可见,无论是自由贸易区理论,还是共同市场理论、大市场理论,都是在关税同盟理论基础上逐步发展起来的理论,这些理论更多的适用于对国家间区域经济一体化问题的研究,但其关于贸易壁垒问题的讨论,对研究一国内部区域经济一体化问题同样具有价值。

(二)协议性分工理论

协议性分工理论是 Kojima(1978)在《对外贸易论》一书中提出的,这一理论突破了单纯强调比较优势的传统一体化思想的局限。协议性分工理论的思想是各成员国在一体化组织内部不能单纯依靠各自的比较优势进行产业分工,如果只按照比较优势进行分工,会产生成员国对部分优势产业的垄断,不利于产生规模经济效益,并影响自由贸易的稳定性,因此,成员国间需要通过国际性的产业协议分工来促进一体化经济组织的稳定和发展。

该理论认为,成员国都按照产业协议性分工的要求进行产品的生产,导致生产水平持续扩大,生产成本不断降低,取得规模经济效益,同时,有利于促进生产技术的革新。下面将以两个国家的两种商品为例来阐述协议性分工理论的思想。

假设,在国际贸易中仅存在着 A、B 两个国家,两国都生产 X 和 Y 两种产品,A、B 国家生产 X 产品的成本分别用 C_X^A 和 C_X^B 来表示,生产 Y 产品的成本用 C_Y^A 和 C_Y^B 来表示。在实行协议性国际分工前,由于 A、B 两国内部市场较小,限制了 X 和 Y 产品生产厂商的规模,产量水平较低,提升了厂商的生产成本。在两国协商实行协议性国际分工后,假定 X 产品完全由 A 国来生产,B 国放弃了对 A 产品的生产,同时,B 国将数量为 X_B 的国内市场开放给了 A 国;同样,Y 产品完全由 B 国来生产,A 国放弃了对 Y 产品的生产,同时,A 国将数量为 Y_A 的国内市场开放给了 B 国。这一过程可由图 2.1 和图 2.2 来反映。可见,经过协议性国际分工后,随着 A、B 两国所面对的 X 和 Y 两种产品的市场规模的扩大,产出水平获得了提升,生产成本出现了下降,这正是 Kojima 所说的规模经济的体现。

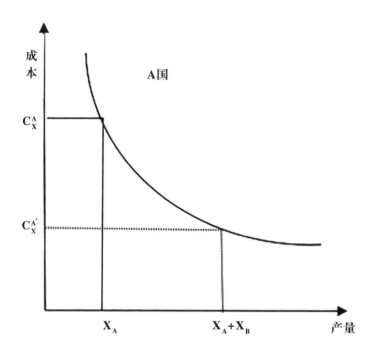

图 2.1 A 国在协议性分工后 X 产品的产量和成本变化

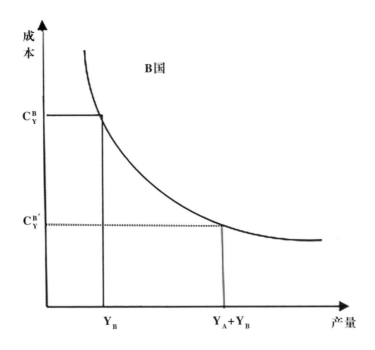

图 2.2　B 国在协议性分工后 Y 产品的产量和成本变化

也有一些学者认为,成员国如果按照协议性分工的要求进行某些产品的生产,如果原先该产业的生产规模已经实现了最优化生产规模,由于协议分工的要求,会进一步扩大该产业的生产,导致生产规模持续扩大而脱离了最优化生产规模,进入规模报酬递减的生产区间。

协议性分工理论的实现需要具备如下几个条件:一是保证一体化组织内部各成员国间要素和商品具备跨区域流动性,即国家间存在着自由贸易;二是协议性国际分工理论必须建立在一体化组织内部各成员国间的生产资源禀赋、工业水平大致相当的条件下,且基本处于同一个经济发展阶段;三是一体化组织内部任何一个成员国都可以从事分工要求的产品生产,同时,能够获得规模收益。只有满足了上述条件,成员国才能够实现协议性分工的目标,即扩大产业规模,获得规模经济效益,保证自由贸易的稳定性。如果成员国间的生产要素禀赋差距较大,某些生产资源只集中在部分成员国,或成员国间的经济发展和工业化水平存在巨大的梯度差异,无法满足协议性分工的实现条件,部分成员国只能进行特定产品的专业化生产,这时,成员国间的产业分工还是应当以比较优势来进行。

如协议性分工理论实现条件中所要求的那样,分工协议需要在发展水平接近的国家间来建立,而不能够在经济发达国家与经济落后国家之间来建立,不能够在要素禀赋差距悬殊的国家间进行,因此,该理论对比较优势理论是排斥的。当然,协议性分工理论也具有一定局限性,即发达国家与发展中国家之间无法实现协议性分工,由此会造成发达国家与发展中国家间贸易规模的下降。

而单纯依靠比较优势所建立起的国际分工格局会使发展中国家陷入"比较优势陷阱"。具体来说,发展中国家以出口劳动密集型产品和初级产品为主,发达国家则以出口资本密集型和技术密集型产品为主,这样使得发展中国家在国际贸易中始终处于不利地位,从而落入"比较优势陷阱"。

为了将协议性分工理论与比较优势理论联系起来,Brander、Spence(1983)提出了战略性贸易管理理论,该理论以不完全竞争理论和规模收益理论为前提,通过国家间的利润转移和贸易与产业政策相结合,将产业一体化组织形式划分为初级阶段形式和高级阶段形式,在每一阶段中将协议性分工与比较优势相结合,协调两种政策的应用,达到实现经济全球化的目标。

基于协议性分工视角,Klimenko(2006)讨论了一体化组织内部成员国间对高新技术产业如何进行协议性分工;Christopherson(2006)考察了跨国公司在分工协议制定过程中所产生的影响;Wood(2010)研究了英国商务领域劳动力跨国流动水平和工资率变化;Bergstrand(2015)采用引力模型测度了双边贸易中的边界效应和距离弹性;Kohnert(2021)认为区域协议分工可以促进技术转让和生产力增长,这为太平洋贸易与发展会议、太平洋经济合作理事会以及亚太经济合作组织奠定了理论基础。

协议性分工理论研究的是国际分工和国家间贸易领域,其思想也可以被很好地应用于一国内部地区间经济一体化问题的研究。由于一国内部的分工问题并不如国际分工那样复杂,其政治、文化因素相对稳定,地区间的要素禀赋差异与国家间要素差异要小,具备应用协议性分工理论的广阔空间,但在具体应用中需要结合区域经济一体化的实际情况对协议性分工理论做出改进。

第三节 统计测度方法回顾

一、市场一体化测度

根据 Lindert(1965)和 Holzman(1976)等人的观点,市场一体化水平反映了要素和产品的跨地区流动壁垒,可以采用市场价格法对市场一体化水平进行测度。Young(2000)很早就注意到了价格指标在分析中国区域市场一体化程度时的重要价值,产品价格变动幅度的扩大能够证明区域分割的加剧。

Engel(1998)和 Parsley(2001)借助 Samuelson(1954)提出的"冰山成本"模型,重构了"价格法"度量区域一体化程度的理论基础,并采用该方法测度了主要发达国家内部的区域市场一体化程度。Parsley(2001)根据价格方差指标的变化趋势来研究区域市场的分割状态。他认为,当价格方差表现出收敛的变化规律时,表明了"冰山成本"在减小,区域市场一体化程度不断提升,地区间产品与要素自由流动的壁垒呈现下降的趋势。采用该研究方法,桂琦寒(2007)、陈红霞(2009)、李国平(2012)、覃一冬等(2015)、张学良等(2017)、赵鹏(2018)、皮亚彬等(2019)、李晓欣(2020)、曹颖等(2022)对中国国内市场的一体化程度进行了测度。

二、空间经济联系测度

目前,主要有两类用来测度区域间经济空间联系的技术工具,一是由 Paelinck(1975)提出的空间计量经济模型,二是由 Isard(1951)提出的区域间投入产出模型。

　　Paelinck 在 1975 年提出了空间计量经济模型,该模型属于计量经济模型范畴,是计量经济领域的一个重要分支。Anselin(1988)明确提出空间计量经济模型就是用来解决空间自相关和空间异质性问题的。进入20 世纪 90 年代,随着 Krugman(1998)新经济地理学的提出,将区域空间研究引入主流经济学,极大地刺激了空间计量技术的发展。

　　在模型估计和检验方面,Anselin(2001)、Kelejian(1999)、Conley(1999)、LeSage(1997)对空间计量模型采用广义矩估计和贝叶斯估计及检验方法进行了拓展。同时,随着面板分析技术的广泛应用,Baltagi(2003)、Lee(2009)分别研究了面板空间误差模型和面板空间自相关模型。

　　另一类测度方法是由 Isard 在 1951 年提出的区域间投入产出模型(interregional input-output model)。该模型是基于地区间投入产出表数据进行构建,是研究地区间经济联系与要素流动的重要工具。目前,主要有三类区域间投入产出模型,分别是 Isard(1951)提出的区域间输入非竞争型投入产出模型,Chenery(1953)、Moses(1955)提出的区域间输入竞争型投入产出模型和 Leontief(1963)提出的区域间引力模型。

　　我国研制地区间投入产出表起步较晚[①],1995 年国家发展研究中心与日本东亚经济研究所合作估算了 1987 年中国区域间投入产出表,2005年国家信息中心研制出了我国 8 区域 30 部门的区域间投入产出模型,2008 年国家统计局正式出版了中国地区投入产出表(2002)。我国区域间投入产出模型的研制主要来自各方学者的努力,陈锡康(1988)、张亚雄(2006)、赵放(2011)、石敏俊(2012)、王雪妮(2014)、潘文卿(2015)、黎峰(2020)、李晓阳等(2022)从不同的角度建立了中国区域间投入产出模型,对中国各区域的经济联系进行了测度。

　　比较空间计量模型方法和区域间投入产出模型方法发现,操作性强是空间计量模型的优势,然而,其参数估计与检验的方法还存在着缺陷,

---

　　① 董麓,李晓欣.基于空间 Shift-Share 模型测度区域经济空间影响的新方法[J].统计与信息论坛,2015(5):3-9.

影响了该方法在实证研究中的应用;而基于投入产出模型的方法在计算时较为复杂,它以国家层面的区域投入产出表为基础,而该表的编制又以地区层面的投入产出表为基础,于是,投入产出表编制的复杂性导致该方法的操作性不强。为了弥补现有方法的不足,我们在空间偏离份额模型基础上创新性提出了地区间产业空间联系测度模型,为京津冀空间经济问题研究提供了新的测度工具。

三、产业结构优化测度

对产业结构演进和结构优化问题的测度方法主要包括采用"标准结构"法、投入产出技术,以及借助统计指标进行测度。

Chenery 在 1960 年基于世界各主要国家在第二次世界大战后的经济数据,采用统计回归分析方法系统研究了各国产业结构和工业化特征,得出了产业结构在不同人均产值水平上将如何发生变化。之后,他与 Syrquin 在 1989 年又提出了将产业结构优化分为产业结构的合理化和高级化两个方面,并给出了用来评价各国产业结构水平的"标准结构"。他们通过对世界各国大量三次产业数据进行统计回归分析,研究出了评价产业结构水平的标准结构,其中,包括了产值标准结构、劳动力标准结构和比较劳动生产率标准结构。之后,很多学者都将该"标准结构"作为参照系,对一国在特定时期的产业结构的合理性进行评价。

表 2.1　Chenery"标准产业结构模型"

产值比重	以 1964 年价格水平计算的国民生产总值的基准水平(千美元)								
	<0.1	0.1	0.2	0.3	0.4	0.5	0.8	1	>1
农业	0.522	0.452	0.327	0.266	0.228	0.202	0.156	0.138	0.127
制造业	0.125	0.149	0.215	0.251	0.276	0.294	0.331	0.347	0.379
公共服务业	0.053	0.061	0.072	0.079	0.082	0.089	0.098	0.102	0.109
一般服务业	0.3	0.338	0.385	0.403	0.411	0.415	0.416	0.413	0.388

资料来源:李双成.产业结构优化理论与实证研究[M].北京:冶金工业出版社,2013:14-15.

Leontief 在 1941 年开创了投入产出分析法。投入产出分析是以经济学中的一般均衡理论为基础,通过研究国民经济各产业部门间投入与产出的数量关系来分析宏观经济发展与产业结构变化的联系,是产业结构分析中十分重要的工具。具体来说,作为数量经济研究工具,在理论上,投入产出方法是基于一般均衡理论中要素和产品相互依赖的观点,而在方法上,采取了 Walras 运用数量方程来描述经济活动依存关系的方法。Leontief 在创立投入产出分析时,对瓦尔拉斯一般均衡模型(walrasian equilibrium)做了比较大的简化甚至是改造。与一般均衡模型不同,投入产出模型加入了中间产品的投入,并引入了消耗系数的概念,将价格对中间产品的影响因素排除出模型,假定中间产品只受到产业部门产出变化的影响。然而,投入产出方法也具有一定的局限性,如它将产业部门产品的同质性作为分析前提,且该方法仍属于静态分析方法,同时,它不适用于对经济变化的长期预测,只适用于短期经济分析。

笔者认为,对于第一类评价方法来说,将现有产业结构与"标准结构"进行简单比较,其比较方法较为粗糙,而第二类方法虽然通过研究国民经济各产业部门间的投入产出关系评价产业结构是否具有合理性,从理论上讲是恰当的,但在实际操作中往往会遇到投入产出数据搜集困难的问题,数据的时效性也较差。

除上述两类方法外,国内学者在研究产业结构问题时,也多借助统计指标进行测度,如刘志华等(2022)从产业结构的合理化、高级化及高效化三个方面,采用熵权法构建测度产业结构升级水平的评价指标体系;庞敏等(2020)为揭示金融创新对产业结构升级的作用机制,构建了包含产业结构升级指数、夹角余弦法测度的产业结构高级化指数,以及度量产业重要性的产业结构指数的多维产业结构度量指标,有效测度了金融创新对产业结构升级的影响效应;徐仙英等(2016)利用变异系数法对指标赋权,来测度 1995—2014 年中国产业结构优化升级的综合水平;张抗私等(2014)从产业结构"量"的方面,即三大产业在国民经济中构成比例的变动情况出发,衡量产业结构的偏离程度;刘艳军(2010)提出了产业结构演变城市化响应强度的概念,并采用产业结构演变城市化响应系数测度了我国产业结构演变城市化响应强度的省际差异;干春晖(2009)在估计三次产业资本存量的基础上,分析了我国1978—1992年、1992—2001年和2001—2007年三个时期的生产要素构成变化、产业结构演进、要素生产率水平的差异;贺灿飞(2008)基于2004年第一次经济普查数据,探讨了我国制造业结构在不同产业层次的趋同问题;刘小瑜(2002)从产出结构、投入结构、对GDP的贡献率、最终使用结构和所有制结构等多角度建立了评价指标体系。

本书在对产业结构优化水平进行测度时,按照Chenery和Syrquin所提出的思想,将产业结构优化分为产业结构合理化和高级化两个方面采用统计指标体系方法进行测度,并结合了多元统计分析中的因子分析法对区域产业结构优化水平进行了综合评价。

四、产业技术效率测度

已有的测度产业技术效率的分析技术包括了参数形式的随机前沿方法(Stochastic Frontier Analysis,SFA)和非参数形式的数据包络分析方法(Data Envelopment Analysis,DEA)。

参数形式的随机前沿分析方法常采用随机前沿生产函数(成本函数)建立计量模型,模型参数和技术效率值都采用计量方法进行估计,其考虑了随机因素的影响,但生产函数的设定具有较强的主观性,如果设定的生产函数与现实存在较大偏差,则测度结果会出现错误。Aigner(1968)给出了柯布-道格拉斯函数形式的确定型生产前沿面模型,之后,Battese、Corra、Aigner、Lovell、Schmidt、Meeusen、Broeck于1977年相继提出了随机前沿分析法。

数据包络分析方法是由Charnes、Cooper、Rhodes在1978年提出的。他们研制的第一个DEA模型被称为CCR模型,该模型是基于规模报酬不变的假设,其测出的技术效率往往被称为综合技术效率,原因是该技术效率测度中含有规模效率的影响。之后，Banker、Charnes、Cooper 又在 1984 年提出了估计规模效率的 DEA 模型，此方法的提出对于 DEA 理论方法具有重要的意义，在以后的文献中将该模型称为 BCC 模型。BCC 模型基于规模报酬可变，得出的技术效率不包含规模的影响，因此称为纯技术效率。

目前，我国学者在对产业技术效率进行测度时，主要使用的是数据包络分析方法（DEA）及其扩展方法，其产业效率测度领域主要集中在我国的高新技术产业、物流产业和文化产业，以及对地区技术效率的综合评价。刘莉等（2020）、梅国平等（2019）、张娜等（2018）基于三阶段 DEA 模型分别对我国中部地区、华东地区以及西部地区的物流产业效率进行了测度研究；刘佳等（2015）运用 DEA-Malmquist 模型测量了 1999—2012 年沿海 11 个省市区的旅游文化产业效率，并揭示该时间段该地区旅游文化产业全要素生产率的时空演变特征；曾硕勋（2013）、张宝友（2013）、王家庭（2009）分别采用了三阶段 DEA 模型分析法对我国 31 个省市区的高新技术产业效率、物流产业效率以及文化产业效率进行了测度；王贵权（2011）、龚晓莉（2009）采用 DEA 效率评价模型对我国通信设备、计算机及其他电子设备制造业的产业结构效率、产业整体技术变动情况进行了测度；中国经济增长与宏观稳定课题组（2009）使用各地区的第二产业投入产出的 DEA 模型测度了各地区的工业竞争力；雷勋平（2012）、袁海（2012）分别将 DEA 模型中的 CCR 模型和 BBC 模型与超效率 DEA 模型相结合测度了物流产业和省区文化产业效率；王维国（2012）采用 Malmquist-luenberger 生产率指数方法测算了包含非期望产出在内的物流产业效率；袁晓玲（2013）采用 DEA/AHP 方法，对陕西省在主导产业效率下的经济可持续发展潜力进行了研究。

本书采用了数据包络分析方法中的规模报酬可变的 BCC 模型测度了京津冀地区产业技术效率水平。与已有研究不同的是，本书进一步结合 Malmquist-DEA 指数模型对地区产业的全要素生产率、技术效率变化、技术进步水平进行了动态测度。

除上述市场一体化测度、产业地区空间联系测度、产业结构优化测度以及产业技术效率测度以外,本书还运用了丰富的经济统计指标对京津冀区域的经济发展梯度、城市发展空间不平衡性、产业水平梯度以及地区产业同构等问题进行了统计测度,目的是从量化的角度证明京津冀三省市间存在着明显的经济与产业发展梯度,这是地区间发生产业转移、诱发产业一体化实现的直接动力。本书回顾已有的研究我国产业转移的文献发现,以理论研究为主,统计测度方面的文献并不多见,唐根年等(2015)效仿物理学重心测定方法,通过测算2000—2012年我国28个二位数制造产业重心变动特征,直观展示区域产业转移与否及转移轨迹;张文武(2013)以1990—2011年我国12个典型行业的省级数据为对象,利用区域的Ellision-Glaeser指数体系测算我国产业转移与扩散的趋势规律;刘红光(2011)采用区域间投入产出模型建立了产业转移定量测度模型,并基于该模型对我国1997—2007年的主要区域产业转移进行了测度;张公嵬(2010)运用区位熵、赫芬达尔指数、产业份额三个指标综合测度了我国产业的转移程度。

第四节　京津冀区域发展实证研究综述

近年来,关于京津冀区域问题的研究是学术界关注的热点之一,这方面的文献也是海量的,涉及研究的主题也较为宽泛,在此,本书主要梳理了与京津冀区域一体化和区域产业发展相关的实证文献。

一、京津冀区域一体化研究

陈明华(2022)从有效性、创新性、协调性、稳定性、持续性和共享性共六个角度,通过构建空间关联网络,对2006—2020年京津冀一体化水平进行了测度,实证结果显示,该区域一体化发展水平呈现上升态势;李晓欣(2020)利用商品价格方差测度模型分析了京津冀地区市场一体化变动状况;倪文卿(2019)采用区位商方法、格兰杰因果检验以及 VAR 模型脉冲响应对 1997—2016 年京津冀产业一体化程度进行了测算;刘伟(2016)从商品市场整合程度的视角,以 2004—2015 年 12 年间 23 种商品的消费价格指数为对象,采用价格法对该时间区间内京津冀区域一体化水平进行了定量分析与趋势分析。

孙久文(2012)选取京津冀区域 13 个主要城市作为研究对象,采用空间引力模型测算了京津冀主要城市间的经济联系量,计算了地区产业分工指数,并采用相对价格法测度了京津冀区域一体化程度;周立群(2010)采用层次分析法和标准差值法对 1989—2007 年京津冀、长三角和珠三角三大经济区经济一体化程度进行了测度,结果表明,渐进改革、梯度开放的发展策略导致三大区域中京津冀地区经济一体化程度最高;陈红霞(2009)采用商品相对价格理论模型,测度了 1985—2007 年京津冀区域市场整合程度,研究发现,京津、京冀、津冀省市间的一体化程度呈现逐步加深的趋势。

踪家峰(2008)采用格兰杰因果检验和协整分析方法,系统研究了京津冀和长三角区域 1980 年以来的一体化进程,结果表明,京津冀和长三角地区一体化程度都在不断加深;李曼(2005)从劳动力、资本、技术、土地等方面分析了京津冀区域的经济资源和环境条件,论述了区域一体化实现的现实性和必要性;张可云(2004)提出,为尽快实现京津冀区域一体化,应设立一个统筹管理区域事务的管理委员会,由该部门负责制定与实施统一的城市发展规划与政策。

二、京津冀区域产业发展研究

京津冀区域产业升级研究方面,冯亮(2021)构建了包含结构调整、绿色生态、质量提升、协同集聚四个方面的综合评价指标体系,对京津冀地区产业升级进行了测度,并进一步探究了制约该地区产业升级的关键因素;袁嘉琪等(2019)以 2014—2017 年京津冀制造业的月度数据为对象,建立联立方程模型,实证剖析京津冀区域的产业升级与经济增长效应;陈芬菲(2016)通过利用 VAR 模型的脉冲响应函数与方差分解技术,认为京津冀地区金融发展与产业升级二者存在长期均衡关系;叶堂林(2014)提出,后经济危机时代京津冀区域发展模式将从外延式发展转变为内涵式发展,战略性新兴产业发展将成为推进京津冀产业结构整合与升级的重要契机;周桂荣(2011)分析了京津冀区域产业发展现状,从区域经济实力、产业结构、产业创新和科技竞争力等方面剖析了制约京津冀产业升级的因素;祝尔娟(2009)提出,京津冀区域一体化正处于要素一体化阶段,面临着在区域范围内实现产业集聚、扩散、整合、链接以及产业结构优化升级的紧迫任务。

京津冀区域产业趋同研究方面,姚希(2021)认为京津冀区域产业趋同与产业同质化现象与该地区的经济发展水平、自然地理特征以及宏观经济政策等因素紧密相连;刘洋等(2018)在对 1978—2016 年京津冀产业结构总体演变趋势的研究中发现,北京—天津、北京—河北、天津—河北之间的产业结构相似系数均高于国际惯例,这表明该地区存在较高的产业结构趋同现象;熊燕(2015)表示京津冀各产业的分配比例出现趋同化问题主要受传统发展理念、区域壁垒间的财政与投资体制之间的关系,以及行政边界受阻等因素的影响;王海涛(2013)通过对京津冀区域产业结构的实证分析发现,该区域产业结构趋同问题依然严重,对京津冀区域的一体化进程形成了结构性障碍;马云泽(2010)认为京津冀三省市在三次产业的宏观结构中存在较为严重的产业结构趋同问题,但对于这一结果应当持审慎的态度,进一步将问题深入到行业内部(中观层面)以及具体产业(微观层面)时,产业结构趋同现象就变得不那么严重了;周立群(2009)认为京津冀产业趋同程度不如长三角严重,但由于其同构成因及主导行业要素密集类型等特点,更有可能对区域经济的协调发展带来不利影响;邢子政(2009)认为京津冀区域是以各自地区的比较优势建立起的城市专业分工,然而,该区域迫切需要采取跨地区的协同发展措施,才能解决地区间的产业结构趋同问题。

京津冀区域产业集聚研究方面,邢会(2021)从要素禀赋层面扩展产业集聚与制造业全要素生产率关系的研究视角,认为"两业协同集聚模式——制造业集聚和生产性服务业集聚"会促进京津冀制造业全要素生产率的提升;钱晓英(2016)借鉴哈盖特的研究内容,采用区位商来衡量京津冀地区工业产业的相对集中度,实证表明,2004—2013 年,天津市与河北省的区位商均大于 1,北京市的区位商则处在 0.4~0.65 之间,天津与河北地区的工业产业集聚程度相比北京市要高;徐文鹤(2012)研究了京津冀区域产业集聚度,结果表明,津冀地区的工业集聚度较高,而北京市的工业集聚度较低,京津冀区域整体工业集聚度在 1 左右,属于全国中等集聚水平;张旺(2012)基于 2003—2008 年地区就业数据,运用全局主成分分析、空间基尼系数、克鲁格曼专业化指数等多种方法,测度了京津冀区域生产性服务业集聚水平;马国霞(2011)采用时间趋势分析、空间集聚度以及区际对比等方法,对京津冀区域制造业的空间集聚度进行了测算并研究了其变化趋势。

其他研究方面,孙久文(2020)借助区域分工指数衡量京津冀地区产业分工状况,并进一步对京津冀制造业内部分工现状进行考察;孙彦明(2017)利用联合国工业发展组织"产业结构相似系数"计算方法,测算了2001—2015 年京津冀区域产业结构相似系数,发现京津冀产业同构化程度较高;张贵(2014)从区域经济发展、区域产业结构以及技术水平等经济因素角度深度分析了京津冀产业转移的影响因素及主要特征;张淑莲(2011)构建了高新技术产业协同创新能力的评价体系,并以电子、通信设备制造业为例,实证分析了京津冀区域该产业的协同创新水平;戴宏伟(2010)建立了区域产业竞争力的评价指标体系,运用客观赋权法和数据包络分析方法,对京津冀、长三角区域产业竞争力进行了比较分析,研究表明,长三角区域竞争力高于京津冀区域;刘刚(2008)认为京津冀地区城市间已经初步形成了既存在专业化分工又存在竞争的格局,其优势产业面临的竞争更多是来自区域之外。

通过我们对京津冀区域实证研究文献全面、系统地梳理,再结合研究的主题,发现已有的研究存在以下问题:第一,现有的对京津冀协同发展的测度研究,仍然受到传统比较优势理论的束缚,未能清晰地反映京津冀协同发展在区域经济改革与实践中的创新特点。因此,其所进行的测度,也就不能全面、客观地反映京津冀协同发展的实际运行状态和运行规律,亦无法准确评价和认识经济运行的结果。第二,现有的对产业一体化的测度研究大多是零散的、单一方面的。这就不能在协议性分工理论的整体视角下,系统反映区域产业一体化发展的主要特点,缺乏对系统主要内容的全面认识。第三,现有的统计测度方法,大多不适用或不能从协议性分工的角度进行测度,需要加以改进。因此,本书以协议性分工理论为基础,建立测度京津冀区域产业一体化发展的理论框架,结合经济理论和统计方法建立了一套统计测度系统,并进行实证研究。相信本书的研究将丰富这一领域的理论方法研究成果,为开展应用研究提供更完善的测度工具,本书的实证分析结论对于改革政策的制定具有较好的参考价值。

第三章 区域产业一体化测度的理论与方法

第一节 区域产业一体化中的协议性分工理论

协议性分工理论是研究全球经济一体化和国际产业分工的重要理论,其最初是用来阐述经济一体化组织内部各成员国如何通过协议来重新安排各国的生产活动,以获取市场扩张、产量提升以及成本下降所带来的规模收益。当协议性分工理论思想融入一国内部区域产业一体化之中时,其研究的对象、实现条件以及所产生的影响必然会有新的内容,应用范围也将很好地扩展至地区层面。

协议性分工理论是以国家层面的一体化组织内部成员国的产业分工为研究对象,当该理论应用于地区层面时,其研究对象转变为一国内部地区间如何安排产业分工,研究层面由国家层面下降到了一国内部地区层面。由于研究对象发生了变化,其实现条件将随之改变。

协议性分工理论的实现须具备几个条件[①]:一是保证一体化组织内部各成员国间要素和产品具备跨区域流动,即国家间存在着自由贸易;二是协议性分工理论必须建立在一体化组织内部各成员国间的生产资源禀

_____

① 李晓欣.协议性分工下的京津冀产业一体化[N].中国社会科学报(经济学版),2020-7-8.

赋、工业水平大致相当的条件下,且基本处于同一经济发展阶段;三是一体化组织内部任何一个成员国都可以从事分工要求的产品生产,同时,能够获得规模收益。只有满足了上述条件,成员国才能够实现协议性分工的目标,即扩大产业规模,获得规模经济效益,保证自由贸易的稳定性。

参照协议性分工理论在国家层面实现所具备的条件,当该理论被应用于地区层面时,也应当具备相应的实现条件,具体如下。

第一,与保证国家间要素和产品的自由流动相比,一国内部地区间往往普遍存在着频繁的地区贸易,其地区贸易壁垒完全受一国和地区经济政策的影响,与国际贸易受各国经济政策影响相比,影响因素更为单一,因此,地区间要素和产品的流动壁垒相对容易破除。这一条件在地区层面往往容易得到满足。

第二,在国家层面,该理论要求实现协议性分工的国家间经济和产业发展水平基本相当,这一条件近乎苛刻。但在地区层面应用该理论时,由于一国内部地区间的经济发展和产业水平的梯度差异较发达国家与发展中国家的发展水平差异明显要小得多,特别是一国内部相邻地区(如京津冀地区)的经济发展、产业水平、资源禀赋,尽管存在着差距,但这种差距还未达到如国家间那样无法安排生产的程度。以技术禀赋为例,如在一国内部地区间存在着技术禀赋差距,较容易通过区域政策来搭建技术交流平台,提升技术资源在区域内部地区间的流动水平,缩小技术禀赋的差距,仅就这一点来说,缩小国家间的技术禀赋差距,尤其是在发达国家与发展中国家之间实现技术转移是十分困难的。

第三,协议性分工理论要求协议分工的产品可以在各国进行生产。这一条件与第二个条件是紧密联系的,即如果国家间的资源禀赋、经济和产业水平梯度差异太大,则有些产品不能够在所有国家进行生产,而只能在特定国家进行生产,协议性分工就无法实现。而从地区层面来看,由于在第二个条件中已经论述了地区间,特别是相邻地区间往往容易满足第二个条件,因此,第三个条件也基本可以达到。在地区层面采用协议性分工往往更具有灵活性,何种产品适宜在何地生产,地区部门之间往往较容易达成协议。

对于协议性分工理论第三个条件中的规模经济需要有深刻的理解。在协议性分工理论中,规模收益既是实现分工的条件,也是分工的结果。如果按照协议性分工的产业是不具有规模收益的,那么协议性分工便失去了意义,分工前后均无法获得规模经济带来的好处。同时,这个条件还蕴含更深的含义,即分工后各国在特定产业中所获得的规模收益应当是相同的,否则不会有国家愿意放弃该产业的生产。当在地区层面讨论这个问题时,由于是在区域产业一体化中应用该理论,规模收益这一观点就显得有些狭隘。基于协议性产业分工的区域产业一体化,其发展目的不仅是获得经济上的利益,更要使区域经济和产业得到健康、均衡、持续的发展,地区产业结构获得调整升级,产业技术效率得到改善。因此,在基于协议性分工的区域产业一体化中,不具备规模收益的产业也有可能发生转移,因为这符合产业一体化发展的全局利益。

综上所述,实现区域产业一体化的协议性分工,就是要以消除地区间要素和产品的流动壁垒为条件,通过要素转移来缩小地区间的经济差距,以产业转移的形式作为地区间落实协议性分工的主要途径,最终实现优化区域产业结构,提升产业效率水平,实现区域产业的良性发展。

具体到京津冀区域产业一体化发展,就是着眼于应用未来可持续发展的协议性分工理论安排区域经济活动,通过优势互补、互利共赢,走出一条科学发展的道路。产业一体化是京津冀协同发展的重要组成,而协议性分工理论与区域协同发展思想具有一致的内在逻辑。贯彻京津冀协同发展战略,就是要破除"自家一亩三分地"的旧思维,建立起统筹全局、分工协作、共同发展的新思维。而协议性分工是协同发展战略从制度层面所进行的生产和建设安排,《京津冀协同发展规划纲要》起到了产业分工"框架协议"作用,而不同城市的功能定位就是重点产业协议分工下的具体布局。

过往京津冀区域经济发展的不协调、北京"大城市病"、津冀地区产业同构等问题,在很大程度上是三省市的发展模式造成的。当然,不可否认,以比较优势理论为基础所形成的地区产业发展模式在一定发展阶段内具有合理性,但是,当产业(经济)一体化发展出现时,仅仅按照单一比较优势所建立起的发展模式显然不能满足协同发展的根本要求,如果仍延续这一发展模式,地区间经济发展、产业水平的差距将进一步扩大,一体化发展便无法实现。

基于协议性分工的区域产业一体化的意义在于以现有地区间的比较优势所形成的产业格局为基础,通过协议性分工对未来产业格局进行超前谋划,合理布局,为区域协同发展提前规划出可行路径。可以说,这是市场经济自发调节与政府部门对经济合理干预的结合,是有效市场与有为政府在推进京津冀协同发展中的共同作用。

第二节　区域产业一体化测度的理论框架

本书从协议性分工理论的视角出发,探索建立了一个测度区域产业一体化发展水平的理论框架。基于一体化的经济理论与协议性分工理论,本书认为,京津冀区域产业一体化发展的内涵,其实质是京津冀区域内部的产业分工程度不断深化,以地区间生产要素和产品自由流动为保障,以产业转移作为主要的实现途径,消除地区间市场分割,强化地区间产业空间经济联系的作用,最终实现科学合理的产业布局,优化的产业结构,以及产业效率水平的提升。因此,本书在系统疏理前人研究成果的基础上,综合以下理论观点形成了一个系统性的理论框架,主要包括五个方面。

一是产业一体化是破除除城市间生产要素和产品(服务)自由流动壁垒的分析论点。城市间要素与产品(服务)自由流动壁垒程度越高,表明京津冀区域内城市间的市场分割程度就越严重,要素和产品(服务)的跨地区、跨城市的流动性就越差,产业一体化就不可能实现。因此,打破生产要素和产品(服务)自由流动壁垒,是实现京津冀区域城市产业一体化的首要一步,是构建产业一体化的基础和保障。

二是产业一体化是以京津冀区域城市间经济发展差异和产业梯度水平为内在动力的分析论点。产业发生转移的内在动力并非来自简单的行政干预,而是来自京津冀区域内部城市间存在着经济发展和产业水平的梯度,正是这种梯度差异形成了势差,产生了产业转移的直接动力,并在协议性产业分工的助推下,诱发了产业一体化的实现。通过顶层设计与京津冀区域城市政府部门、生产企业以及提供生产性服务的中介部门之间的协议性分工,描绘出京津冀区域未来产业发展的布局蓝图。

三是产业一体化是加强京津冀区域城市空间经济联系的分析论点。协同发展治理下的区域内各城市间经济发展显然不是相互独立的,而是存在着普遍的、经常性的空间经济联系。特别是在协议性产业分工框架下,更是紧密地将不同城市的经济发展联系在了一起,强化了相互之间的经济影响,形成了"你中有我、我中有你"的发展局面。通过对城市间产业空间经济联系更深入的考察,可以发现目标城市中哪些产业受到来自周边城市产业发展的空间影响,且这种影响对该城市地区经济发展的作用强度如何,在区域产业一体化进程中又将会受到怎样的影响,这关系到某一产业是否有动力参与到区域协同发展规划调整当中。

四是产业一体化进程将会提升产业结构优化水平的分析论点。以京津冀区域城市间协议性产业分工为基础,地区产业布局将发生显著变化,通过城市间的产业转移,完善京津冀区域产业分布,明确京津冀区域内部"京津双城"与河北省各城市间的功能定位,规避产业同构造成的低水平竞争,充分发挥京津双核对区域城市发展的辐射作用,从而带动城市间经济均衡发展,提升城市产业结构合理化与高级化水平,实现京津冀区域产业高质量发展。

五是产业一体化提升产业部门生产技术效率的分析论点。京津冀区域协同发展步伐逐步加快,城市间流动壁垒逐渐被削弱,区域内部生产要素配置更加科学,人才、资金、科技服务等流动更加顺畅,同时,随着高技术合作平台纷纷建成落地,如滨海—中关村科技园、宝坻京津中关村科技城、保定—中关村科技园等陆续投入使用,京津冀区域创新技术集聚优势将集中释放,新的生产技术在各城市间传播将更加迅速,这将极大地优化各产业部门的生产投入与产出结构,使得京津冀区域产业生产技术效率水平获得普遍提升。

第三节　区域产业一体化测度的统计测度系统

本书针对理论框架中每一方面,结合经济学理论和统计方法,建立了统计测度系统,具体如下。

关于生产要素和产品自由流动的测度研究,本书从市场一体化中的"市场价格"角度进行测度。市场价格一体化水平反映了产品和要素市场的分割程度,而这也体现了要素和产品在地区间的流动壁垒。因此,对区域生产要素和产品流动壁垒的测度就转变为采用基于"冰山成本"模型的市场价格法对区域市场一体化水平的测度。区域市场整合问题研究的关键在于讨论商品相对价格的变化规律,研究地区间相对价格在一定的时间序列上是否收敛。

关于产业转移动力的测度研究,从地区间经济发展水平梯度、城市经济发展不平衡性、产业结构梯度差异以及产业同构等多角度,采用经济总量指标、结构指标、区位商等,综合测度地区间经济和产业梯度差异水平。

关于产业空间经济联系的测度研究,采用在空间偏离份额模型基础上通过改进形成的地区间产业空间联系测度模型,并结合产业空间联系综合指数、空间结构强度指数对地区间产业空间经济关联程度进行了测度。

关于一体化中的产业结构优化的测度研究,从产业结构优化的结构合理化和高级化两个角度,采用产业结构转换指数(Moore 指数)测算区域产业结构的高级化转换速率;采用泰尔结构偏离度指数测度区域产业结构的合理化水平;采用高技术化指数、高加工度化指数、服务化指数以及能源功效指数对区域产业结构的高级化水平进行了测度;最后,采用了多元统计分析中的因子分析方法对结构优化水平进行了综合评价。

　　关于一体化中的产业效率测度研究,从产业生产投入结构与产出结构的角度,采用数据包络分析方法与 Malmquist-DEA 指数模型相结合的方法,对区域重要产业的技术效率水平进行了测度。数据包络分析技术是基于生产中的投入与产出样本数据,刻画出最佳的生产前沿面,将每一个决策单元与最佳生产前沿面的距离作为生产单元的技术效率测度值,运用该方法可以测度区域产业的规模效率、纯技术效率以及综合技术效率。进一步,运用 Malmquist-DEA 指数模型测度区域产业全要素生产率水平的动态变化,并将全要素生产率变化指数进一步分解为技术效率变化指数和技术进步指数,目的是对区域产业的生产率动态变化进行全面分析。

第四章 京津冀区域市场一体化与产业分工合作

从地区协议性分工视角出发,按照测度区域产业一体化发展的理论框架,地区间的要素和产品自由流动是实现产业一体化的保障,地区间的市场分割越严重,要素和产品的跨地区流动性就越差,产业一体化就越难以实现。价格一体化水平反映了产品和要素市场的一体化程度,而这也体现了要素和产品在地区间的流动壁垒程度。当地区间的要素市场和产品市场的一体化程度越高,代表了要素和产品的跨地区的自由流动壁垒越低,要素和产品的价格就越趋于均衡。由此,对京津冀区域生产要素和产品流动的测度就转变为对京津冀区域市场一体化水平的测度。

第一节 京津冀区域市场一体化水平测度

对于区域市场一体化中的"价格"如何选择,笔者认为,采用产品价格进行测度是合适的。原因在于产品价格往往是一个"最终"的价格,当区域内部不同地区间的产品可以自由流动,而生产要素无法自由流动时,产品价格趋于一致,其离散水平反映了市场一体化程度;当区域内部各地区间的产品流动存在阻碍,而生产要素可以自由流动时,产品的价格受要素成本影响也将趋于一致。Young(2000)很早就注意到了价格指标在分析中国区域市场一体化程度时的重要价值,产品价格变动幅度的扩大能够证明区域分割的加剧。

Engel(1998)、Parsley(2001)借助 Samuelson(1954)提出的"冰山成本"模型,重构了"价格法"度量区域一体化程度的理论基础,并采用该方法测度了主要发达国家内部的区域市场一体化程度。"冰山成本"模型核心的思想是地区间由于交易成本的存在,产品的最终价格在不同地区不会完全相等,而是在一个区间内波动,因此,不存在"一价定律"。

一、一体化测度的模型框架[①]

(一)"冰山成本"理论

用价格法测度区域市场整合程度的基础理论是萨缪尔森的"冰山成本"理论。"冰山成本"指的是产品在地区间运输过程中会发生一定的损耗,就如同"冰"会融化一样。对于"冰山成本"的形式化表述为:p_i 表示 i 产品在原产区的价格,P_i' 表示 i 产品在交易区的价格,二者的关系可以表示为:$P_i' = P_i e^{(\alpha|\theta'-\theta|)}$,其中,θ' 表示产品交易区的区位,θ 表示产品原产区的区位;α 表示运输成本,是一个正的常数。在将一个单位的 i 产品从原产区 θ 向交易区 θ' 运输的过程中,单位 i 产品并不能够完全到达,而是在运输途中会发生一定的损失,损失的大小即为 α ,而到达交易区的产品为($1-\alpha$)。不难发现,当($1-\alpha$) $\rightarrow 0$ 时,表示运输成本越高,产品的损失越大;当($1-\alpha$) $\rightarrow 1$ 时,表示运输成本越低,产品的损失越小。

同时,i 产品的相对价格采用 $p_{\pi i}$ 来表示,即 $p_{\pi i} = p_i/p_i'$ 。当 $p_{\pi i}$ 的取值范围较为合理时,表明产品原产区与交易区的交易成本越小,两地区的一体化程度较高。对原始的"冰山成本"模型的应用边界进行拓展,在原模型中的交易成本仅指产品由原产区到交易区运输过程中所发生的产品损

---

① 李晓欣,京津冀区域市场一体化水平测度研究——基于商品价格方差测度的分析[N].2020(4):76-79.

失,而研究区域也仅限于原产区与交易区,将交易成本的边界扩展为运输成本和其他有关于交易发生的所有成本,而将研究区域扩展为在空间上具有地理分异特征的任意区域,即"冰山成本"理论可以用来表示任意地区间关于商品交易所发生的包括由地理距离、市场分割等因素造成的全部成本。

(二)一体化测度模型

基于"冰山成本"理论,区域一体化测度问题的关键是研究产品相对价格 $p_{\pi i}$ 的变化,考察其在研究时期内是否具有收敛的变化趋势。Parsley(2001)根据价格方差指标 $Var(p_{\pi i})$ 的变化趋势来研究区域市场的分割状态。当价格方差 $Var(p_{\pi i})$ 表现出收敛的变化规律时,表明了"冰山成本" α 的值在减小,地区间产品与要素自由流动的壁垒程度在下降,区域一体化程度呈现出不断提升的趋势。

假设,在 t 时期,j 区域和 k 区域的 i 产品的相对价格 $p_{\pi i t}^{jk}$ 表示为:

$$p_{\pi i t}^{jk} = \ln(p_{it}^{j}/p_{it}^{k}) \qquad (4.1)$$

取相对价格的一阶差分形式为:

$$p_{\pi i t}^{jk} = \ln(p_{it}^{j}/p_{it}^{k}) - \ln(p_{it-1}^{j}/p_{it-1}^{k}) \qquad (4.2)$$

在式(4.2)中,若区域内部各地区间的一体化程度较高,"冰山成本" α 的值较小,产品的相对价格 $p_{\pi i t}^{jk}$ 具有收敛趋势,而 $\Delta p_{\pi i t}^{jk}$ 随之收敛,因此,在数据的变化特征上,$p_{\pi i t}^{jk}$ 与 $\Delta p_{\pi i t}^{jk}$ 是相同的。

对产品价格进行上述变化,是为了价格数据资料的搜集更加便利,这样就可以直接采用统计年鉴中的商品零售价格环比指数进行实证分析,通过环比价格指数来研究区域的一体化程度。对式(4.2)进一步变换形式可以得到:

$$\Delta p_{\pi it}^{jk} = \ln(p_{it}^{j}/p_{it-1}^{j}) - \ln(p_{it}^{k}/p_{it-1}^{k}) \tag{4.3}$$

在式(4.3)中，$\Delta p_{\pi t}^{k}$ 由于分子与分母位置的变换导致其符号发生了反向变化，即 $\Delta p_{\pi it}^{jk} = - \Delta p_{\pi it}^{jk}$，于是出现了 $Var(\Delta p_{\pi it}^{jk})$ 的变化受到了产品价格放置顺序的影响，因此，需要对 $\Delta p_{\pi it}^{jk}$ 的值取绝对值，即 $|\Delta p_{\pi it}^{jk}|$。

当然，影响产品价格变化的因素众多，这些影响因素又会间接地影响到产品相对价格的变化，因此，还需要对影响价格变化的因素进行区分。进一步来说，影响产品价格的因素可以分为与产品自身相关的因素和无关的因素。与产品自身相关的因素如产品的供给与需求，当产品供不应求时则价格上升，供大于求时则价格下降；与产品本身无关的因素如产品交易发生的区位因素、地区间的贸易壁垒等因素。因此，如果不剔除产品自身导致价格变化因素的影响，会导致产品的相对价格 $|\Delta p_{\pi it}^{jk}|$ 的值被高估，影响对区域市场一体化程度的准确判断。于是，Parsley(2001)提出了采用去均值法(de-mean)来对上述模型进行改进。

将 $\Delta p_{\pi it}^{jk}$ 分为 γ_{it} 与 δ_{it}^{jk} 两部分，其中，γ_{it} 只与 i 产品相关，而 δ_{it}^{jk} 与区域间的市场分割程度、贸易壁垒等因素相关。为了剔除掉 γ_{it} 项的影响，首先计算出 i 产品在地区间相对价格变化的均值 $|\Delta \bar{p}_{\pi it}^{jk}|$，再利用 $|\Delta Q_{ijt}^{k}|$ 与均值求差值，即：

$$|\Delta p_{\pi it}^{jk}| - |\Delta \bar{p}_{\pi it}^{jk}| = (\gamma_{it} - \bar{\gamma}_{it}) + (\delta_{it}^{jk} - \bar{\delta}_{it}^{jk}) \tag{4.4}$$

由于 γ_{it} 与地区选择无关，只与产品相关，所以 $\gamma_{it} - \bar{\gamma}_{it} = 0$。因此，下式关系成立：

$$\delta_{it}^{jk} - \bar{\delta}_{it}^{jk} = |\Delta p_{\pi it}^{jk}| - |\Delta \bar{p}_{\pi it}^{jk}| \tag{4.5}$$

根据式(4.5)的计算结果,即为用于测度区域市场一体化程度的相对价格变化值,其价格变化已经不包含 i 产品自身的影响因素,只与地区间的市场分割程度、贸易壁垒等因素相关,其方差表示为 $Var(\,|\Delta p_{\pi it}^{jk}|\,-|\Delta\bar{p}_{\pi it}^{jk}|\,)$,方差值的变化体现了地区间市场一体化程度的变动趋势。

二、京津冀区域市场一体化测度

(一)数据来源与说明

市场经济的核心是产品的市场价格,经济资源需要通过价格机制来实现最优化配置,地区间主要产品的价格水平反映了区域经济的稳定性和均衡程度,因此,基于"价格法"来测度区域市场的一体化程度,其方法具备合理性,测度结果是可信的。

本书选取 1993 年之后的京津冀三省市商品价格数据对区域市场一体化水平进行测度。诚然,随着大数据时代的到来,大数据技术对原有统计方法提出了挑战,基于大数据技术所形成的价格数据将会更加合理[①],然而,由于基础数据的可得性问题,本书在计算中沿用了按照传统统计方法所编制的价格数据。之所以选取 1993 年后的数据,原因有三点:一是邓小平同志在 1992 年的南方谈话标志着市场化经济发展进入新阶段,因此,1993 年可以视为我国市场化经济的新开端;二是从 1993 年开始,中央政府明确了市场机制在经济发展中的重要作用,弱化了地方政府在经济中的行政干预,因此,京津冀区域合作在 1993 年后出现了转折;三是在1993 年之后,国家统计局关于地区主要商品分类基本趋于稳定。

具体来说,运用价格法测度京津冀区域市场一体化水平,建立以 t 为年份、m 为地区、k 为商品种类的三维面板数据,即 Pool Data(t,m,k)。原

---

① 李晓欣.大数据时代我国 CPI 调查与编制问题研究[J].价格理论与实践,2014 (10):59-61.

始数据来自国家统计局公布的分地区商品零售价格分类指数,具体选取的商品分类指标包括粮食、菜、日用品、饮料烟酒、纺织品、服装鞋帽、体育娱乐用品、中西药品及医疗保健用品、建筑五金、燃料、书报杂志,所选指标都是与区域经济发展和人民生活息息相关的商品门类。

(二)测度过程描述

由于篇幅所限,本书仅以 2021 年京津冀地区商品零售价格分类指数数据为例,采用书中提到的商品价格测度模型分别对京津、京冀及津冀地区市场一体化水平进行测度,在此基础上测算出 2021 年京津冀区域整体市场一体化水平。

第一步,按照国家统计局发布的京津冀三省市粮食、菜、日用品等 11 个门类商品零售价格指数数据(上年＝100),对零售价格指数进行对数化处理,再依据公式 4.3 计算京津冀三省市同一门类商品下的对数化差值,并对测算结果取绝对值,具体结果请见表 4.1。

表 4.1　数据计算结果

商品门类	京　津	京　冀	津　冀	商品门类	京　津	京　冀	津　冀
粮　食	0.013931	0.006990	0.006941	体育娱乐	0.017665	0.006955	0.024620
菜　类	0.005639	0.020409	0.026048	中西药	0.004061	0.022134	0.018073
饮　料	0.002906	0.024475	0.021569	书报杂志	0.004943	0.000992	0.005935
服　装	0.019222	0.003011	0.016211	燃　料	0.003524	0.033726	0.037250
纺织品	0.011976	0.003008	0.008969	建筑材料	0.007913	0.011893	0.003980
日用品	0.019106	0.011106	0.008000				

数据来源:根据国家统计局官方数据计算整理所得。

第二步,按照"去均值法"的计算步骤,对公式 4.3 中每一门类商品价格指数差值的绝对值取平均值,再依照公式 4.5 测算出京津冀三省市价格指数差值与平均值的离差,具体测算结果请见表 4.2。

表4.2　数据计算结果

商品门类	京津	京冀	津冀	商品门类	京津	京冀	津冀
粮　食	0.004644	-0.002298	-0.002346	体育娱乐	0.001252	-0.009458	0.008207
菜　类	-0.011726	0.003044	0.008683	中西药	-0.010695	0.007378	0.003317
饮　料	-0.013411	0.008158	0.005253	书报杂志	0.000987	-0.002965	0.001978
服　装	0.006407	-0.009804	0.003397	燃　料	-0.021309	0.008892	0.012417
纺织品	0.003992	-0.004977	0.000985	建筑材料	-0.000016	0.003964	-0.003949
日用品	0.006369	-0.001631	-0.004737				

数据来源:根据表1中的数据结果进一步测算整理所得。

第三步,根据表4.2中京津冀三省市的11个门类商品价格指数均值的离差结果,按照公式 $Var(|\Delta p_{\pi it}^{jk}| - |\overline{\Delta p_{\pi it}^{jk}}|)$ 测算出2021年度京津冀三省市的价格方差,即京津冀三省市市场一体化结果,具体数值请见表4.3。

表4.3　2021年京津冀地区价格方差测度结果

地区间价格方差	京津	京冀	津冀
	0.000091	0.000045	0.000030

数据来源:根据表2中的数据结果进一步测算整理所得。

最后,按照表4.3中京津冀三省市价格方差的计算结果,计算其平均水平,得到京津冀区域价格方差为0.000055。由于每一年度的价格方差计算过程基本相同,在此不再赘述。

(三)测度结果分析

通过计算,我们得到了京津冀三省市在1993—2021年的相对价格方差。京津的价格方差均值为0.000359,京冀的价格方差均值为0.000466,津冀的价格方差均值为0.000416。通过均值分析,在1993—2021年,京津地区的价格方差均值最小,说明京津两市的市场一体化平均水平高于京冀和津冀的市场一体化平均水平,反映出近30年间京津两市的要素流动性平均水平要强于京冀和津冀的流动性平均水平。但是,仅通过均值分析还远远不够,需要进一步分析京津冀三省市价格方差的变化趋势。具体的测度结果请见表4.4。

表4.4 京津冀区域价格方差测度结果

年 份	京 津	京 冀	津 冀	京津冀
1993	0.001982	0.002946	0.000597	0.001842
1994	0.002150	0.000877	0.001584	0.001537
1995	0.000776	0.000690	0.000715	0.000727
1996	0.000608	0.000177	0.000533	0.000439
1997	0.000297	0.002082	0.001927	0.001435
1998	0.000280	0.000500	0.000752	0.000510
1999	0.000477	0.000534	0.001030	0.000680
2000	0.000356	0.000487	0.000725	0.000522
2001	0.000202	0.000510	0.000148	0.000287
2002	0.000451	0.000397	0.000316	0.000388
2003	0.000178	0.001010	0.000642	0.000610
2004	0.000280	0.000820	0.000250	0.000450
2005	0.000228	0.000088	0.000234	0.000183
2006	0.000076	0.000268	0.000341	0.000228
2007	0.000127	0.000285	0.000446	0.000286
2008	0.000373	0.000342	0.000647	0.000454
2009	0.000067	0.000225	0.000152	0.000148
2010	0.000359	0.000332	0.000134	0.000275
2011	0.000079	0.000094	0.000049	0.000074
2012	0.000092	0.000090	0.000129	0.000103
2013	0.000064	0.000111	0.000099	0.000091
2014	0.000045	0.000151	0.000123	0.000106
2015	0.000110	0.000039	0.000112	0.000087
2016	0.000132	0.000071	0.000115	0.000106
2017	0.000248	0.000129	0.000083	0.000153

年　份	京　津	京　冀	津　冀	京津冀
2018	0.000026	0.000054	0.000059	0.000046
2019	0.000194	0.000068	0.000076	0.000113
2020	0.000059	0.000081	0.000027	0.000056
2021	0.000091	0.000045	0.000030	0.000055

资料来源:作者计算整理所得。

观察京津两市 1993—2021 年的价格方差走势图 4.1 发现,京津两市的价格方差总体呈现出波动下降的态势。在研究时期内,1994 年价格方差出现了大幅度上升,达到了最大值,为 0.002150,在 1996 年快速下降至 0.000608,说明这一时期京津两市的市场一体化程度出现显著改善,之后便处于波动下降过程之中;2011—2021 年,京津两市的价格方差一直处于方差均值水平以下,说明京津两市的市场一体化程度较之前有了较大程度的提升,市场整合程度也不再像以前那样剧烈。但 2021 年京津两市的价格方差为 0.000091,较 2020 年有所上升,表明推动京津市场一体化工作依然任重道远。

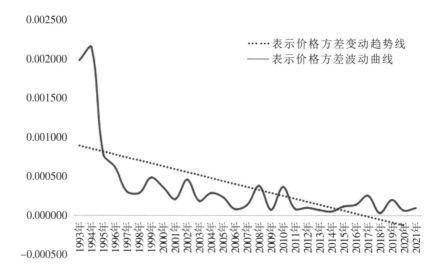

图 4.1　1993—2021 年京津两市价格方差走势图

京冀两省市的价格方差走势基本呈现了与京津价格方差变化相同的趋势,1993—2005年,价格方差处于大幅度波动中,但已经显现出波动向下的变化趋势,说明京冀两省市的市场处于剧烈整合进程中,特别是距离当前最近的一次价格方差较大波动出现在2003年,价格方差值为0.001010,是21世纪以来京冀地区价格方差的最大值,之后便出现了快速下降,且波动幅度也明显收窄;自2005年起,京冀地区的价格方差波动幅度显著降低,呈现出更为清晰的下降趋势,说明京冀两省市的市场一体化水平有了进一步提升,剧烈整合阶段已过,2021年的京冀地区商品市场价格方差仅为0.000045。

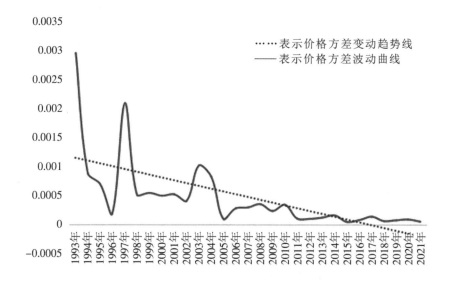

图4.2　1993—2021年京冀两省市价格方差走势图

津冀两省市的市场一体化平均水平低于京津两市、高于京冀地区,1993—2009年,津冀两省市的价格方差始终处于较大幅度波动,市场剧烈整合持续的时间明显长于京津和京冀地区,特别是1993—1998年,市场一体化甚至出现反复,有加剧割裂的态势,之后情况有所好转,尽管价格方差波动依然较大,但向下变化的趋势已经出现;2010年以后,价格方差进入小幅度波动变化阶段,表明津冀两省市已经度过市场剧烈整合时期,市场一体化水平持续且显著提升,就波动来看,是京津冀三省市之间波动最小的,2021 年津冀地区商品市场价格方差为 0.000030,是三省市之间最小的价格方差。

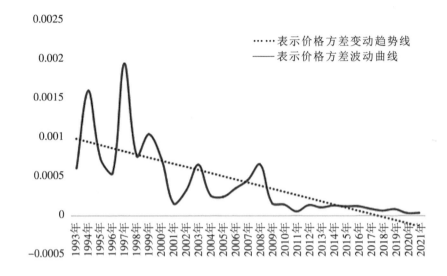

图 4.3　1993—2021 年津冀两省市价格方差走势图

通过计算京津冀三省市两两之间价格方差的均值可以得到京津冀区域的相对价格方差。京津冀区域价格方差均值为 0.000413,整体区域市场一体化平均水平低于京津两市的一体化平均水平,但高于京冀和津冀的市场一体化平均水平。具体分年度来看,受 1993 年京津、京冀地区的价格方差较高的影响,京津冀区域商品价格方差达到了研究时期内的最大值,为 0.001842,反映出京津、京冀市场割裂引至京津冀区域整体市场一体化水平较低;1993—2011 年,京津冀价格方差普遍较高且波动幅度较大,京津冀区域市场处于剧烈整合期,在剧烈的整合过程中,京津冀市场一体化程度在不断加强。自 2011 年起,京津冀区域商品价格方差明显降低,且从时间序列来看,波动幅度较前一时期明显收窄,京津冀区域市场一体化处于深度整合阶段,市场一体化水平逐步加深。

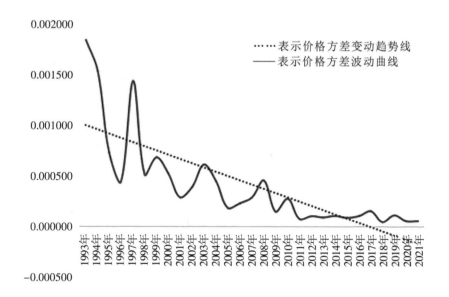

图 4.4 1993—2021 年京津冀三省市价格方差走势图

　　为进一步考察京津、京冀和津冀之间的市场一体化变化与京津冀区域市场一体化变化的一致性,我们测算了京津冀三省市两两之间的价格方差与京津冀区域价格方差的离差,如图 4.5 所示,在研究时期内,京津

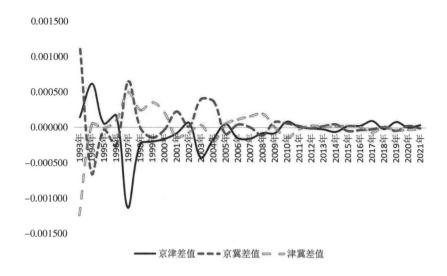

图 4.5 价格方差差值变化

冀三省市之间的市场一体化变化与京津冀区域总体的变化并不总是那么一致,比如,1996—1997 年,京冀、津冀的市场一体化变化显著弱于区域总体变化,这主要是由于京津之间的市场一体化水平显著上升促进了区域市场一体化水平的提升。大致从 2011 年之后,京津冀之间的价格方差与京津冀区域总体的价格方差之间的离差显著变小,也反映出京津冀三省市之间市场一体化程度与区域总体市场一体化变化的差异逐步缩小,市场一体化的波动性与彼此之间的背离程度减低。通过价格方差离差绝对值的均值来看,京津为 0.000153,京冀为 0.000158,津冀为 0.000140,可见,津冀地区的市场一体化水平更能反映区域市场一体化程度。

第二节 京津冀区域产业分工与合作

一、京津冀区域合作的历史发展阶段

京津冀区域合作经历了四个历史阶段,第一阶段为 1980—1990 年的启动阶段[①],第二阶段为 20 世纪 90 年代中后期的转型阶段,第三阶段为21 世纪以来至 2014 年之前快速发展阶段,第四阶段为京津冀协同发展新的历史阶段。

在 20 世纪 80 年代,以京津冀地区为核心区的环渤海经济合作开启了我国区域经济发展的时代。物资协作是这一时期区域经济合作的重点,以行业联合为突破口,地区间纷纷形成了各种商品市场网络、技术网络、信息网络。为打破行政区划造成的市场分割局面,在环渤海地区率先成立了华北地区经济技术合作协会,以协调区域经济合作,该协调组织是我国最早的区域经济合作组织。此后,陆续成立了环渤海地区经济联合

---

① 陈红霞,李国平,1985-2007 年京津冀区域市场一体化水平测度与过程分析[J],地理研究,2009(6):1476-1483.

市长联席会、环京经济协作区等。合作区内相继建立起了工业品批发市场、农副食品交易市场，涌现出了许多以生产合作、技术合作等方式组建的跨地区的联营企业，在这一时期，北京市逐步开始将劳动密集型产业向周边地区进行转移。

进入 20 世纪 90 年代初期，邓小平同志南方谈话后，我国社会主义市场经济体制改革步伐逐渐加快，一方面，国有经济占国民经济比重开始下降，私营经济、民营经济、股份制经济、外资经济等所有制经济获得了快速发展，在国民经济中的重要性日益提升；另一方面，随着市场机制在社会主义经济建设中主导地位的确立，政府对经济的影响作用出现了下降，特别是对生产企业的控制逐渐放松，这也削弱了政府在区域经济合作中的协调作用。在这一时期，由于各地方政府逐渐淡出了区域经济合作，加之以市场机制为导向的区域合作还很不成熟，存在着各种体制机制的不健全、不协调，因此，京津冀区域合作步入了低谷。

进入 21 世纪以来，以上海为中心的长三角经济区和以广州、深圳为核心的珠三角经济区掀起了新一轮区域经济合作的浪潮。孙虎军（2010）认为从 2004 年共同签署《廊坊共识》，到 2008 年签署《北京市人民政府河北省人民政府关于进一步深化经济社会发展合作的会谈纪要》和《天津市人民政府河北省人民政府关于加强经济与社会发展合作备忘录》，标志着京津冀合作的思路和目标更加清晰和明确，京津冀区域合作基础更加坚实。

2014 年，京津冀协同发展正式上升为国家战略，进入加快推进的新的历史时期。2014 年 2 月 26 日，习近平总书记在北京专题听取京津冀协同发展工作汇报时全面系统阐述了京津冀协同发展意义及部署任务，并且明确提出"将京津冀协同发展提升为重大国家战略"，由此，京津冀协同发展纳入国家区域发展战略布局。2015 年 4 月 30 日，中央审议通过《京津冀协同发展规划纲要》，标志着京津冀协同发展战略正式形成。《京津冀协同发展规划纲要》明确了京津冀地区的整体功能定位与北京、天津、河北各自的功能定位，即分别将"四个中心""一基地三区""三区一基地"作为北京、天津、河北在京津冀协同发展中的定位及发展目标。至此,京津冀协同发展有了具体的行动纲要,正式迈进系统实施与全面推进的新阶段。

"有序疏解北京非首都功能,优化提升首都核心功能"作为京津冀协同规划的核心任务备受瞩目。2016年3月24日,中共中央政治局常委会审议通过《关于北京市行政副中心和疏解北京非首都功能集中承载地有关情况的汇报》,并确定了承载地的规划选址以及"雄安新区"的定名。2017年4月1日,新华社发稿《中共中央、国务院决定设立河北雄安新区》,作为首都发展重要的一翼,雄安新区成为非首都功能转移的重要承载地与关键之举。2018年,党中央、国务院先后批复《河北雄安新区规划纲要》和《北京城市副中心控制性详细规划》,这标志着北京副中心与雄安新区的规划建设有了法定蓝图,有助于从结构上优化北京城市空间格局。2023年6月30日,中共中央政治局审议通过《关于支持高标准高质量建设雄安新区若干政策措施的意见》,为统筹推进雄安新区高标准、高质量建设,提升首都及周边地区的整体发展质量,有条不紊地推进实施京津冀协同战略提供了指导意义。

京津冀协同发展是习近平总书记亲自谋划、亲自部署、亲自推动的区域重大战略,是党的十八大以来首个区域重大发展战略。从《京津冀协同发展规划纲要》审议通过,到我国第一个跨省市的区域五年规划《"十三五"时期京津冀国民经济和社会发展战略》的印发实施;从根治北京"大城市病"构想的提出,到北京城市副中心的全方位谋划、河北雄安新区的高质量建设,京津冀协同发展至今已有十载光阴。京津冀协同发展战略,规划引领三省市互利共生、协同共进,在非首都功能疏解、区域一体化交通网络建设与生态环境改善、产业结构联动发展与区域协同创新、公共基础服务共建共享与促进区域共同富裕等方面取得显著进展。

二、京津冀区域产业分工合作的历史演进

1949—1979年,由于行政区划的条块分割,京津冀区域内部各个地

方之间的职能分工和合作关系被严重的人为割裂,各地都采取了封闭式的经济发展方式,造成了一定程度的地区间产业结构趋同。改革开放之后,随着区域内各地方政府职能和发展定位重新确定,区域内经济合作有所加强。现阶段,京津冀区域经济一体化推动了北京市过度集中的城市职能分解,有助于解决用地紧张、人口拥挤、环境污染等问题。同时,区域经济一体化在不同方面拉动了周边地区农业、工业和服务业的发展。

京津冀地区农业合作有着悠久的历史。长久以来,京津两市一直是中国重要的政治中心和工商业中心,特别是在改革开放之后,京津两市的城市化水平不断提高,农业功能逐步弱化,主要是依靠河北省提供农副食商品。随着京津两市产业结构的转型和调整,整个区域农业合作状况已经达到了一个相当高的水平。何海军(2008)认为河北省农副食品在京津两地的市场上占有很高比例,其中,蔬菜、生猪、活牛、活羊、果品的占有率分别达到了40%、50%、40%、25%和40%左右。

从现实情况看,京津两市的很多食品企业到河北省设立农产品深加工生产基地,或建立各自的原料基地,这大大加强了京津冀区域第一产业的一体化发展,并且随着产业交流和合作的不断加深,在推动河北省绿色高效农业发展的同时,也为京津两市的第二、第三产业发展提供了十分有利的物资保障。

从工业结构方面来看,京津冀区域内部技术、产业存在着梯度差异,河北省与京津两市呈现一定的互补态势,同时,生产要素禀赋亦存在着互补性。结合过往情况来看,京津两市以共性技术研发创新为先导,重点发展电子信息产业、高端装备制造业等现代制造业;河北省以资源型产业为基础,持续接受京津产业梯度转移,推动能源、石化、装备制造、钢铁、建材等传统产业转型发展,利用后发优势,扩大经济的总体规模。由此,京津两市高端制造业与河北省能源资源产业实现了优势互补与合作,促使发达地区淘汰过剩产能、优化产业结构,同时,扩大后发地区的传统产业规模。然而,这种工业合作模式带有一定的机械性。聂华林(2006)认为工业企业尤其是重工业企业大多受环境与资源约束,为了降低生产成本,被迫将部分或整体迁至相对落后的城市,而区域内城市之间不同企业的技术、市场、信息合作较少,市场机制的调节力度也不够。因此,工业的合作与发展模式还需要进一步优化。

自 2014 年京津冀协同发展战略提出后,京津冀区域产业一体化,特别是工业、制造业的一体化发展方向更加清晰和明确,以疏解北京非首都功能为契机,通过有序的产业梯度转移、优质产业迁移带动河北地区产业结构不断升级;充分发挥北京制造研发技术优势,加快技术成果在津冀地区转化为现实生产力,其合作的空间与前景十分广阔。

从第三产业来看,京津冀三省市服务业发展水平存在很大差异,客观上为区域内部的合作提供了机会。北京市作为国家首都和政治文化中心,经过长期发展,在服务业方面优势显著,而津冀两省市的服务业总体发展水平与北京相比还有很大差距。随着京津冀协同发展战略的大力实施,整个京津冀区域正在加速整合服务业发展所需的人力、物力及资金等要素资源,着力发展区域现代服务业,推动京津两市的金融、商业咨询、技术服务等的合作发展,建立起功能完善的区域物流网络,打造京津冀旅游精品路线,形成京津冀区域大旅游圈,通过举办京津冀消费季活动带动区域零售业发展,等等。

近年来,京津冀协同发展战略不断向纵深推进,在多个重点领域合作方面取得了显著成效。资料显示①,在疏解北京非首都功能与承接产业上,北京已基本完成一般制造业企业集中退出、区域性批发市场大规模疏解任务。天津打造出"1+16"产业对接平台,以此为基础吸引北京产业投资规模持续扩大,2013—2021 年,来自北京地区的投资累计 11355.89 亿元,占天津利用内资的 38.3%;滨海—中关村科技园挂牌成立 5 年来,累计注册企业突破 3000 家。截至 2021 年,河北累计承接京津转入法人单位 2.9 万个、产业活动单位 1.1 万个。

除产业外,京津冀在技术、人才、公共服务等领域的协同发展也在持

---

① 协同共进 互补共赢 京津冀协同发展硕果累累[EB/OL],https://baijiahao. baidu.com/sΔid=1735772406804654890&wfr=spider&for=pc.

续深化。在技术协同方面,2014 年以来,北京输出到津冀两地的技术合同累计超过 2.5 万项,成交额累计达到 1760.4 亿元,年均增长率超过 20%;2021 年底,挂牌成立京津冀国家技术创新中心天津中心。在人才协同方面,通过三地专技人员职称资格互认、成立人力资源服务合作联盟、举办京津冀招才引智大会等方式,为京津冀人才交流搭建高质量平台。在公共服务方面,以学校联盟、结对帮扶、开办分校等方式开展跨区域教育合作,组建 16 个京津冀高校创新发展联盟,成立 14 个跨区域特色职教集团;京津冀三省市签署《京津冀医疗保障协同发展合作协议》,京津冀医保异地结算覆盖天津各类医院超过千家。

第五章 京津冀区域产业一体化的产业转移研究

随着区域产业一体化进程的不断加快,产业发展和结构升级已不再一个地区内部独自进行,会涉及区域产业整体的协调发展,而产业转移便是这样一种可以将不同地区经济协调发展和产业结构调整联系在一起的重要方式和纽带。产业转出区通过向其他地区转移某些产业来调整产业结构、促进经济增长方式的转变。同时,产业转入区可以通过积极承接产业实现技术进步、产业升级、就业增加,加快地区经济发展。产业转移作为实现京津冀区域产业一体化的重要途径,是对现有产业格局的重新规划,是协议性分工的重要体现。

第一节 我国地区间产业转移问题的提出

区域产业转移是指某些产业由于产品市场需求变化或者是生产要素供给变化,使其在新的区域生产比在原地区生产可以获得更高的经济效益,实质上是区域间的生产要素转移的经济行为,如劳动力、资本、生产技术等的跨地区流动,是现有生产能力在空间上的重新组合和配置。按照产业梯度理论,区域经济的协调发展应通过如下的过程实现,即区域中的经济发达地区产业发展到一定程度后,通过逐步将生产要素转移至欠发达地区,促进区域经济的整体发展。

当前,可以将国内所发生的区域产业转移现象视为国际产业转移的一部分,它是国际产业转移在一国内的延续,而产业转移在区域间和国家间两个层面上的转移机制、转移方式与转移效应上有着相似性,区别在于诱发产业转移的影响因素和制约条件不同,因此,区域产业转移具有特殊性。

例如,我国东部沿海地区既承接了来自发达国家转移出的产业,又将部分产业向国内其他地区转移;同时,依靠承接来自东部沿海地区转移出的产业,中西部地区提升了产业结构水平,加速区域经济的协调发展。东部沿海地区向中西部地区转移的产业主要包括扩张性和衰退性的产业,这两类产业转移的区别是扩张性的产业转移不会使原地区的产业结构发生显著变化,并未发生实际上的产业迁出行为,只是向新区域扩大生产投资,以获得更大的利润空间;衰退性的产业转移是发生了实际上的产业迁出,使产业的转出地和转入地的产业结构均发生了显著变化。

一、产业转移是解决地区间发展失衡的重要手段

改革开放以来,东部地区凭借良好的区位优势和国家优先发展的政策优势,经济得到了快速发展,东、中、西部地区间的经济发展差距日益扩大。中共中央在 1995 年颁布的《国民经济和社会发展"九五"计划和2010 年远景目标纲要》中明确提出,有步骤地将东部沿海地区劳动密集型和资源初级加工产业向西部地区转移,将区域产业转移作为解决地区经济发展差距的重要措施。进而在"十五"计划中提出,继续发挥东部沿海地区在全国经济发展中的带动作用,积极开拓国内市场,大力推进多种形式的地区经济技术合作,实现优势互补,支持中西部地区发展。在国家"十四五"规划中更加明确提出,要深入实施区域重大战略、区域协调发展战略、主体功能区战略,建立健全区域战略统筹、市场一体化发展、区域合作互助、区际利益补偿等机制,更好促进发达地区和欠发达地区、东中西部和东北地区共同发展,鼓励探索共建园区、飞地经济等利益共享模式。

二、产业转移是产业结构调整升级的必然要求

东部沿海地区作为我国改革开放的前沿阵地,在经历了地区经济的快速发展之后,内涵式经济增长方式与粗放式经济增长之间、市场经济体制与计划经济体制之间均出现了摩擦,发展速度与经济效益、经济总量与产业结构之间存在着尖锐的矛盾,因此,必须对区域产业结构进行调整升级。如东部地区劳动力、原材料指向型产业与其资源密集度偏差越来越大,为争夺有限的生产要素而产生的恶性竞争普遍存在于各个生产部门,阻碍了地区产业结构的正常调整。进入 20 世纪 90 年代中后期,东部沿海地区的资本密集型产业与技术密集型产业发展迅猛,而传统产业的利润越来越低、市场空间越来越小;而中西部地区拥有丰富的资源,相对低廉的要素价格,巨大的市场发展潜力,是承接劳动力密集型和资源密集型产业转移的理想场所,东部地区市场已饱和的传统工业在中西部地区有着广阔的市场前景和发展空间。

三、产业转移是加强区域经济合作的重要纽带

伴随经济全球化的快速发展,区域经济一体化进入了加速发展阶段,在这样的经济发展大环境下,我国的区域经济格局更是在改革开放规模不断扩大、市场机制日趋完善的条件下发生着十分深刻的变化,各个经济区快速崛起,极大地拉动了国民经济的腾飞。区域经济合作已成为我国经济发展的一大趋势,这既是现阶段经济发展的必然结果,又是经济进一步发展的必要条件。

目前,京津冀、长三角、珠三角区域经济快速发展,区域合作与投资变得十分活跃。我国总体经济发展目标被融入区域经济合作机制中,充分发挥了经济合作各方的地区优势,强化了地区间的经济互动。在我国现阶段的区域经济发展中存在着许多新的经济增长极,例如,淮海经济协作

区、中原经济合作区、成渝经济区、鄱阳湖生态经济区以及武汉经济协作区等。近年来,黑龙江省、广西壮族自治区、湖北省、湖南省、河南省纷纷提出了构建区域经济发展的规划,如哈大齐工业走廊、北部湾经济区规划、武汉城市圈、长株潭经济圈以及中原城市群建设。

就我国目前的区域合作现状来说,区域经济发展进入了新的阶段,其特点表现在超越行政区划经济的经济区域发展,地区间经济的联合互动成为国民经济发展的主要特征,地区行政壁垒正在被逐层破除,地区间生产要素自由流动的制约因素正在变得越来越少,合作机制变得更加灵活,这为区域间产业转移与承接提供了便利。

接下来,本书将基于一个产业转移发生的理论模型,来解释产业转移出现的动力机制。

第二节　产业转移发生的理论模型

假设:只存在 A 和 B 两个地区,同时,两个地区的市场都是完全竞争的;劳动力是唯一的生产投入要素,且产出只有两种产品 1 和 2;生产函数在地区内部各企业中均相同[①]。

在生产函数 F 的条件下, Y_{ij} 表示 j 地区 i 产品的产量, L_{ij} 表示 j 地区生产 i 产品的劳动投入量,即 $Y_{ij} = F_{ij}(L_{ij})$ ($i = 1, 2; j = A, B$)。同时,假定生产函数具有 $F'_{ij} > 0$, $F''_{ij} < 0$ 的性质。那么,最优的生产过程可用图 5.1 来表示。

通过坐标原点的直线与生产函数 F 相切于点 C , C 点为平均生产成本的最低点,与 C 点对应的横坐标 L_0 点是平均生产成本最低时的劳动投入量。

---

① 陈建军.要素流动、产业转移和区域经济一体化[M].杭州:浙江大学出版社,2009:99-102.

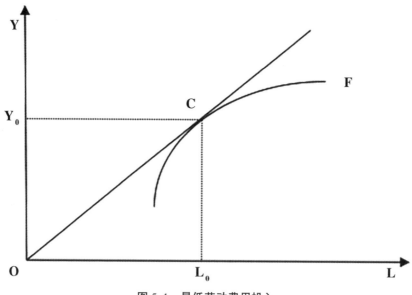

图 5.1　最低劳动费用投入

资料来源：陈建军.要素流动、产业转移和区域经济一体化[M].浙江大学出版社，2009：100.

当市场为完全竞争时，企业以利润最大化为生产目标，劳动力的边际生产率决定了工资水平，进而影响各产业的劳动投入量。假设，j 地区仅存在两个产业，因为相同的生产函数，其劳动力的工资水平是完全相等的，即 $F'_{1j}(L_{1j}) = P_j F'_{2j}(L_{2j})$，式中，$P_j$ 表示 j 地区两类产品的相对价格。

同时，N_{ij} 表示 j 地区生产 i 产品的企业数量，L_{ij} 表示 j 地区生产 i 产品总的劳动投入量，L_j 表示 j 地区的劳动力总量，因此，劳动力市场实现均衡时的条件为：$N_1 L_{1j} + N_2 L_{2j} = L_j$。

根据假设，市场是完全竞争的，各地区产业部门在长期均衡时利润为 0，则下式成立：$L_{ij} F'_{ij}(L_{ij}) = F_{ij}(L_{ij})$，即 $F'_{ij}(L_{ij}) = F_{ij}(L_{ij}) / L_{ij}$。该式表明，各地区产业部门在长期均衡时的边际产量与平均产量相等。

在此，把满足上式的 L_{ij} 作为各地区产品生产的最低劳动投入量，记为 L_{ij0}。整理后可得：$P_j = \dfrac{F'_{1j}(L_{1j0})}{F'_{2j}(L_{2j0})} = \left(\dfrac{L_{2j0}}{L_{1j0}}\right)\left[F_{1j}(L_{1j0})/F_{2j}(L_{2j0})\right]$，如果将 j

地区生产 i 产品的总产量设为 Z_{ij}，则有：$Z_{ij} = N_{ij} F_{ij}(L_{ij0})$，将其进一步变形

为：$Z_{1j} + \left[\dfrac{F'_{1j}(L_{1j0})}{F'_{2j}(L_{2j0})} \right] Z_{2j} = F'_{1j}(L_{1j0}) L_j$，该式是 j 地区斜率为 $-\dfrac{F'_{1j}(L_{1j0})}{F'_{2j}(L_{2j0})}$ 的生

产可能性曲线,它的经济含义是通过调整 j 地区产品 1 和产品 2 的产量使
生产状态处于最小生产成本水平。

进一步假设,地区 A 和地区 B 的消费者具有相同的消费倾向,同时,
两地区的生产函数都是 Cobb-Douglas 生产函数。在产品消费倾向一定
的条件下,采用 I_j 表示以 i 产品代表的 j 地区的收入水平,X_{ij} 表示 j 地区 i
产品的需求量,于是,下式成立:$X_{1j} = \alpha_1 I_j$,$P_{1j} X_{2j} = \alpha_2 I_j$,其中,$\alpha_1$ 和 α_2 分
别为产品 1 和 2 的支出倾向,且有 $\alpha_1 + \alpha_2 = 1$。又可推出:

$$I_j = N_{1j} Y_{1j} + P_j N_{2j} Y_{2j} = \left[N_{1j} + N_{2j}(L_{2j0}/L_{1j0}) \right] \cdot F_{1j}(L_{1j0}) \qquad (5.1)$$

产品 i 的供求均衡条件可推出为:

$$N_{ij} = \alpha_i \left[N_{ij} + N_{kj}(L_{kj0}/L_{ij0}) \right] \qquad k \neq i \qquad (5.2)$$

当 $L_{ij0} = L_{ij}$ 时,可推得:

$$N_{ij} = \alpha_{ij}(L_j/L_{ij0}) \qquad (5.3)$$

上式表明,j 地区生产 i 产品的企业数量由 j 地区 i 产品的消费倾向、j
地区生产 i 产品最低的劳动投入量与 j 地区劳动力总量之比的倒数共同
决定。

不难发现,当减小 j 地区 i 产品的消费倾向,或减少 j 地区劳动力总
量,或增加 j 地区生产 i 产品最低的劳动投入量,j 地区生产 i 产品的企业
数量趋于下降,换句话说,一些企业转移到了其他区域进行生产。因此,
基于上述模型可以得出一个很重要的结论,即本地区产品消费倾向的下

降,地区劳动力总量的下降,以及劳动力成本的上升都会诱发本地区产业向其他区域转移。

事实上,形成并推动产业转移的因素繁多,包括经济因素和社会因素,而能够用模型表示的产业转移中变量之间影响关系的只是很小一部分,很多影响因素是目前的模型不能表示的。

第三节　京津冀区域产业转移的直接动力: 梯度差异

实际上,产业转移发生的直接动力就是地区间的梯度差异,包括经济水平的梯度差异和产业发展的梯度差异。不同的经济地区往往具有不同的区位优势,资源禀赋结构、产业结构等都不尽相同,造成了地区之间的经济发展程度、产业结构水平均存在差异,由此产生了较普遍的区域经济梯度特征。区域经济发展的不平衡是区域间产业转移发生的直接动力,在当前的开放经济条件下,区域产业转移又是促进经济和谐发展、缩小经济差距的重要途径。

接下来,将系统分析京津冀三省市之间的经济水平和产业发展的梯度差异,考察京津冀地区间是否具有发生产业转移的客观条件。

一、京津冀三省市经济水平的梯度差异

(一)经济总量差异

从三省市经济发展来看,2000—2022 年,三省市地区生产总值基本处于增长态势,2022 年北京市、天津市和河北省的地区生产总值分别达到 41540.9 亿元、16132.2 亿元和 41988 亿元;从地区生产总值指数反映出的经济增速来看,2000—2015 年,天津市地区生产总值增速最快,位居

第一,2010 年天津市经济增速达到最高,为 14.4%,显著高于同时期京冀两地经济增速,而北京市在 2000—2010 年经济增长快于河北省,之后在个别年份被河北省反超;从 2016 年开始,天津市地区产值增速开始呈现出下降趋势,经济增速明显低于京冀两省市,而北京市与河北省均保持6.0%以上的经济增长速度,这一情况一直维持到 2019 年。2020 年,受疫情影响,京津冀三地的经济增速都出现了不同程度的放缓,受基数效应作用,在 2021 年有过较大幅度的反弹,综合来看,京津冀三省市经济增长将仍然保持稳定恢复态势。具体数据请见表 5.1 和表 5.2。

表 5.1　京津冀三省市地区生产总值　　　　单位:亿元

年份	北京	天津	河北	年份	北京	天津	河北
2000	3277.8	1591.7	4628.2	2012	19024.7	9043	23077.5
2001	3861.5	1756.9	5062.9	2013	21134.6	9945.4	24259.6
2002	4525.7	1926.9	5518.9	2014	22926	10640.6	25208.9
2003	5267.2	2257.8	6333.6	2015	24779.1	10879.5	26398.4
2004	6252.5	2621.1	7588.6	2016	27041.2	11477.2	28474.1
2005	7149.8	3158.6	8773.4	2017	29883	12450.6	30640.8
2006	8387	3538.2	10043	2018	33106	13362.9	32494.6
2007	10425.5	4158.4	12152.9	2019	35445.1	14055.5	34978.6
2008	11813.1	5182.4	14200.1	2020	35943.3	14008	36013.8
2009	12900.9	5709.6	15306.9	2021	41045.6	15685.1	40397.1
2010	14964	6830.8	18003.6	2022	41540.9	16132.2	41988
2011	17188.8	8112.5	21384.7				

资料来源:国家统计局数据。

表 5.2　京津冀三省市地区生产总值指数　　　　上年＝100

年份	北京	天津	河北	年份	北京	天津	河北
2000	112.0	108.3	109.5	2012	107.7	111.3	108.7
2001	111.8	109.6	108.7	2013	107.7	110.1	108.2
2002	111.8	110.2	109.9	2014	107.4	107.5	106.5
2003	111.1	112.3	108.4	2015	106.9	106.9	106.8

年份	北京	天津	河北	年份	北京	天津	河北
2004	113.3	113.6	110.0	2016	106.9	106.0	106.7
2005	112.3	112.2	110.3	2017	106.8	103.4	106.6
2006	112.8	111.9	110.3	2018	106.7	103.4	106.5
2007	114.4	112.8	109.6	2019	106.1	104.8	106.7
2008	109.0	113.7	108.0	2020	101.1	101.4	103.8
2009	110.0	113.8	108.1	2021	108.8	106.6	106.5
2010	110.4	114.4	109.2	2022	100.7	101.0	103.8
2011	108.1	113.4	110.3				

资料来源:国家统计局、京津冀三省市统计年鉴。

2000 年以来,三省市地区产值占京津冀区域总产值的比重基本维持稳定,北京市占比约 39%,天津市占比在 17% 左右,河北省约占 44%。2007—2014 年,天津市地区生产总值占比处于上升态势,由 2007 年的 15.55% 提升到 2014 年的 18.1%,比重持续上升,而河北省地区生产总值占比呈现下降趋势,从 2007 年的 45.45% 下降到 2014 年的 42.89%。从 2015 年开始,天津地区生产总值占比持续下降,2022 年仅占 16.19%,同时,河北省的经济占比稳定在 41% 以上,2022 年占比为 42.13%;北京市经济总量占比明显上升,2022 年占比达到 41.68%,与河北省占比基本相当。具体数据请见表 5.3。

表 5.3 京津冀三省市地区生产总值占比 单位:%

年份	北京	天津	河北	年份	北京	天津	河北
2000	34.51	16.76	48.73	2012	37.20	17.68	45.12
2001	36.15	16.45	47.40	2013	38.19	17.97	43.84
2002	37.80	16.10	46.10	2014	39.01	18.10	42.89
2003	38.01	16.29	45.70	2015	39.93	17.53	42.54
2004	37.98	15.92	46.10	2016	40.36	17.13	42.50
2005	37.47	16.55	45.98	2017	40.95	17.06	41.99
2006	38.18	16.11	45.72	2018	41.93	16.92	41.15

年份	北京	天津	河北	年份	北京	天津	河北
2007	38.99	15.55	45.45	2019	41.96	16.64	41.40
2008	37.87	16.61	45.52	2020	41.81	16.29	41.89
2009	38.04	16.83	45.13	2021	42.26	16.15	41.59
2010	37.60	17.16	45.24	2022	41.68	16.19	42.13
2011	36.82	17.38	45.81				

资料来源:国家统计局数据。

(二)人均水平差异

衡量一国(地区)经济发展程度的重要指标就是人均产值指标,从世界各国的工业化、城市化进程来看,区域人均产值将随着经济总量的提升而增长。2000 年以来,京津冀地区该指标呈上升趋势,北京市人均产值从 2000 年的 25014 元增长到 2022 年的 189988 元,天津市从 2000 年的 16236 元增长到 2022 年的 117925 元,河北省从 2000 年的 6966 元增长到 2022 年的 56481 元。其中,北京市人均产值在 2009 年首次突破了 1 万美元,依据 2007 年世界银行报告的划分标准,北京市已从世界中等收入组进入世界高收入组。天津市地区人均产值水平处于京津冀三省市居中位置,河北省该指标处于京津冀三省市末位。从差距来看,2000 年,北京市人均地区产值分别是天津市、河北省的 1.54 倍、3.59 倍,到 2022 年,这一数值变为 1.61 倍、3.36 倍,差距未见明显缩小。具体数据请见表 5.4。

表 5.4　京津冀三省市地区人均产值水平　　　　　　　　　　单位:元

年份	北京	天津	河北	年份	北京	天津	河北
2000	25014	16236	6966	2012	92758	66517	31844
2001	28097	17523	7572	2013	100569	71345	33346
2002	32231	19161	8216	2014	106732	74960	34507
2003	36583	22371	9380	2015	113692	75868	35994
2004	42402	25761	11178	2016	123391	79647	38688

年份	北京	天津	河北	年份	北京	天津	河北
2005	47182	30567	12845	2017	136172	87280	41451
2006	53438	33411	14609	2018	150962	95689	43808
2007	63629	37976	17561	2019	161776	101557	47036
2008	68541	45242	20385	2020	164158	101068	48302
2009	71059	47497	21831	2021	187526	113660	54181
2010	78307	54053	25308	2022	189988	117925	56481
2011	86246	61458	29647				

资料来源:国家统计局数据。

收入水平是反映区域社会发展的重要指标。随着经济总量的提升和社会事业的发展,京津冀区域人民生活水平逐年提高,城镇居民家庭人均可支配收入有了快速增长。2022年,京津冀三省市的城镇居民家庭人均可支配收入分别达到了84023元、53003元和41278元。但是,区域内部的不平衡性依然存在。在研究时期内,河北省的收入水平低于京津的收入水平,甚至低于全国平均水平。2022年,河北省城镇居民家庭人均可支配收入相当于北京的49.13%、天津的77.88%,收入差距依然较大。具体数据请见表5.5。

表5.5　京津冀三省市城镇居民家庭人均可支配收入　　　　单位:元

年份	北京	天津	河北	年份	北京	天津	河北
2000	10590	7946	5642	2012	40306	26586	20222
2001	11939	8672	5957	2013	44564	28980	22227
2002	12949	8968	6641	2014	48532	31506	24141
2003	14535	9823	7188	2015	52859	34101	26152
2004	16502	10831	7886	2016	57275	37110	28249
2005	18775	11839	9020	2017	62406	40278	30548
2006	21415	13266	10194	2018	67990	42976	32977
2007	23752	15062	11550	2019	73849	46119	35738
2008	26918	17726	13263	2020	75602	47659	37286

年份	北京	天津	河北	年份	北京	天津	河北
2009	29329	19371	14505	2021	81518	51486	39791
2010	32132	21800	16009	2022	84023	53003	41278
2011	36365	24158	18006				

资料来源：国家统计局数据。

(三)京津冀经济活力差异

自 20 世纪 80 年代以来,随着改革开放程度的不断深化,尽管京津冀区域的民营企业、股份制企业、外商及港澳台地区投资企业及其他各种混合所有制企业产值在区域经济中所占比重不断升高,但是,国有经济比重仍然偏高,这主要是京津冀地区经济受行政区划和计划经济影响较为深远造成的;与此相对,京津冀区域的民营企业、股份制企业所占比重却远在全国平均水平以下。2021 年,京津冀区域的规模以上工业企业销售产值占比中,国有控股企业所占比重达到 33%,超过了全国平均水平(26.66%)。其中北京市达到了 53.85%,高于全国平均水平;天津市为26.66%,与全国平均水平持平;而河北省为 24.58%,低于全国平均水平。因此,从工业总产值构成来看,京津冀地区公有制经济所占比重总体偏高。

京津冀地区私营企业工业总产值比重为 31.98%,低于全国平均水平(39.36%);外商投资及港澳台地区投资企业工业总产值所占比重为26.97%,略高于全国平均水平(21.51%)。其中,北京市、天津市外商投资企业工业总产值所占比重都高于全国平均水平,分别为 41.84% 和39.59%,而河北省仅为 13.66%。这表明,京津冀地区对外资的吸引能力存在较大落差,京津两地外资比重较高,而河北省外资比重不仅在区内是最低的,也远远低于全国平均水平。具体数值请见表 5.6。

表 5.6 2021 年京津冀区域规模以上工业企业销售产值　　　单位:亿元

地区	工业销售产值	国有控股企业	有限责任公司	股份有限公司	私营企业	外商及中国港澳台商投资企业
全国	1314557	350558	362897	117262	517444	282716
京津冀	105722	34882	34088	7572	33811	28516
北京	28745	15480	12446	2240	1825	12026
天津	23043	6144	5276	2125	6071	9123
河北	53934	13258	16366	3207	25915	7367

资料来源:根据《中国工业统计年鉴》(2022)中的数据整理所得。

国有经济比例过高是京津冀地区经济活力不足的重要原因,国际和民间资本的介入和表现力均没有东南沿海地区出色。同时,国有企业改制进程也受此影响,特别是在加入世贸组织后,作为老工业城市密集、老字号集中的京津冀地区,随着改革的不断深化,民营资本的加入以及强势国有企业的重组,企业制度创新的"内生性"能量可能在未来几年凸现出来,该地区将迎来新的发展。

(四)经济能耗差异

近年来,京津冀三省市加快产业结构升级调整,促进制造业高端化、智能化、绿色化发展,着力建设现代化产业体系,推动地区经济实现高质量发展。区域高能耗、高污染、高排放的过剩产业被高技术产业加速取代,与此同时,绿色生产技术赋能传统产业,2014 年以来,京津冀地区的万元 GDP 能耗系数始终处于下降趋势。北京的万元 GDP 能耗始终位于全国平均消耗水平以下,2021 年北京市的万元 GDP 能耗系数为 0.18 吨标准煤。天津的万元 GDP 能耗略高于全国平均消耗水平,2021 年天津的万元 GDP 能耗系数为 0.52 吨标准煤。河北省万元 GDP 能耗虽然呈现下降趋势,但仍然高于国家平均能耗水平,2021 年河北省的万元 GDP 能耗系数为 0.81 吨标准煤。由此可见,尽管河北省的能源利用效率逐步提高,但与京津两市相比还有较大差距。具体数值请见表 5.7。

表 5.7 万元 GDP 能耗系数   单位:吨标准煤/万元

地区	2014	2015	2016	2017	2018	2019	2020	2021
全国	0.76	0.72	0.60	0.58	0.56	0.55	0.55	0.46
北京	0.34	0.28	0.26	0.25	0.24	0.23	0.19	0.18
天津	0.75	0.75	0.69	0.62	0.60	0.59	0.59	0.52
河北	1.16	1.18	1.10	1.05	0.99	0.93	0.91	0.81

资料来源:国家统计局,中国统计年鉴(2022)[M].北京:中国统计出版社,2022.

二、城市经济发展的不平衡

城市经济发展的不平衡性在京津冀区域内部表现为两个方面的不平衡。一是京津冀区域内部中心城市(北京市和天津市)与非中心城市(如石家庄、张家口等河北省的地级市)在经济发展上存在不平衡。其中,北京市作为首都,经济基础雄厚,其城市建设更是借助 2008 年举办北京奥运会的历史机遇得到了快速发展。2022 年,北京地区生产总值已达到41540.9 亿元,总体经济水平在京津冀区域内部的十三座城市中是最高的,不仅如此,其更是我国北方经济发展的重心。2022 年,天津地区生产总值在京津冀区域的十三座城市中排在第二位。近年来,天津产业结构高技术化转型发展提速,特别是滨海新区大力度开发开放与先行先试,更是为地区经济的发展带来了全方位的发展机遇。与此相对,河北省的地级市与京津发展存在显著落差,除石家庄和唐山外,其他河北省地级城市的生产总值平均水平仅为 2888.04 亿元,不到北京市产值的十分之一。

二是京津冀区域空间发展存在不平衡。在区域内部,天津、唐山具有明显区位优势,其经济发展水平较高,而张家口、承德、衡水等西北、东南区域的城市发展水平较低。其中,2022 年,衡水市的地区生产总值只有1800.50 亿元,相当于北京市产值的 4.33% 和天津市产值的 11.16%。具体数据请见表 5.8。

表 5.8 2022 年京津冀城市地区生产总值　　　　　　单位:亿元

地区	地区生产总值	地区	地区生产总值
北京	41540.9	保定	3880.30
天津	16132.2	张家口	1775.20
石家庄	6669.30	承德	1780.20
秦皇岛	1909.50	沧州	4388.20
唐山	8900.70	廊坊	3565.30
邯郸	4346.30	衡水	1800.50
邢台	2546.90		

资料来源:国家统计局数据、河北省统计年鉴数据。

京津冀区域各城市之间的人均产值存在较大差距,发展存在不平衡。2022 年,京津冀区域人均产值位居前四位的城市分别是北京、天津、唐山和廊坊,最低的为邢台市,其人均产值只有 36091 元,仅相当于北京市人均产值的 19%。具体数据请见表 5.9。

表 5.9 2022 年京津冀城市人均地区生产总值　　　　　　单位:元

地区	人均地区生产总值	地区	人均地区生产总值
北京	189988	保定	42317
天津	117925	张家口	43435
石家庄	62792	承德	53482
秦皇岛	61277	沧州	60035
唐山	115571	廊坊	64626
邯郸	46615	衡水	43108
邢台	36091		

资料来源:国家统计局数据、河北省统计年鉴数据。

三、京津冀区域产业结构差异

(一)三次产业结构差异

从京津冀区域三省市的产业结构分析,北京市第一产业产值从 2000 年的 79.3 亿元增加到 2022 年的 111.5 亿元,年均增长达 1.56%;第二产业产值从 2000 年的 1023.7 亿元增加到 2022 年的 6635.6 亿元,年均增长达 8.87%;第三产业产值从 2000 年的 2174.9 亿元增加到 2022 年的 34793.7 亿元,年均增长率为 13.43%,远超第一产业和第二产业的增长水平,处于高速发展阶段。从北京的三次产业结构变动看,近年来,第一产业所占比重持续下降,到 2022 年所占比重还不到 1%,仅为 0.27%;第二产业所占比重处于快速下降阶段,从 2000 年的 31.23% 下降到 2022 年的 15.97%;与之相对,第三产业所占比重由 2000 年的 66.35% 快速上升到 2022 年的 83.76%。

与北京第一产业发展情况相似,天津第一产业产值从 2000 年以来虽有缓慢增长,但在三次产业中所占比重总体呈现下降趋势,从 2000 年的 4.63% 下降到 2022 年的 1.69%;与北京产业结构情况不同的是,天津在 2009 年以前仍然是以第二产业作为地区主要产业,直到 2010 年第二产业比重才低于第三产业比重,产值则从 2000 年的 794.8 亿元上升到 2022 年的 5982.3 亿元,年均增长达 9.61%,在地区产业结构中所占比重在 2021 年、2022 年连续回升,2022 年占比恢复到 37.08%;第三产业产值从 2000 年的 723.2 亿元上升到 2022 年的 9876.7 亿元,年均增长率在三次产业中最高,达到 12.62%,所占比重近两年来虽有降低,但占比依然达到了 61.22%。

河北省产业结构与京津两市存在较明显差异。河北省是我国农业生产大省,耕地面积占全国的 5.92%,位居全国第五位;农业资源和农产品种类繁多,农业生产具有竞争优势,因此,河北省第一产业产值在地区生产总值中所占比重明显高于京津两市,2022 年为 10.50%;第二产业是河北省的支柱产业,其产值从 2000 年的 2146.7 亿元增长到 2022 年的 16129.6 亿元,年平均增长为 9.60%,在三次产业结构中所占比重总体下降,2022 年占比为 38.41%;第三产业发展从占比和增速上较京津两市有所落后,第三产业产值从 2000 年的 1656.8 亿元上升到 2022 年的 21449.8 亿元,年均增长率为 12.34%,显著低于北京市第三产业增长水平。具体数值请见表 5.10。

表 5.10　京津冀三省市分三次产业占比　　　　　单位:%

年份	北京			天津			河北		
	第一产业	第二产业	第三产业	第一产业	第二产业	第三产业	第一产业	第二产业	第三产业
2000	2.42	31.23	66.35	4.63	49.93	45.44	17.82	46.38	35.80
2001	2.09	29.19	68.72	4.48	48.88	46.64	18.05	45.30	36.65
2002	1.82	27.29	70.89	4.37	48.34	47.29	17.34	44.71	37.95
2003	1.60	27.65	70.75	3.98	50.39	45.63	16.80	46.15	37.05
2004	1.37	28.37	70.27	4.02	51.44	44.54	17.57	45.70	36.73
2005	1.22	26.68	72.11	3.56	51.62	44.82	15.33	47.00	37.66
2006	1.04	24.71	74.25	2.92	51.85	45.23	13.96	47.51	38.53
2007	0.95	23.15	75.90	2.59	51.07	46.35	14.29	48.13	37.57
2008	0.94	21.39	77.67	2.25	51.32	46.43	13.78	49.17	37.05
2009	0.91	21.21	77.88	2.09	49.19	48.71	13.86	46.81	39.33
2010	0.82	21.61	77.57	1.93	47.72	50.35	13.74	47.05	39.21
2011	0.78	20.73	78.49	1.74	46.30	51.96	12.64	48.05	39.31
2012	0.78	20.27	78.95	1.64	45.71	52.65	12.63	47.32	40.06
2013	0.76	19.72	79.52	1.56	44.31	54.13	12.95	46.08	40.97
2014	0.69	19.34	79.97	1.49	43.38	55.13	12.55	45.53	41.92
2015	0.57	17.84	81.60	1.49	41.27	57.24	11.75	43.64	44.62
2016	0.48	17.25	82.27	1.47	38.06	60.47	10.83	43.31	45.86
2017	0.41	16.90	82.69	1.36	36.66	61.98	10.22	41.70	48.08

年份	北京			天津			河北		
	第一产业	第二产业	第三产业	第一产业	第二产业	第三产业	第一产业	第二产业	第三产业
2018	0.36	16.55	83.09	1.31	36.18	62.50	10.27	39.71	50.01
2019	0.32	15.99	83.69	1.32	35.20	63.48	10.06	38.29	51.65
2020	0.30	15.97	83.73	1.50	35.06	63.43	10.77	38.22	51.00
2021	0.27	18.00	81.73	1.70	36.17	62.14	9.98	40.49	49.54
2022	0.27	15.97	83.76	1.69	37.08	61.22	10.50	38.41	51.09

资料来源:国家统计局数据。

从三次产业结构看,第三产业作为拉动北京经济增长的主要推动力,优势作用相当明显。2022年,北京市第三产业较2021年增长3.4%,而第一产业和第二产业增速分别为-1.7%和-11.6%;津冀两省市的第二产业比重相较北京依然较高,制造业仍是其发展的重中之重,同时,尽管天津的产业结构也呈现出"三二一"的结构特点,但第三产业占比较北京低了22.5个百分点,产业服务化水平存在差距。可见,北京市作为区域服务中心城市的优势地位明显,第三产业发达,与津冀地区产业同构可能不会太高,而天津和河北有可能出现较高的产业同构问题。接下来,采用产业结构相似系数测算京津冀三省市的产业同构水平。

国际工业研究中心(1979)最早提出了产业结构相似系数,并采用该方法对世界各国产业同构水平进行了测度。产业结构相似系数的计算公式为:

$$S_{ij} = \sum_{k=1}^{n} (X_{ik} \cdot X_{jk}) / \sqrt{\left(\sum_{k=1}^{n} X_{ik}^2\right)\left(\sum_{k=1}^{n} X_{jk}^2\right)} \tag{5.4}$$

式中,S_{ij}为相邻地区i和j的结构相似系数;X_{ik}和X_{jk}分别是i地区和j地区k产业占地区总体产业的比重。S_{ij}的值在0和1范围内,S_{ij}越接近于0说明两地区的产业同构程度越低,S_{ij}越接近1说明地区间的产业同构程度越高。在计算时，X_{ik} 和 X_{jk} 选用的数据可以是 k 产业总产值的比重、增加值比重或者是 k 产业从业人员比重等。

笔者计算了从 2013—2022 年的京津冀地区间产业结构相似系数，以产业增加值比重作为计算变量，结果请见表 5.11。

表 5.11 京津冀三省市产业结构相似系数

地区	2013	2014	2015	2016	2017	2018	2019	2020	2021	2022
京津	0.9035	0.9092	0.9173	0.9376	0.9451	0.9465	0.9499	0.9502	0.9521	0.9371
津冀	0.9708	0.9715	0.9755	0.9702	0.9742	0.9795	0.9821	0.9799	0.9791	0.9854
京冀	0.8091	0.8163	0.8344	0.8412	0.8611	0.8789	0.8906	0.8864	0.8821	0.8863

资料来源：国家统计局数据计算整理所得。

2022 年，京津两市的产业结构相似系数为 0.9371，京冀的产业结构相似系数为 0.8863，津冀的产业结构相似系数为 0.9854。显然，京津与京冀的产业结构相似系数较低，而津冀的产业同构问题相当显著。这主要是由于天津在 2010 年完成产业结构转换，第二产业在产业结构中仍占有很高比重，造成与河北省在三次产业结构层面依然存在同构问题。

通过京津冀三省市产业结构相似系数的时间序列数据发现，2013—2022 年，产业结构相似系数大致经历了波动上升的过程，特别是 2019 年的产业结构相似系数为研究时期内的较高值，之后北京与津冀两省市的产业同构问题有所减轻，津冀产业结构相似系数在 2022 年依然在上升，区域产业同构问题不可忽视。这也反映出京津冀产业一体化发展是一个长期的过程，其中必然要克服很多问题。

当然，仅通过三次产业的比较以及产业结构相似系数的结果并不能够完全反映京津冀区域的产业同构水平，需要深入工业部门制造业层面做进一步研究，因为制造业是实体经济之基，工业内部行业间的同构性具有更高的分析价值。

（二）地区专业化制造业部门差异

随着京津冀一体化进程的加快，第二产业的分工与协作将成为京津冀区域产业合作的重要内容。在研究京津冀三次产业结构基础上,通过研究京津冀三省市地区专业化产业部门构成,可以明确三省市各自的优势工业所在。

通常情况下,采用区位商指标来判断一个产业是否构成地区生产专业化部门。区位商指的是 j 地区 i 产业部门的产值占 j 地区工业产值的比重与全国 i 产业部门产值占全国工业总产值比重之比,用公式表示为:

$$\varphi_{ij} = \frac{q_{ij}/q_j}{Q_i/Q} \tag{5.5}$$

其中, φ_{ij} 表示 j 地区 i 产业的区位商, q_{ij} 表示 j 地区 i 制造业行业的营业收入, q_j 表示 j 地区的全部制造业营业收入, Q_i 表示全国 i 制造业行业的营业收入, Q 表示全国总的制造业营业收入。如果 $\varphi_{ij} > 1$,则表示 i 制造业行业部门是 j 地区的制造业专业化部门。

一般而言,区位商≥2,产值比重≥15%的产业部门为地区一级主导专业化部门;区位商≥1.5,产值比重≥10%的部门为地区二级主导专业化部门。

2021 年,在北京制造业行业中,区位商大于 2,产值比重超过 15%的一级地区主导专业化部门是医药制造业(区位商 6.8701,产值比重 17.52%),汽车制造业(区位商 2.3837,产值比重 18.03%),计算机、通信和其他电子设备制造业(区位商 2.0563,产值比重 26.07%),三个产业占工业产值比重超过了 60%。北京市不存在区位商大于 1.5,产值比重超过 10%的产业部门,尽管专用设备制造业(区位商 1.5210,产值比重 4.9%)区位商大于 1.5,但由于其产值比重远低于 10%,因此尚不具备成为二级地区主导专业化部门的条件。区位商大于 1 的专业化部门还包括了其他制造业(区位商 3.6502,产值比重 0.89%),仪器仪表制造业(区位商 2.0241,产值比重 1.7%),铁路、船舶、航空航天和其他运输设备制造业(区位商 1.4822,产值比重 2.37%),食品制造业(区位商 1.4199,产值比重2.65%),印刷和记录媒介复制业(区位商1.1176,产值比重0.75%)等,这些产业是北京的地区专业化部门,但与地区主导专业化部门还有较大差距。

在天津制造业行业中,区位商大于2,产值比重大于15%的一级地区主导专业化产业部门是黑色金属冶炼和压延加工业(区位商2.0901,产值比重17.42%)。特别值得关注的是,天津作为沿海城市与港口枢纽,其铁路、船舶、航空航天和其他运输设备制造业的区位商高达2.2707,但其产值比重仅占3.62%,其生产能力有待进一步加强。而在天津区位商大于1.5、产值比重大于10%的产业部门中,仅汽车制造业(区位商1.5031,产值比重11.37%)满足成为二级地区主导专业化部门的条件。区位商大于1的产业部门还包括金属制品业(区位商1.4376,产值比重6.16%),医药制造业(区位商1.4335,产值比重3.66%),石油、煤炭及其他燃料加工业(区位商1.1348,产值比重5.49%),专用设备制造业(区位商1.0768,产值比重3.47%),造纸和纸制品业(区位商1.0768,产值比重1.41%),食品制造业(区位商1.0447,产值比重1.95%),通用设备制造业(区位商1.0403,产值比重4.43%),它们构成地区专业化部门。

在河北省制造业行业中,区位商大于2,产值比重大于15%的一级主导地区专业化产业部门是黑色金属冶炼和压延加工业(区位商4.5369,产值比重37.82%),区位商大于2的其他产业部门是皮革、毛皮、羽毛及其制品和制鞋业(区位商2.0232,产值比重1.99%)。河北省地区缺乏区位商大于1.5、产值比重大于10%的产业部门。区位商大于1的地区专业化部门为金属制品业(区位商1.7127,产值比重7.34%)、食品制造业(区位商1.1620,产值比重2.17%),石油、煤炭及其他燃料加工业(区位商1.1026,产值比重5.33%),农副食品制造业(区位商1.0734,产值比重5.11%)。具体计算结果请见表5.12。

表 5.12 2021 年主要工业行业地区专业化水平比较

行业类别	北京		天津		河北	
	产值比重	区位商	产值比重	区位商	产值比重	区位商
农副食品制造业	0.0253	0.5322	0.0364	0.7642	0.0511	1.0734
食品制造业	0.0265	1.4199	0.0195	1.0447	0.0217	1.1620
酒、饮料和精制茶制造业	0.0137	0.9794	0.0053	0.3761	0.0075	0.5383
烟草制造业	0.0027	0.2619	0.0034	0.3204	0.0069	0.6605
纺织业	0.0009	0.0399	0.0053	0.2299	0.0116	0.5086
纺织服装、服饰业	0.0049	0.3687	0.0007	0.0524	0.0022	0.1691
皮革、毛皮、羽毛及其制品和制鞋业	0.0001	0.0073	0.0010	0.1048	0.0199	2.0232
木材加工和木、竹、藤、棕、草制品业	0.0004	0.0457	0.0009	0.1001	0.0049	0.5532
家具制品业	0.0038	0.5387	0.0042	0.5887	0.0044	0.6235
造纸和纸制品业	0.0035	0.2682	0.0141	1.0768	0.0079	0.6049
印刷和记录媒介复制业	0.0075	1.1176	0.0040	0.5991	0.0035	0.5238
文教、工美、体育和娱乐用品制造业	0.0021	0.1675	0.0064	0.5044	0.0037	0.2922
石油、煤炭及其他燃料加工业	0.0304	0.6279	0.0549	1.1348	0.0533	1.1026
化学原料和化学制品制造业	0.0172	0.2394	0.0649	0.9004	0.0527	0.7314
医药制造业	0.1752	6.8701	0.0366	1.4335	0.0216	0.8463
化学纤维制造业	0.0002	0.0176	0.0002	0.0195	0.0030	0.3425
橡胶和塑料制品业	0.0030	0.1135	0.0216	0.8281	0.0203	0.7765
非金属矿物制品业	0.0267	0.4519	0.0248	0.4194	0.0460	0.7793

行业类别	北京		天津		河北	
	产值比重	区位商	产值比重	区位商	产值比重	区位商
黑色金属冶炼和压延加工业	0.0068	0.0820	0.1742	2.0901	0.3782	4.5369
有色金属冶炼和压延加工业	0.0092	0.1519	0.0467	0.7705	0.0161	0.2663
金属制品业	0.0168	0.3932	0.0616	1.4376	0.0734	1.7127
通用设备制造业	0.0360	0.8454	0.0443	1.0403	0.0176	0.4143
专用设备制造业	0.0490	1.5210	0.0347	1.0768	0.0262	0.8141
汽车制造业	0.1803	2.3837	0.1137	1.5031	0.0684	0.9050
铁路、船舶、航空航天和其他运输设备制造业	0.0237	1.4822	0.0362	2.2707	0.0085	0.5306
电气机械和器材制造业	0.0420	0.5626	0.0653	0.8751	0.0429	0.5751
计算机、通信和其他电子设备制造业	0.2607	2.0563	0.1037	0.8177	0.0140	0.1101
仪器仪表制造业	0.0170	2.0241	0.0063	0.7555	0.0043	0.5090
其他制造业	0.0089	3.6502	0.0008	0.3404	0.0003	0.1383

采用区位商可以衡量区域内部各地区工业行业的集聚状况,同时,可清晰地了解各地区在全国范围内具有竞争力的优势行业。基于表5.12,我们列出了三省市区位商排名前五位的优势制造业行业,如表5.13所示。

表 5.13　京津冀三省市区位商前五位的行业部门

序号	北京	天津	河北
1	医药制造业	铁路、船舶、航空航天和其他运输设备制造业	黑色金属冶炼和压延加工业
2	其他制造业	黑色金属冶炼和压延加工业	皮革、毛皮、羽毛及其制品和制鞋业

序号	北京	天津	河北
3	汽车制造业	汽车制造业	金属制品业
4	计算机、通信和其他电子设备制造业	金属制品业	食品制造业
5	仪器仪表制造业	医药制造业	石油、煤炭及其他燃料加工业

资料来源:根据表5.12整理所得。

　　从表5.13可以看出,津冀两省市的优势产业同构现象较为严重,其五个产业部门中有两个产业部门相同且排序相近,分别为黑色金属冶炼和压延加工业、金属制品业,而北京市和津冀两地的优势产业存在差异,形成了一定的差异化产业发展态势。但是,不能仅依靠区位商一个指标去判断产业同构的严重程度,还需要结合产业部门产值在区域工业产值中的比重去综合判断。我们列出了京津冀三省市工业部门销售产值比重前五位的行业部门,如表5.14所示。

表5.14　京津冀三省市产值比重前五位的制造业部门

序号	北京	天津	河北
1	计算机、通信和其他电子设备制造业	黑色金属冶炼及压延加工业	黑色金属冶炼和压延加工业
2	汽车制造业	汽车制造业	金属制品业
3	医药制造业	计算机、通信和其他电子设备制造业	汽车制造业
4	专用设备制造业	电气机械和器材制造业	石油、煤炭及其他燃料加工业
5	电气机械和器材制造业	化学原料和化学制品制造业	化学原料和化学制品制造业制造业

资料来源:根据表5.12整理所得。

　　京津两市在工业产值比重前五位的产业部门中有三个产业部门相同,分别是计算机、通信和其他电子设备制造业、汽车制造业、电气机械和器材制造业,可以发现,京津两市产业同构更多的集中于汽车、通信设备等为主的高端制造业,以资本和技术密集型行业为主。津冀两省市产值比重前五位的产业有三个产业相同,分别是黑色金属冶炼和压延加工业、汽车制造业、化学原料和化学制品制造业。特别是黑色金属冶炼及压延加工业在天津市和河北省的工业产值中所占比重均为最高,分别达到了17.42%和37.82%,该产业属于资源和劳动密集型产业,技术含量较低,其产业同构属于低水平层次的产业同构。京冀两省市产值比重前五位的产业部门相同的为汽车制造业,其中,汽车制造业均为京津冀三省市产值比重较高的产业部门。

通过对京津冀区域经济水平和产业结构梯度差异分析,京津冀三省市确实存在明显的经济发展梯度,特别是在经济发展的质量上差距明显,同时,京津冀区域各城市经济发展存在明显的空间不平衡性;而在产业发展方面,京津冀三省市也存在着产业发展梯度,北京产业结构呈现稳定的"三二一"结构,且已进入后工业化时代;而天津产业结构中的制造业占比依然较高,产业服务化水平正在逐步提升,处于工业化后期;河北省的产业结构刚刚步入"三二一"结构阶段,服务业比重略高于工业,尚处于工业化中后期,同时,河北省也具备要素资源价格优势,这些都为产业转移的发生创造了有利条件。

同时,京津冀地区在制造业行业中也存在着产业同构问题,产业同构会带来地区间产业的竞争大于合作的结果,而合理的产业转移将会降低地区间的产业同构水平,避免地区间的产业恶性竞争。

第四节　京津冀区域要素转移分析

区域间的要素禀赋差异是形成产业梯度和区域分工的基础,而要素跨地区转移是实现产业一体化发展的保障。从静态的角度来说,区域产业结构的形成基础是生产要素禀赋;而从动态的角度来说,优化区域产业结构的前提条件是要素禀赋结构发生了变化①。因此,在分析京津冀区域产业转移问题时,应首先弄清楚京津冀三省市的要素禀赋差异,生产要素在京津冀区域内部是如何实现转移的。

与河北省相比,京津两市无论是在资金方面,还是在科学技术方面都具有十分明显的优势,但是,随着城市规模的日益扩张,其劣势也逐渐显现,如水资源的短缺、土地资源的不足等。河北省在自然资源、劳动力资源等方面与京津两市相比具有明显的优势。京津冀内部各城市由于具有不同的要素禀赋,又基于各自发展的目标,对彼此有较大的需求,它们既相互服务,又相互依存。各地区对区域合作的需求是实现区域一体化的基本条件,如果没有各城市对彼此的需求,区域间的合作很难发展,区域一体化程度也不会加深,区域就不会实现快速、有序的发展。

由于河北省邻近京津两市的区位条件,北京和天津的很多基于产业链、市场、要素的需求会直接由河北省来提供,京津两市的许多产业扩散也会就近转移到河北省。同时,河北省的产业梯度相比京津两地来说要低,而北京市和天津市由于城市功能的转变和产业结构升级的需求,一部分产业会向外转移,河北省就成了首要的产业转入地。

一、劳动力禀赋差异引发的人口转移

在人口流动理论研究中,Lewis(1954)最先提出在不发达经济特征的二元结构中,只有现代化的城市工业部门的发展才能吸引农业的剩余劳动力。Massey(1993)延伸了刘易斯的二元结构理论,劳动力禀赋的空间分布差异引起了人口的跨区域流动。劳动力禀赋与资本禀赋相较而言,具备劳动力禀赋优势的地区往往拥有较低的工资水平,相反,具备资本禀赋的地区趋于拥有较高的工资水平,因此,出现了劳动力人口由低工资水平地区向高工资水平地区转移的现象。Piore(1979)认为人口转入地对

---

① 戴宏伟.国际产业转移与中国制造业发展[M].北京:人民出版社,2006.

低级劳动力市场的需求是产生人口转移的另一个原因。京津冀区域城乡二元结构明显,自改革开放以来,区域内大中城市市区范围内几乎每年户籍迁入人口均大于迁出人口,说明人口向大中城市市区集聚是普遍现象。在京津冀区域内部,各地区间劳动力的供需差异引起了人口转移。

从劳动力要素禀赋上看,京津冀内部各城市之间存在较强的互补性:京津两市的劳动力数量少,但劳动力的发展潜力和劳动力素质较高;河北省劳动力数量多,但素质偏低,技术性人才比较匮乏,而且劳动力的就业压力较大,因此,京津冀三省市在劳动力的数量和质量上具有较强的互补性。同时,京津两市的劳动力报酬已经明显偏高,在一定程度上影响了自身的产业发展。

劳动力要素禀赋的互补性从两个方面促进了京津冀区域的发展:单方向的产业转移和双向的人口转移。京津地区将一些对劳动力素质要求较低的产业转移到河北省境内,而研发机构还留在原地,这在一定程度上解决了河北省部分剩余劳动力就业问题,同时降低了被转移产业的生产成本。同时,这也大大促进了地区间双向的人口转移,这主要表现为在京津冀区域内部,京津两市由于产业快速发展,产业部门对劳动力要素的需求出现了大幅度提高,远远超过了京津两市的劳动力资源的供给量,引起了劳动力工资水平的持续上升,由此,引起了地区外劳动力向本地区转移,其结果是使劳动力转出地的收入水平得到了一定程度的提升,有利于缩小地区间的收入差距。因此,河北省大量农村剩余劳动力向京津两市迁移,其中大多是青壮年劳动力,他们多集中在建筑、矿山、家政服务、服装、餐饮等行业,为中心城市补充了相当规模的劳动力,也缓解了河北省地区的就业压力。同时,京津地区的人口部分向外转移,河北省也成为主要的转入地,在这些人口中,存在着部分专业技术人才。河北省通过引进京津地区的高技术人才来指导生产活动,京津地区的科研成果可以迅速转化为现实生产力。

京津冀区域内部人口转移的两种形式及效应比较请见表5.15。

表 5.15　京津冀区域内部人口转移的两种形式及效应比较

人口转移	从京津转入河北	从河北转入京津
转移主体	技术人才转移	一般劳动力转移
转移形式	拥有技术、知识的高素质人才作为专家、技术人员,被人口转入地聘请	以外来打工者身份迁移到发达城市,在城市的服务业和建筑行业等从事体力劳动
转移数量	33.86 万人	307.1 万人
推力	转出地技术人才饱和、供大于求、就业困难等	转出地从事农业生产收入、生活水平较低
拉力	转入地需要技术人才指导生产、解决生产中的实际问题	转入地在快速发展过程中对体力劳动者的需求较大
效应	将转出地的科研成果转化为生产力,同时可以检验科研成果;转入地引进了先进的技术人才,促进了生产与发展	转移人口收入水平得以提高,解决了大量剩余劳动力就业问题;满足了城市基础建设、家政服务等行业的劳动力需求

资料来源:作者根据相关材料整理所得。

二、资本禀赋差异引发的资金转移

地区现有的资金水平体现了资本对区域经济发展的支撑程度,它是促进或者是限制经济增长的基本因素。而资金增值能力反映了资金对未来经济发展的积累能力。对我国很多地区来说,资金不但支持着地区传统产业的转型发展,而且是壮大新兴产业的关键要素。

京津地区作为京津冀区域内的金融中心,在资金支配上具有绝对的优势。京津两市对河北省地区的资金注入成为继外资之后河北省的第二大资金注入流。从北京市转向河北省地区的资金多数是通过北京市当地的国有企业的产业梯度转移来实现的,而产业转移又是以转移某些生产环节或工艺为主。2015 年,央企与河北省签署意向总投资超 1.6 万亿元,签署内容涵盖战略新兴产业、现代服务业及治理大气污染等诸多领域。2018 年,13 家北京市管企业与河北省张家口市开展产业协作合作项目 53 个,计划投资 94.12 亿元。2022 年,有 79 家央企各类机构落户河北省,签约合作项目达 389 个,总投资额为 1.37 万亿元。

京津两市的资金注入对河北省的产业发展与升级起到了很大的支持作用。2015 年河北省吸纳京津两地投资总额达 898.23 亿元,投资次数为 2255 次,其中唐山市吸纳投资额稳居高位,为 438.8 亿元;而石家庄市、廊坊市、保定市接受投资次数位居前列,分别为 456 次、404 次和 281 次。2017 年,河北省与京津共建科技园区基地 41 个、创新平台 49 个、产业技术创新联盟 26 个,累计吸纳京津技术交易额达 164 亿元,同比增长 55.7%。2021 年,河北省吸纳京津技术合同成交额首次突破 300 亿元,同比增长超 50%,截止 2021 年,河北省已累计承接京津转入法人单位 25919 个,5000 万元以上项目共 1248 个,吸收投资额达 1.18 万亿元。2022 年河北省吸纳京津技术合同成交额 402.79 亿元,同比增长 13.65%。可以发现,自京津冀协同战略实施以来,河北省依托京津两地资金优势,在技术项目合作、科技资源开放共享以及产业协同创新等方面成果丰硕。

天津作为疏解北京非首都功能的承接地之一,地理优势明显,且京津两地在产业结构与发展阶段上具有高度的协同互补性,因此成为北京投资的主要对象。一方面,北京是名副其实的全国科技、文化和教育中心,具有丰富的高新技术和创新资源,天津则拥有良好的制造业基础和港口条件,通过北京投资天津,可以实现两地的产业协同发展,形成良好的产业配套和互动效应。另一方面,北京虽拥有丰富的人才资源,但也面临着人口密集和城市压力增大的问题,天津作为北京的邻近城市,吸纳北京的投资不仅可以吸引高端人才流动,还可以带动相关产业链上下游的就业增长,有效缓解北京人口过大的压力。数据显示,自 2014 年京津冀协同发展战略开始启动实施,天津引进北京企业投资项目以及投资金额持续扩大。2022 年,天津市共引进北京投资项目 1180 个,到位资金 1853.06 亿元,占全市吸纳内资比重的 50.1%,并且,北京企业在津新设机构 1406 家,重大项目落地 318 个,吸纳北京技术合同 2256 项,总投资达 1721 亿元。京津之间的投资活动可以促进两地在经济、科技、文化等领域的深度合作，增加资金和技术等生产要素在区域间流动的效率，推动天津实现经济转型和提升产业竞争力。

三、科技禀赋差异引发的技术转移

京津冀三省市的技术要素存在明显的差异。作为世界上主要的科学技术密集区，北京市已将技术密集型产业、技术服务业作为地区重要的产业发展领域，其科技创新中心功能愈发突出。作为全国先进制造研发基地，天津市在众多科研领域拥有一批国家级重点学科，同时，已经建立起了多个国家级实验室，更是在滨海新区开发开放的经济条件下，有效结合资本密集型产业与技术密集型产业，促进高新技术成果转化，吸引越来越多的科技型人才向地区集聚，逐步打造出科技人才的领航区。与京津两市的科技禀赋相比，河北省在科学技术资源方面相对匮乏，科研水平具有一定差距，尽管已经初步建立了农业与工业相对完善的科研体系，但在科研成果转化及科技型人才吸引方面仍较为欠缺。

已有研究也证明了区域内科技禀赋存在着差异。武玉英等（2018）利用距离协同模型并融合熵理论对 2005—2015 年京津冀技术供需系统的协同水平进行研究时发现，京津冀地区各地科技资源禀赋的异质性会导致该地区高技术产业供给要素与需求的协同水平以及需求要素与供给的协同水平呈现差异性，从而对技术资源在地区间的流动与共享产生一定的影响。于刃刚（2006）对全国 31 个省区市的科技要素进行汇总后，采用因子分析法进行计算，结果表明，北京市在科技要素综合水平排名中位居第一位，天津市位居第十二位，而河北省位居第二十位。因此，京津冀三省市在科技禀赋上具有了明显的梯度差异，北京市的科技综合实力远高于津冀地区。同时，北京市集中了较多的科技资源，而河北省在经济发展中遇到的瓶颈问题主要集中在科技创新的缺乏，因此，产生了津冀地区对北京市技术资源的需求。京津冀区域技术要素的这种梯度分布，决定了北京市是技术转移的转移方,而津冀地区是技术转移的受让方,通过技术转移将提升各方的产业结构水平。

近年来,京津冀区域内部的技术转移趋势正逐渐加强,北京正在成为全国最大的技术商品交易中心。在技术转移和产业升级方面,最为成功的典型案例便是京唐钢铁联合有限责任公司的设立,它是由北京首钢与河北唐钢共同出资,而首钢总部为其提供先进的生产技术。同时,河北省地区企业也正在积极吸收来自北京的农业科技成果,引进新的农业生产技术,加强农业产品的竞争力。不仅如此,北京与河北省在制造业与装备设计、医疗卫生与生物医药以及新能源与高新技术等领域的技术交流与技术转移活动也进行得如火如荼。京冀之间的技术转移有助于加强两地之间的区域合作与协调发展。于河北省而言,可以分享自身的产业基础和市场需求,提供实施和应用技术的场景,促进技术的落地与应用以及科研成果的转化与商业化。表5.16 和表5.17 总结了近年来北京市与河北省农业技术交流和其他技术交流的成功案例。

表 5.16　北京市与河北省农业技术交流的成功案例

北京市技术转出单位	河北省技术接受单位	成立部门
清华大学	承德露露集团	博士后流动站
中国农业大学 中国农科院	唐山丰润集团	唐山奶业科技园
中国农科院	廊坊市政府	国际农业高新技术产业园
北京市农林科学院 北京裕农公司	河北北方学院	沽源优质蔬菜专家工作站
北京市农林科学院	承德市农林科学院	北京市农林科学院承德分院
北京市农林科学院	张家口正奥新农业集团有限公司	河北省种猪繁育技术创新中心
北京市农林科学院	石家庄市农科院	北京市农林科学院创新基地
北京农业信息技术研究中心	石家庄市农科院	互联网+现代农业联合工作站

北京市技术转出单位	河北省技术接受单位	成立部门
北京农林信息技术研究中心	石家庄市农科院	赵县现代农业园区农业物联网综合示范基地
北京农业信息技术研究中心	石家庄市农科院	石家庄市农业信息化工程技术研究中心
北京农业信息技术研究中心	石家庄市农科院	国家农业信息化工程技术研究中心石家庄创新示范基地
北京首农集团	唐山市曹妃甸区	京粮(曹妃甸)农业开发有限公司
北京奶牛中心	唐山市农业农村局、滦南县人民政府	国家奶牛胚胎工程技术中心唐山示范基地
国家蔬菜工程技术研究中心	肃宁县政府	国家蔬菜工程技术研究中心肃宁工作站
中国农业科学院蔬菜花卉研究所	饶阳县政府	国家蔬菜改良中心河北分中心
中国农业大学	保定市政府	中国农业大学作物分子育种创新中心
北京市农科院	石家庄市农科院	石家庄市农科院赵县实验基地

资料来源:作者根据相关材料整理所得。

表 5.17　北京市与河北省其他技术交流的成功案例

北京市技术转出单位	河北省技术接受单位	成立部门
北京市政府	河北省政府	曹妃甸中关村高新技术产业基地
清华大学	廊坊市科技局	河北清华发展研究院
北京理工大学	唐山市科技局	北京理工大学唐山研究院
北京交通大学	唐山市科技局	北京交通大学唐山研究院
北京航空航天大学	河北长城汽车	京冀联合实验室
中科院过程工程研究所	河钢集团有限公司	河钢联合研究中心

北京市技术转出单位	河北省技术接受单位	成立部门
钢铁研究总院	唐山市委	钢铁研究总院唐山分院、院士工作站
中国矿业大学建筑与设计学院	河北申家庄煤矿有限公司	中国矿业大学煤矿转型实践基地
北京中关村	保定市委、市政府	保定中关村创新中心
首都医科大学宣武医院	河北医大一院	国家区域医疗中心
北京市经信委北京医药企业	河北省工信厅	北京沧州渤海新区生物医药产业园
北京技术交易促进中心	石家庄科技大市场	首都科技条件平台石家庄合作站
北京中关村软件园	廊坊市政府	廊坊科技研发创新成果转化引领区
北京市科委	河北省科技厅	中国国际技术转移中心河北分中心
中国技术交易所有限公司	河北省科技厅	京津冀技术交易河北中心

资料来源:作者根据相关材料整理所得。

第五节　京津冀区域产业转移分析

一、京津冀区域产业转移背景

北京市人民政府在 1953 年编制的《改建与扩建北京市规划草案要点》中,将北京定位于我国的"政治、经济、文化中心",由此,开始大力发展重工业,直到 20 世纪 70 年代末期,其重工业规模超过了天津市。与此同时,天津市利用既有的雄厚工业基础,建立起了门类齐全的产业发展结构,从而带来了京津两市产业结构和经济门类趋同,走上了产业竞争的道路。此后,京津两市经济发展长期缺乏协调与联系,两市产业同构日趋严重,加之生产要素无法跨区域优化组合,存在严重的重复建设和资源浪费现象。

直到 2005 年 5 月,国务院在批复《天津城市总体规划》中明确提出将天津市定位于"北方经济中心",北京市则定位于宜居城市、文化名城和国际都市,不再作为"经济中心",而在《北京城市总体规划(2004—2020)》中又提出要将北京市建设成"世界城市"作为努力的目标,这进一步加强了京津两市错位发展的趋势。同时,随着滨海新区纳入国家发展战略,势必吸引石油化工、信息产业、高端装备制造业等工业向天津市集中,滨海新区的制度优势必将吸引大量外商投资,这恰好为北京市的工业结构调整提供了新的空间,为京津两市快速转向新的功能定位提供了条件和机遇。河北省作为京津两市的经济腹地,已形成了以煤炭、电力、冶金、机械、化工、纺织等产业为主的工业体系,成为我国重要的原材料、能源供应基地和重化工业生产基地。长期以来,河北省满足了京津两市对劳动力资源、原材料资源和农产品的需要,并承接来自京津地区的产业转移。

随着北京市产业结构转型,部分产业向周边地区转移,为津冀地区带来了发展机遇,同时也带来了相互竞争。在国家"十一五"期间,天津市将化学工业、冶金工业作为继续大力发展的优势产业,河北省则把石油化工工业、钢铁产业作为地区经济发展的战略产业,这直接加剧了津冀地区在钢铁市场的竞争,尤其是作为京津冀区域新的增长极,天津市滨海新区与唐山市曹妃甸均把石油化工、钢铁产业等作为主要的工业产业。因此,津冀由竞相发展原材料工业所引发的产业结构趋同问题愈发严重。

在京津冀协同发展战略提出后,京津冀三省市在区域产业培育与发展上,由原先竞争发展转变为携手合作、共谋区域产业协同发展,更加强调错位发展与互补发展。在《北京城市总体规划(2016 年—2035 年)》中明确了北京"四个中心"的功能定位,其中"科技创新中心"的定位明确了北京作为京津冀乃至全国原始创新、基础创新的动力源,为区域产业迈向高端化、智能化、绿色化提供创新服务和技术支撑,同时,那些不符合北京功能定位的产业稳步有序转移,特别是向河北省地区疏解和转移;天津在京津冀协同发展中的定位是"一基地三区","一基地"即全国先进制造研发基地,强调科技创新成果在天津落地转化,以滨海—中关村科技园等为载体,引育更多的北京科技型企业到天津发展,吸引更多北京科创资源到天津转化为现实生产力,加快京津两市产业链创新链人才链融合发展;河北省以"三区一基地"为建设和发展目标,与天津在产业定位上形成差异化特色化发展格局,规避了区域产业重复建设问题,河北省着力引聚京津冀区域优质物流企业打造全国现代商贸物流基地,与京津联手打造科技平台示范基地,通过引育京津优质高技术企业、智能制造企业来加快推动产业结构优化调整,加快落实产业转型升级试验区建设目标,同时,雄安新区建设为承接北京高端企业转移提供了绝佳空间。

二、京津冀区域产业转移情况

按照产业梯度转移理论的观点,区域产业梯度转移是客观存在的。一般来说,产业发展历程包括四个时期,即创新期、发展期、成熟期和衰退期。通常,高梯度地区往往是处于创新期企业密集出现的地方,当进入衰退阶段时,一般会向低梯度落后地区转移。由于区域内部各地区间的技术差异是客观存在的,由此带来了不同地区间的产业发展程度必定存在梯度差异。在地区间产业梯度和地区产业结构优化升级的共同作用下,产业结构也存在着地区间梯度转移的情况。也就是一个城市相对落后或不再具有发展优势的产业可以转移到其他与该城市存在产业梯度的城市继续发展,并成为转入城市具有发展优势的产业,带动转入地产业结构的优化调整。在产业由高梯度向低梯度地区转移这样一种产业集聚与扩散的动态过程中形成了"双赢"局面,使得区域的整体产业竞争力得到有效提升。

在京津冀区域内部,根据各城市的产业结构特征,在产业转移中京津两市属于转出方。京津两市将结合城市发展定位和产业结构的优化升级,将现代生产性服务业、以高新技术为核心的高端装备制造业作为地区经济未来发展的重要产业。目前,北京所实施的产业"退二进三"战略,资源禀赋逐步向信息产业、现代化服务业倾斜,都是区域产业转移过程中的重要变化。同时,河北省因为整体产业结构水平相对京津两市依然存在差距,在产业转移中基本处于转入方的地位,有选择地承接来自京津两市转移出的已不再具有发展优势的劳动密集型产业和资本密集型产业,甚至是工业机器人生产等部分智能科技产业,河北省可以利用产业转移的机会吸收生产技术,改造传统产业,最终实现产业结构的优化升级。

20世纪90年代以来,北京的传统制造业、钢铁行业等一批缺乏地区发展优势的传统重工业企业逐步进行产业转移。北京在国家"十五"经济建设期间,陆续将北京焦化厂、首钢公司炼钢厂、第一机床厂铸造车间全部或部分迁移至河北省地区。特别是在2001年申办夏季奥运会成功后,北京市政府提出举办一届"绿色、人文、科技"奥运,出于绿色环保要求,首都近500家企业逐步开始向河北省地区大规模进行产业转移,其中,首钢顺利搬迁到了唐山市曹妃甸地区,该工程规模之大被称为当年河北省的"一号工程"。首钢转移到曹妃甸,是京津冀区域突破行政区划界限,进行产业布局和产业结构调整,探索大型企业跨地区转移的区域经济合作实践,对区域合作与产业分工的调整有十分重要的示范作用。首钢搬迁这一举措是积极探索建立支持企业跨地区转移的政策协调机制,促进区域产业合理分工与协调发展,加深经济合作的一条新路子。

京津冀协同发展以来,京津地区有更多具有发展潜力与空间的企业陆续向河北省进行转移,产业梯度转移已经成为了京津冀区域产业一体化发展的重要实现方式。本书将2001年以来部分产业(企业)迁移情况进行了梳理汇总,具体请见表5.18。

表 5.18 京津冀区域部分产业迁移情况

企业名称	迁入地
北京新型建材集团岩棉生产线	河北省张家口市
北京第一机床厂铸造分厂	河北省保定市
北京内燃机总厂铸造分厂	河北省沧州市
北京白菊公司洗衣机生产基地	河北省霸州市
北京量具刃具厂(部分工序)	河北省霸州市
首都钢铁公司炼钢厂	河北省唐山市
北京焦化厂	河北省唐山市
首都钢铁公司	河北省唐山市曹妃甸
华为集团研发制造、售后服务部	河北省廊坊市
中国工商银行电子银行后台中心	河北省石家庄市
安邦保险后援中心	河北省廊坊市
国家软件与集成电路公共云存储服务平台	河北省廊坊市
阿里巴巴、京东、唯品会、亚马逊、酒仙网、我买网等物流存储部门	天津市武清区
中国联通华北综合信息服务基地	河北省廊坊市
中关村科技园区秦皇岛分院	河北省秦皇岛市
当当网华北区总部及仓储中心	天津市
中国人保北方信息中心	河北省廊坊市
北大医疗健康产业基地研究中心	河北省秦皇岛市
北汽集团汽车制造厂	河北省沧州市
301 医院药物、康复中心	河北省涿州市
北京凌云建材化工有限公司	河北省邯郸市
中国物资储运总公司、菜鸟物流、中远集团物流部门及仓储基地	河北省白沟市
动物园服装批发市场大部分商户	河北省廊坊市、天津市
大红门服装批发市场大部分商户	河北省固安市、保定市、天津市武清区
北京朗依制药、北陆药业等药企	河北省沧州市
北京新发地农产品批发市场	河北省保定市

企业名称	迁入地
北京北德电气公司	河北省香河市
巴威公司(北京锅炉厂)	河北省唐山市曹妃甸

资料来源:作者根据相关材料整理所得。

　　天津也在持续推动产业转型升级,提出"制造业立市"的发展目标,打造"1+3+4"的现代制造业体系,着力发展智能科技、汽车、装备制造、绿色石化、生物医药、新能源、新材料、航空航天等产业。通过滨海—中关村科技园、宝坻科技城、海河实验室、天开科教园等技术创新与转化平台,引育、孵化高技术、高成长型企业,充分发挥北京科创中心资源优势,加快科技成果在天津落地。同时,滨海新区依托"津城""滨城"双城发展战略和全力推进"十项行动",提出实施京津冀协同发展战略合作功能区建设工程①,全面提升承接载体功能,加快完善项目争取机制,到 2025 年,滨海新区将累计承接北京重大项目投资超过 2100 亿元,累计引进各类央企功能型机构 395 家;到 2027 年,累计承接北京重大项目投资超过 3500 亿元,引进各类央企功能型机构 650 家。按照京津冀协同发展战略合作功能区建设要求,滨海新区将高质量打造京津冀科技成果转移转化基地,健全科技协同创新工作机制与丰富研发成果应用场景,构筑"技术研发在京、创新应用在津、产业转化在滨、循环在港口"的深度协同模式,到 2025 年,建设 5 家概念验证及中试基地,累计打造 50 项示范性应用场景;到 2027 年,建设 10 家概念验证及中试基地,累计打造 100 项示范性应用场景。

---

① https://baijiahao.baidu.com/s∆id=1768835058014552070&wfr=spider&for=pc.

第六章 京津冀区域产业一体化的产业空间联系测度

区域内部各地区间经济不是相互独立的,而是存在着普遍的空间经济联系,特别是在协议性分工条件下,更是紧密地将不同地区的经济发展联系在了一起,强化了地区间经济的相互影响。本书采用基于空间偏离份额模型所构建的地区间产业空间联系测度模型、产业空间关联综合指数以及空间结构强度指数对京津冀三省市的产业空间联系进行了测度。

第一节 区域产业空间联系测度模型介绍

目前,主要有两类用来测度区域间经济空间联系的技术工具,一是由Paelinck(1975)提出的空间计量经济模型,二是由Isard(1951)提出的区域间投入产出模型。接下来,本书将简要介绍一下这两类方法的研究框架。

一、空间计量经济模型研究框架

Paelinck(1975)提出了空间计量经济模型,该模型属于计量经济模型范畴,是计量经济领域的一个重要分支。空间计量模型的价值主要表现在以下两方面:从计量方法角度来说,引入空间效应等于是对原来数据结构中没有通过参数进行解释的部分提出了新的分析方法,提高了数据分析和拟合的有效性;从经济学角度来说,数据的空间结构本身就是反映了经济变量间的空间影响,将这一空间影响引入模型,估计空间影响的具体形式和影响程度,将有助于研究者更好地理解经济变量间的作用规律。

(一)空间效应的分类

Anselin(1988)提出将空间效应(spatial effects)分为空间依赖效应(spatial dependence)和空间异质效应(spatial heterogeneity)。空间依赖效应指的是各研究变量在空间中的相互影响,而空间异质效应指的是各变量所在的空间地理位置不同而产生的差异性影响。

1. 空间依赖效应

空间依赖效应指的是来自截面数据集合中各个区域的数据之间存在着相互影响这一情况,数据间缺乏独立性。很多种因素都会造成空间依赖效应的产生,如地区样本的简单归并或简单线性化、外部性以及溢出效应等。一般来说,空间依赖效应满足 Tobler(1970)提出的"地理学第一定律",即"变量在空间当中普遍存在着联系的,同时,这一联系性会随着距离的增大而逐渐衰减",特别是其中的"距离"概念不是一个狭义的距离概念,而是一个广义的距离概念,它不仅包括了地理距离,更指的是经济距离的概念。进一步,可以将空间依赖效应区分为真实空间依赖效应和伪空间依赖效应。

真实空间依赖效应是确实存在的地区间的相互影响,这一影响通过区域间要素流动、技术扩散以及知识溢出等途径发挥作用,使得地区经济行为结果产生了地理空间上的示范作用。而伪空间依赖效应主要来自数据的测量误差,如样本数据来源的空间单元与行政区划的不匹配,造成以行政区域采集的数据并不能真正反映实际地理空间单元之间的相互依赖关系。

2. 空间异质效应

空间异质效应指的是不同经济发展区域在空间上存在着较大的差异

性,这一差异性体现在现实的经济地理发展布局中存在着明显的发达—落后地区、核心—外围地区。空间异质效应反映了样本观测单元在经济实践中的空间联系存在着不稳定性。对于空间异质效应的估计仍可采用传统的计量经济研究方法进行,但是,如果样本截面数据中同时存在着空间异质效应与空间依赖效应时,将二者区分开是十分困难的,同时,计量估计将变得十分复杂,传统的估计方法已不再适用于该问题的研究。

(二)构建空间权重矩阵

上文中提到的空间效应可以采用由 Anselin 提出的空间权重矩阵的研究方法来间接性的描述。空间权重矩阵的引入既可以很好地解决空间依赖效应的问题,又可以避免在计量模型估计中的参数识别问题。目前,将空间权重矩阵研究方法引入计量经济模型开展空间问题的研究是主流的研究方法,下文对空间权重矩阵做一介绍。

在此,定义 i 区域的研究变量 y_i 的空间滞后变量为 $y_i' = \sum_j w_{ij} y_j$,其中, w_{ij} 为 i 区域的周边区域 j 对于 i 区域的影响。如果样本数量为 N ,定

义 $y = (y_1, y_2, \cdots\cdots, y_n)'$,可以将上式改写为向量形式,即 $y' = \begin{bmatrix} y_1' \\ y_2' \\ \cdots \\ y_n' \end{bmatrix} =$

$\begin{pmatrix} w_{11} & \cdots & w_{1n} \\ \vdots & \ddots & \vdots \\ w_{n1} & \cdots & w_{nn} \end{pmatrix} \begin{bmatrix} y_1 \\ y_2 \\ \cdots \\ y_n \end{bmatrix} = 13Wy$,其中, N 阶方阵 W 即为空间权重矩阵。对

于空间权重矩阵 W 中的空间影响因子 w_{ij} 的取值来说,如果 i 区域和 j 区域相邻,则取 $w_{ij} \neq 0$,否则,取 $w_{ij} = 0$ 。

(三)空间计量模型与估计

空间计量经济学是指在经济学模型中处理空间效应的一系列计量方

法。若计量经济模型中的研究变量之间确实存在着空间影响,那么,在一定程度上来说,就可以将空间权重的研究方法引入现有的全部计量经济模型中开展计量经济研究。因此,空间计量经济模型可以被视为将空间效应引入后的所有原先的计量经济模型。但是,这样会存在两方面的问题:一是从模型的处理上存在着困难,将空间效应直接引入已有模型的做法并不适用于所有模型,例如,现在还没有成熟的与平稳以及非平稳时间序列模型对应的空间计量经济学模型;二是 Elhorst(2003)提出,由于在部分已有计量经济模型中已经体现了变量之间的空间结构,不再需要单独引进空间权重矩阵再进行研究。

目前,主要的空间计量经济模型包括空间截面模型、空间面板模型以及空间受限变量模型等形式,而空间截面模型又包括了空间滞后模型(Spatial Lag Model,SLM)、空间误差模型(Spatial Error Model,SEM)以及地理加权回归模型(Geographical Weighted Regression,GWR),其他的模型形式如空间非线性模型和空间动态模型等,模型的估计和检验方法尚在发展当中。由于篇幅所限,在此仅对空间截面模型作中的前两类模型作一简要介绍。

1. 空间滞后模型

空间滞后模型用于研究变量在各个区域间的空间效应,其形式为:

$$y = \rho Wy + X\beta + \varepsilon \tag{6.1}$$

式中,y 为被解释变量,W 为 n 阶空间权值权重矩阵,Wy 为空间滞后变量,ρ 为空间自回归系数;X 为解释变量,β 为模型解释变量的回归系数;ε 为随误差项向量。

2. 空间误差模型

空间误差模型的形式为:

$$y = X\beta + \varepsilon \tag{6.2}$$

$$\varepsilon = \lambda W + \mu \qquad (6.3)$$

式中，ε 为随机误差项；λ 为空间误差系数，；μ 为正态分布的随机误差向量，其余变量含义与空间滞后模型中变量含义相同。与空间滞后模型的不同之处在于，空间误差模型的空间依赖效应体现在误差项 ε 中，系数 λ 测度了周边区域对目标区域所形成的空间误差冲击。

3.模型参数的估计与检验

如果仍沿用最小二乘估计方法对空间滞后模型和空间误差模型参数进行估计，其估计值可能无效或有偏，可以选择采用广义最小二乘法、极大似然估计法或工具变量法等方法进行估计，Anselin 建议采用极大似然法估计上述两类模型中的参数。

那么，如何判别出建立空间滞后模型和空间误差模型哪一个模型适合样本截面数据，需要建立一套有效的判别标准。Anselin 建立了如下的判别准则：对空间依赖效应进行检验时，如果存在着：若在统计上 LMLAG 比 LMERR 结果更为显著，同时，R-LMLAG 显著，R-LMERR 不显著，根据样本数据建立空间滞后模型是恰当的；若在统计上 LMERR 更为显著，同时，R-LMERR 显著，R-LMLAG 不显著，那么，可以考虑建立空间误差模型。

此外，在空间计量模型中的一些较为常用的检验方法还有赤池信息准则、对数似然函数值、施瓦茨准则以及似然比率。具体来说，当对数似然函数检验值越大，似然比率检验值越小，同时，赤池信息准则检验值、施瓦茨准则检验值越小，则表示空间模型拟合效果越好。

二、区域间投入产出模型研究框架

Isard 在 1951 年提出了区域间投入产出模型（interregional input-output model），它是基于地区间投入产出表数据进行构建，是研究地区间经济联系与要素流动的重要工具。该方法采用商品和劳务流动，将各个区域投入产出模型连接而成的跨区域投入产出连续模型,其不仅反映区域内部各产业之间的经济联系,还系统反映出不同区域、不同产业之间的经济联系,比较不同区域之间产业结构和技术差异,分析区域间产业的相互关联与影响,资源在区域间的合理配置以及区域经济发展的带动作用和溢出、反馈效应等。

目前,主要有三类区域间投入产出模型,分别是由 Isard(1951)提出的区域间输入非竞争型投入产出模型(interregional non-competitive input-output model),Chenery(1953)、Moses(1955)提出的区域间输入竞争型投入产出模型(interregional competitive input-output model)和 Leontief(1963)提出的区域间引力模型(interegional gravity model)[①]。

(一)区域间输入非竞争型投入产出模型

区域间投入产出模型的最早模型形式就是区域间输入非竞争投入产出模型,该模型也被称为 Isard 模型,或行系数模型。在该模型中,分别列项处理了区域内部和区域间的产业交易,因此,即便是不同区域生产的同一类产品,也被视为不同的产品处理。这就会造成如下的结果,采用区域内部和来自区域间的同一类投入品的投入系数也很有可能不相同。

模型从生产地的产品开始研究,提出了区域分配系数的概念,其含义是某一区域生产的产品以固定比例分配给本地区和其他区域,该系数用 h_i^{RS} 表示,即 $h_i^{RS} = \dfrac{t_i^{RS}}{X_i^R}(R = 1,2\cdots,m;S = 1,2\cdots,m;i = 1,2\cdots n)$,其中,t_i^{RS} 为 R 地区和 S 地区之间 i 产品的贸易量,X_i^R 为 R 地区 i 部门的产量。因为 $\sum\limits_{S=1}^{m} t_i^{RS} = X_i^R$ ($R = 1,2\cdots,m;i = 1,2\cdots n$),所以 $\sum\limits_{S=1}^{m} h_i^{RS} = 1$ ($R = 1,2\cdots,m;i = 1,2\cdots n$) 。

分配系数确定后,若已知一个地区的产量,即可计算它与所有地区之

---

① 石敏俊,张卓颖.中国省区间投入产出模型与区际经济联系[M].北京:科学出版社,2012:10-14.

间的贸易量 $t_i^{RS} = h_i^{RS} X_i^R$（ $R = 1,2\cdots,m;i = 1,2\cdots n$ ），则 S 地区 i 部门产品的供应总量为 $\sum_{R=1}^{m} t_i^{RS} = \sum_{R=1}^{m} h_i^{RS} X_i^R$（ $S = 1,2\cdots,m;i = 1,2\cdots n$ ），同时，需求量为 $t_i^s = \sum_{j=1}^{n} a_{ij}^s x_j^s + Y_i^s$（ $S = 1,2\cdots,m;i = 1,2\cdots n$ ），其中， a_{ij}^s 为投入系数，表示 S 地区 J 部门一个单位产出需要的 i 部门的总投入， Y_i^s 为 S 地区对 I 产品的最终需求。

按照供需平衡的原则， $\sum_{R=1}^{m} h_i^{RS} X_i^R = \sum_{j=1}^{n} a_{ij}^s X_j^s + Y_i^s$（ $S = 1,2\cdots,m;i = 1,2\cdots n$ ），以矩阵形式表述为 $\sum_{R=1}^{m} H^{RS} X^R = A^S X^S + Y^S$ 。

Isard 模型的主要不足之处在于：在某一产业部门内，来自地区内部的产品和来自地区外的产品的比例是不稳定的，因此很难进行区分；另外，本地区的生产技术变化和区域间贸易条件的变化都会影响到模型投入系数的变化，二者的影响也难以进行区分。进一步来说，该模型要求把所有的产业按地区进行划分，将每一个地区的每一个部门的投入、产出结构分别进行计量，因此，对基础数据的需求量巨大，研制比较困难。

（二）区域间输入竞争型投入产出模型

为了克服 Isard 模型中的投入系数不稳定和数据需求量大的缺点，学者们研发了区域间输入竞争型的投入产出模型，该模型由钱纳里和莫塞斯最先提出，因此，又被称为钱纳里–莫塞斯模型，或者是列系数模型。

区域间交易系数的提出是钱纳里模型的创新之处，该系数是指在 S 区域 i 产品的全部需求中，来自 R 区域输入的 i 产品占 S 区域各最终需求部门和中间需求部门该产品的比例。

假设， x_{ij} 是指 j 产业部门所需 i 产业部门的投入额； X_j 为 j 产业部门国内生产额； A 是投入系数矩阵，其元素 α_{ij} 是指 i 产业部门产出被 j 产业部门单位产出所直接消耗的投入额； F_i 为 i 产业部门最终需求额； F 为最终需求矩阵； M_i 为 i 产业部门进口； M 为进口矩阵额； E 为作为海外需求发生的出口额。区域间交易系数可定义为：$c_i^{RS} = N_i^{RS} / \left(\sum_{j=1}^{n} a_{ij}^s X_j^s + F_i^s \right)$ ，

$N_i^{SS} = \left(\sum_{j=1}^{n} a_{ij}^s X_j^s + F_i^s \right) - \sum_r N_i^{RS}$，式中，$N_i^{RS}$ 表示来自 R 区域输入的 i 产品

满足 S 区域各最终需求部门和中间需求部门的产品总量；F_i^s 为 S 区域的

最终需求部门使用的 i 产品总额；$\sum_{j=1}^{n} a_{ij}^s X_j^s$ 为 S 区域的各个中间需求部门

使用的 i 产品总额。

来自区域内部的 i 产品供给额 N_i^{SS} 等于从 S 区域的 i 产品的总需求

减去来自各区域的 i 产品的输入总额。因此，区域间交易系数 c_i^{RS} 可以从

反面反映该产品的区内自给率高低程度。区域间交易系数矩阵 C 可以

反映各个区域之间各种产品的交易形式。

将各个区域的产业部门之间的产品交易额定义为：$x_{ij}^{RS} = C_i^{RS} a_{ij}^s X_j^s$，各

个区域产品最终需求部门交易额为：$F_i^{RS} = C_i^{RS} F_i^s$。

由此，可以得出钱纳里-莫塞斯模型供需平衡的基本方程式为：

$$CAX + CF + E = X + M \qquad (6.4)$$

用区域间投入产出模型形式给出为：

$$A^{RS} X^R + F^{RS} + E^R = X^R + M^R, A^{RS} = CA, F^{RS} = CF \qquad (6.5)$$

式中，A^{RS} 表示投入系数矩阵，X^R 表示产出列阵，F^{RS} 表示最终需求

矩阵，E^R 表示出口列阵，M^R 表示进口列阵，C 表示交易系数据矩阵。

该模型隐含的一个基本假设是任一部门产品对任一区域（含本区

域）内各部门的供应比例相同。因此，只需要得到每一部门产品在各区

域之间流量的数据，而不需要逐个研制分区域、分部门的区域间产品流量

矩阵。相较之前的模型，该模型对基础数据的要求低，大大降低了区域间

投入产出表的编制难度。同时，钱纳里-莫塞斯模型还区分了投入系数

和交易系数,以此将地区生产技术水平影响和区域间贸易模式影响区分开来,使得在实际研究中可以分开考察地区生产技术水平提高和贸易模式变化的不同影响效应。

(三)区域间引力模型

区域间引力模型将商品划分为国家商品、区域商品和本地商品三类。做这样划分的原因在于:一国的经济体系中的同一类商品,有些在国家水平上被生产和消费,有些在较低层级的区域水平被生产和消费,有些仅在更低层级的本地区内被生产和消费。模型的数学表达式为:$X_i^s = \sum_{j=1}^{n} a_{ij}^s X_j^s + F_i^s (S = 1, 2, \cdots, m; i = 1, 2, \cdots, n)$,其中,投入系数 a_{ij}^s 表示在 S 地区中 i 产业部门产出被 j 产业部门单位产出所直接消耗的投入额;X_i^s 为 S 地区产品 i 的产量;F_i^s 表示在 S 地区中生产部门对 i 产品的最终需求。同时,设定 $X_i^R = \sum_{s=1}^{m} X_i^{RS} (R = 1, 2, \cdots, m; i = 1, 2, \cdots, n)$,表示 R 地区运给所有地区产品 i 的数量之和等于 R 地区产品 i 的产量。再联合 $X_i^s = \sum_{s=1}^{m} X_i^{RS} (S = 1, 2, \cdots, m; i = 1, 2, \cdots, n)$,就得到 $\sum_{R=1}^{m} \sum_{s=1}^{m} X_i^{RS} = \sum_{R=1}^{m} X_i^R = \sum_{S=1}^{m} X_i^s = X_i^{OO}$,其中,$X_i^{OO}$ 表示一国内的 i 产品总产出量。上式表明,i 产品的总供给量等于总需求量,且与总产量相同。

假设,引力方程决定了区域间 i 产品的流量,其方程形式为:$X_i^{RS} = \dfrac{X_i^R X_i^s}{X_i^{oo}} Q_i^{RS} (R, S = 1, 2, \cdots, m; i = 1, 2, \cdots, n)$,其中,系数 Q_i^{RS} 为常数,由以下四个辅助参数决定:$Q_i^{RS} = (C_i^R + k_i^s) d_i^{RS} \delta_i^{RS} (R, S = 1, 2 \cdots m; i = 1, 2 \cdots, n)$,其中,$d_i^{RS}$ 表示从 R 地区将 i 产品运输到 S 地区的运输成本的倒数;δ_i^{RS} 表示一常数,当 R 地区可以将 i 产品运输到 S 地区时,δ_i^{RS} 取值为 1,若不能运输时,则取值为 0;同时,可以在统计样本数据的基础上采用普通最小二乘法对参数 c_i^R、k_i^s 进行估计。

引力模型是编制区域间投入产出模型时最重要且应用最为广泛的模

型。利用引力模型计算区域间各部门产品的贸易量,其主要参数为各区域分部门的总产出和总需求数据,并不需要将区域间投入产出表中的流入、流出按不同区域分别进行编制,这为区域间投入产出表的编制带来了极大的便利。

通过对比分析各个区域间投入产出模型发现,与其他模型相比,区域间输入竞争型投入产出模型具有测度精度高、数据量要求低的优点,因此,很多国家都采用区域间输入竞争型投入产出模型编制地区间投入产出表,中国2002年区域间投入产出模型就是在区域间输入竞争型模型框架下结合区域间引力模型编制的。

三、两类方法的比较

比较空间计量模型方法和区域间投入产出模型方法发现,操作性强是空间计量模型的优势,然而,其参数估计与检验的方法还存在着缺陷,影响了该方法在实证研究中的应用;而基于投入产出模型的方法在计算时较为复杂,它是以国家层面的区域投入产出表为基础,而该表的编制又是以地区层面的投入产出表为基础,于是,投入产出表编制的复杂性导致了该方法的操作性不强。为了弥补现有方法存在的不足,本书在空间偏离份额模型基础上提出了地区间产业空间联系测度模型,为京津冀空间经济问题研究提供了新的测度工具。

在经济研究领域,偏离份额模型是考察区域经济发展、产业结构、竞争力的一种重要方法,它把地区部门经济增长分解为国家效应、结构效应和竞争效应三部分,以此发现地区经济增长中的结构问题,其测度结果可以作为制定未来经济和产业发展政策的依据。由于偏离份额模型的经济含义十分明确,数据资料要求较低,方法的操作性较强,因此,在区域经济结构问题研究中,该方法得到了广泛的应用。进一步,在原始偏离份额模型的基础上,通过将地区空间要素引入模型,形成了空间偏离份额模型,使得原有模型的研究范畴得到了极大的拓展,从现实意义上来说,含有地区空间影响的偏离份额模型对地区经济结构的测度结果也更加符合现实。

本书在空间偏离份额模型的基础上建立起地区间产业空间联系测度模型,并运用该模型对京津冀地区间的产业空间联系进行测度。

第二节 偏离份额模型介绍

一、偏离份额模型的原理与形式

Daniel(1942)、Creamer(1943)先后提出了偏离份额模型,之后,Lampard、Perloff、Muth 等学者对该模型的理论与应用方面进行了扩充,直到 20 世纪 80 年代 Dunn 在总结前人研究的基础上,提出了现今人们普遍使用的偏离份额模型形式。接下来,本书对偏离份额模型的基本原理、模型形式以及动态模型改进作系统地介绍。

(一)偏离份额模型的基本原理

采用偏离份额模型方法研究地区经济结构问题时,首先需要确定用于地区经济对比的参照系,该参照系既可以是地区所在的国家,也可以是一个较大的区域,在此基础之上,将地区部门经济增长分解为三个效应,分别是国家效应、产业结构效应和竞争效应,通过对这三个效应的分析来讨论地区经济增长问题,对地区产业结构优劣和竞争力水平进行评价,发现地区内部具有产业竞争力优势的产业部门,以此来确定未来地区经济结构调整和产业调整的方向。

(二)偏离份额模型的基本形式

$$\Delta X_{ij} = X_{ij}r + X_{ij}(r_i - r) + X_{ij}(r_{ij} - r_i) \tag{6.6}$$

在模型(6.6)中,ΔX_{ij}表示在t到$t+1$时期j地区i产业部门产出水平的变化量,X_{ij}表示j地区i产业在t时刻的产出水平,r表示国家全部产业的产出平均增速,r_i表示国家i产业的产出增速,r_{ij}表示j地区i产业的产出增速。

进一步对模型(6.6)的含义进行解释,$X_{ij}r$表示j地区i产业以全国产业平均增速所获得的增长份额,反映了国家经济增长对该地区产业所造成的影响;$X_{ij}(r_i - r)$表示j地区i产业以全国该产业平均增速超过全部产业平均增速所获得的增长份额,反映了该产业在一国产业结构中的优势,并由此对地区该产业发展造成了影响;$X_{ij}(r_{ij} - r_i)$表示j地区i产业以超过该产业全国平均增速所获得的增长份额,如果将高增长率视为具有竞争力优势的一种体现,则该项反映了由具备竞争力优势所带来的产出增长。

二、偏离份额模型的动态化

原始的偏离份额模型是相对静态的,它无法应用于对研究时期内每一时刻的变化对总体变化的影响进行考察,同时,也无法揭示每一时刻变化的时间趋势特征,因此,Thirlwall(1967)考虑将动态化思想引入偏离份额模型,即将研究时期进行细分,以此来分析每一个细分时刻产业变动对总变动的影响。Thirlwall提出,将研究时期细分为两个以上更多的分时期,细分时期越多,产业变动信息在研究时期内的损失就越小。在t时刻,动态国家效应表示为NGE_t,动态产业结构效应表示为ME_t,动态竞争效应表示为CSE_t,进一步将各细分时刻的变化效应进行累计求和。

Barff(1988)认为,基于动态偏离份额模型计算的各效应与原始模型相比要更加准确。细分时期的偏离份额模型的具体形式为:

$$\Delta X_{ij}^{t+1} = X_{ij}^{t} r^{t+1} + X_{ij}^{t}(r_i^{t+1} - r^{t+1}) + X_{ij}^{t}(r_{ij}^{t+1} - r_i^{t+1}) \tag{6.7}$$

在模型(6.7)中,ΔX_{ij}^{t+1} 表示 j 区域 i 产业在第 $t+1$ 期相对于第 t 期的经济变量的变化值,国家效应 $X_{ij}^{t} r^{t+1}$ 表示 j 区域 i 产业按照国家全部产业在第 $t+1$ 期的增速所获得的增长量,产业结构效应 $X_{ij}^{t}(r_i^{t+1} - r^{t+1})$ 表示 j 区域 i 产业以全国该产业增长率超过产业平均增长水平所获得的结构效应,而竞争效应 $X_{ij}^{t}(r_{ij}^{t+1} - r_i^{t+1})$ 表示 j 区域 i 产业的实际增长率超过全国相同产业增长率所获得的竞争优势。动态偏离份额分析模型的计算公式为:

$$\sum \Delta X = \sum NGE_t + \sum ME_t + \sum CSE_t, \ NGE_t = X_{ij}^{t} r^{t+1},$$
$$ME_t = X_{ij}^{t}(r_i^{t+1} - r^{t+1}), \ CSE_t = X_{ij}^{t}(r_{ij}^{t+1} - r_i^{t+1}) \tag{6.8}$$

Barff(1988)指出,动态偏离份额模型与原始模型相比,它的优势在于可以很好地捕捉任意细分时刻变量的变化,对这一变化过程进行追踪,避免了信息的丢失。特别是根据 Akaya(2002)的研究结果,当目标地区足够小时,如中国的地级市,而非省区或直辖市,那么,即使在一个很短的时期内,各细分变量的动态变化也是非常显著的。于是,部分学者认为,动态偏离份额模型更适合用来研究一些较小地区的结构问题。

动态偏离份额模型的应用价值在于,如果在研究时期内地区产业结构发生过较大的调整,或者是全国该产业的增长水平发生了巨大的变化,那么,动态模型将比原始模型包含更多的信息。但是,如果是运用偏离份额模型来分析地区政策对经济发展的累积影响时,那么,原始模型(6.6)要比动态模型(6.8)更加适用。

第三节　偏离份额模型的空间演进

有学者在 21 世纪初对传统模型提出了批评,传统模型都没有将关联地区所产生的影响剔除掉,测度结果中含有地区间经济联系的影响,因此,无论是结构效应,还是竞争效应,都不能真实地反映出地区增长的净效应,无法单纯地体现一个地区的增长能力。将空间权重矩阵方法引入偏离份额模型,可以很好地剥离出相邻地区对本地区经济的影响,能够单独对结构效应和竞争效应进行考察。

一、引入空间影响因素

地区间经济相互独立是偏离份额模型(6.6)所做出的研究假设。但是,在全球经济一体化发展的今天,地区间的经济联系愈发加强,显然,上述假设已不能满足当前研究的需要。特别是在对区域产业一体化问题进行研究时,该假设就不再成立。

为了能够对地区间的经济联系性进行考察,Anselin 在 1988 年将空间权重矩阵引入偏离份额模型,对原始模型进行改进,促进了空间偏离份额模型分析工具的发展。

将空间权重矩阵 W 定义为:$W = \begin{bmatrix} 0 & w_{12} \cdots & w_{1R} \\ w_{21} & 0 & w_{2R} \\ \cdot & & \cdot \\ \cdot & & \cdot \\ \cdot & & \cdot \\ w_{R1} & w_{R2} \cdots & 0 \end{bmatrix}$,其中,元素 w_{jk} 反映

了 j 地区和 k 地区之间的空间联系,Moran、Cliff、Case、Boarnet 等人分别提出了计算 w_{jk} 的不同方法,且他们的研究成果在该领域较具有影响力。

现阶段,主要有两类用来确定空间权重矩阵的方法。一类是基于地区间的地理距离来进行计算,这类方法所蕴含的思想是 Tobler(1970)所提出的"任何事物之间均相关联,但相关性随着距离的增大而衰减"。另一类方法是使用经济距离来进行计算。随着地区间交通运输不断发展,同时,互联网技术也得到了广泛应用,区域经济空间联系对地理距离的依赖性正在逐渐减弱,而经济距离的影响却在逐渐加强。接下来,本书对上述两类计算方法进行系统的介绍。

(一)计算地理空间权重矩阵

Moran(1948)、Geary(1954)相继提出,如果 j 地区和 k 地区相邻,则 $w_{jk}=1$;如果 j 地区和 k 地区不相邻,则 $w_{jk}=0$。矩阵中主对角线上的元素均为 0,即 j 地区对自身的影响为 0。对空间权重矩阵中的元素做标准化处理后,可以得到 $0 \leqslant w_{jk} \leqslant 1$,对每一个 j 有 $\sum_k w_{jk}=1$。

之后,Cliff 和 Ord(1981)又给出了空间影响元素 w_{jk} 新的计算方法,即 $w_{jk}=\dfrac{b_{jk}^{\beta}}{d_{jk}^{\alpha}}$,其中 b_{jk}^{β} 含义为 j 地区和 k 地区共同的边界占 j 地区周长的比重,d_{jk}^{α} 表示 j 地区和 k 地区间的地理距离,α 和 β 为调整系数。同时,也可将计算公式变化为 $w_{jk}=d_{jk}^{-\alpha}$ 或 $w_{ij}=e^{-\beta d_{jk}}$ 的形式。

(二)计算经济空间权重矩阵

计算经济空间权重矩阵的方法很多,许多专家学者给出了各自不同的计算方法。在此,主要介绍几种经典的计算方法。

Case(1993)提出 $w_{jk}=1/|x_j-x_k|$,其中 x_j 和 x_k 表示 j 地区和 k 地区人均收入或其他可替代的经济变量。根据该公式分析,两个区域的人均收入水平越相近,w_{jk} 的值就越大。如果两个区域具有完全相同的人均收入水平,w_{jk} 趋于无穷大。反之亦反。

在 Case 方法的基础上,Boarnet(1998)提出,采用 $\dfrac{1}{\sum_k 1/|x_j-x_k|}$ 作为

权数,重新计算了空间权重矩阵,其计算式为 $w_{jk} = \dfrac{1/|x_j - x_k|}{\sum\limits_k 1/|x_j - x_k|}$。

Molho(1995)提出 $w_{jk} = \dfrac{E_j e^{(-\eta d_{jk})}}{\sum\limits_{l \neq j} E_l e^{(-\eta d_{jl})}}$,其中 E_j 和 E_l 为地区 j 和地区 l 的

就业量,η 为平滑指数。该方法将就业量引入计算公式,利用地理距离对

其进行调整,并利用 $\dfrac{1}{\sum\limits_{l \neq j} E_l e^{(-\eta d_{jl})}}$ 为权重进行计算。该方法的一个关键是

如何确定平滑指数 η 的值。

Fingleton(2001)提出 $w_{jk} = GDP_{t=0}^2 d_{jk}^{-2}$,其中 $GDP_{t=0}$ 为 j 地区基期的生

产总值,d_{jk} 为 j 地区和 k 地区之间的地理距离。该公式实际上是以地理

距离 d_{jk} 为系数对地区生产总值进行变换以得到经济距离。

Evans(2008)基于莫霍的计算方法,在研究卡特里娜飓风对美国湾区

经济影响时提出 $w_{jk} = \dfrac{(E_k/E_j)}{\sqrt{d_{jk}^2 + d_{js}^2}}$,其中,$E_j$ 和 E_k 为地区 j 和 k 的就业量,d_{jk}

为两地区之间的地理距离,d_{js} 专指 k 地区与飓风经过路径之间的距离。

该方法暗含的经济意义是 k 地区对 j 地区的就业溢出效应随 k 地区就业

量的增加而增强。同时,该方法的启发性在于,在计算经济空间权重时可

以考虑引入反映某一特定事件的变量。

观测数据易得和测量标准容易确定是应用地理距离方法的优点,但

是,随着交通运输条件的不断改善,运输成本逐渐下降,物流经济的蓬勃

发展使得地理距离对地区间经济的影响开始下降;进一步,地理距离方法

无法刻画出岛屿经济的空间联系。而应用经济距离方法的优点在于,将

地区产业结构、收入结构、需求结构等重要的经济要素引入空间权重当

中,更能够满足经济分析的需要,但其在计算指标的选择上取决于研究者

的主观判断,带有一定的主观性。

因此,综合考虑起来,本书选择采用经济距离方法计算空间权重矩

阵。原因在于:一是随着京津冀区域现代化交通体系和物流体系逐渐完

善,三省市之间的地理距离对京津冀区域一体化的影响呈现出下降的态势;二是本书研究的是京津冀区域产业空间的经济联系,采用经济距离方法更加符合研究主题的要求。

二、构建空间偏离份额模型

Nazara(2004)定义了一个受空间影响的新变量 X_{ij}^{v*} : $X_{ij}^{v*} = \sum_{k \in v} w_{jk} X_{ik}$,其中,$w_{jk}(j \neq k)$ 为 j、k 地区的空间权重,v 表示与 j 地区有经济影响关系的区域集合,X_{ik} 为该区域集合中 k 地区 i 产业的产值。

X_{ij}^{v*} 反映了 j 地区 i 产业受空间影响的产值大小,可以将变量 X_{ij}^{v*} 简称为"空间产值",它同时包含了两方面的经济信息:一是包含了 j 地区与 k 地区的经济距离信息,w_{jk} 越大,说明 j 地区与 k 地区的经济距离越近,k 地区相较其他关联经济区域对 j 地区的空间影响越大。二是包含了具有空间联系地区产业的产出信息,X_{ik} 越大,说明 k 地区 i 产业的产出能力越强,反之则越弱。

将 X_{ij}^{v*} 带入原始偏离份额模型(6.6)后得到:

$$\Delta X_{ij} = X_{ij}r + X_{ij}(r_i - r) + X_{ij}^{v*}(r_{ij} - r_i) + (X_{ij} - X_{ij}^{v*})(r_{ij} - r_i) \quad (6.9)$$

模型(6.9)被称为空间偏离份额模型,其中前两项含义与模型(6.6)相同;第三项含义为空间效应,它反映了 j 地区 i 产业受空间影响以超过该产业平均增长速度获得的空间产值增长份额;第四项为产业净竞争效应,它是将空间影响剥离后 j 地区 i 产业以超过该产业平均增长速度获得的增长份额,该项中的 $(X_{ij} - X_{ij}^{v*})$ 即为剥离空间影响后的地区产值部分。

第四节 地区间产业空间联系测度分析框架

基于模型(6.9)所进行的地区空间经济问题研究,通常都侧重于考察本地区的竞争力水平,研究本地区经济发展能力,往往强调的是自我发展,忽视了模型中所蕴含的地区间经济的关联信息[①]。于是,从空间经济关联研究的视角更深入地挖掘了空间偏离份额模型的经济学意义,将模型的应用范畴拓展至空间经济联系测度之中。

根据模型(6.9),定义了一个新的测度地区间经济影响的变量 Z ,称其为产业空间关联变量,假设空间影响 $X_{ij}^{v*} > 0$,则 j 地区 i 产业的产业空间关联 Z_{ij} 定义为:

$$Z_{ij} = \begin{cases} X_{ij}^{v*}(r_{ij} - r_i), r_{ij} - r_i > 0 \\ 0, r_{ij} - r_i \leq 0 \end{cases} \tag{6.10}$$

模型(6.10)中各变量的含义与前文相同,它的经济学含义是根据区域间经济影响制定区域经济规划时应该重点考查以下两个方面内容:一是基于关键空间联系(如京津冀区域)测度的具有正向影响的产业群($X_{ij}^{v*}>0$),该群反映了空间影响的结构效应, X_{ij}^{v*} 越大,空间影响越强;二是考查群中产业增长率高于全国平均增长速度的那些产业($r_{ij}-r_i>0$), $r_{ij}-r_i$ 越大,该产业在全国竞争力越强。具备上述两个条件的产业,与其他产业相比,将能够更快地受益于空间影响的拉动。

进一步根据模型(6.10)制定出区域产业空间关联指数。利用该指数,可以细分和比较各产业受空间影响的拉动效率。下面,给出区域产业

[①] 董麓,李晓欣.基于空间 Shift-Share 模型测度区域经济空间影响的新方法[J].统计与信息论坛,2015(5):3-9.

空间关联综合指数：

$$I_{ij}^{Z} = \frac{Z_{ij}}{Z_{min}}, Z_{ij} > 0 \qquad (6.11)$$

式(6.11)中，Z_{ij} 表示 j 地区 i 产业空间关联(剔除了关联为零的项)，Z_{min} 为 $Z_{ij} > 0$ 集合中元素的最小值。I_{ij}^{Z} 即为区域产业空间关联指数，它反映了一个地区各产业受空间影响的综合强度。其值越大，空间影响的综合强度越大，其大小取决于区域空间结构效应和本地区产业竞争效应。

类似地，可以定义空间结构强度指数为：

$$I_{ij}^{X} = \frac{X_{ij}^{v*}}{X_{min}^{v*}}, X_{ij}^{v*} > 0 \qquad (6.12)$$

式(6.12)中，X_{ij}^{v*} 为前面定义的空间产值，X_{min}^{v*} 为 $X_{ij}^{v*} > 0$ 集合中的最小值。I_{ij}^{X} 即为空间结构强度指数，它反映了一个地区各产业受空间影响的结构分布情况。其值越大，空间影响的结构效应越大。

显而易见，模型(6.10)和 I_{ij}^{Z}、I_{ij}^{X} 两个指数，都具有明确的经济学含义，提供了区域间空间经济联系、空间结构影响的明确信息，这对于区域经济规划和经济研究具有重要的参考价值。

第五节　京津冀区域产业空间联系测度

本书采用 Boarnet(1998)方法计算京津冀三省市空间权重矩阵，选择居民人均可支配收入作为空间权重矩阵计算的经济变量。这样做的原因是：该经济变量可以充分地反映京津冀三省市的经济发展状况和居民生活水平,以此测度的三省市之间的经济空间距离更具有可靠性。具体的计算结果请见表6.1。

表6.1　京津冀三省市空间权重计算表

年份	京津	京冀	津京	津冀	冀京	冀津
2022	0.620748	0.379252	0.389039	0.610961	0.280078	0.719922
2021	0.623449	0.376551	0.396019	0.603981	0.283677	0.716323
2020	0.623148	0.376852	0.395245	0.604755	0.283280	0.716720
2019	0.624099	0.375901	0.397690	0.602310	0.284534	0.715466
2018	0.630000	0.370000	0.412699	0.587301	0.292135	0.707865

资料来源:作者计算整理所得。

2018—2022年,当北京市作为研究目标地区时,计算的京津之间的经济空间权重始终大于京冀之间的权重,这说明京津之间的经济水平差距要低于京冀之间的差距,表现为京冀的经济空间距离大于京津之间的距离,如图6.1所示。

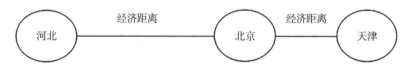

图6.1　北京与津冀两省市经济距离

在研究时期内,当以天津作为研究目标地区时,津冀的空间权重均大于津京的空间权重,说明近年来津冀地区的经济发展水平更为接近,与北京经济发展水平相比存在着明显差距,如图6.2所示。我们结合以北京为研究对象时的计算结果可知,天津的经济发展水平在京津冀处于居中位置,其与河北的经济发展水平差距小于与北京的差距,京津之间的发展水平差距又小于京冀之间的差距。

图6.2　天津与京冀两省市经济距离

当以河北作为研究的目标区域时,计算结果为冀津之间的空间权重始终大于冀京之间的空间权重,说明冀津之间的经济发展水平差距较冀京之间的经济发展水平差距要小,冀津之间的经济空间距离也因此更为接近。

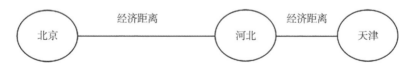

图 6.3   河北与京津两市经济距离

进一步来说,从 2018—2022 年的空间权重比较发现,京津冀三省市的经济空间权重始终处于动态变化之中,权重因研究目标区域的变化而变,但相对距离基本稳定,即北京与天津的经济距离更接近,而与河北的经济距离较远,天津处于北京和河北经济距离之间的位置,距离河北更近。经济空间距离的动态变化更有助于反映三省市之间的经济水平动态差距,这正是本书选择利用经济空间距离的原因所在。但不可避免的是,从数值上看,与地理空间权重不变的数值相比,经济距离始终是变化的,具有一定的波动性。

根据表 6.1 的计算结果,运用模型(6.10)、模型(6.11)和模型(6.12)可计算出京津冀三省市的产业空间关联、产业空间关联综合指数和产业空间结构强度。接下来,本书对京津冀三省市间的产业空间联系进行测度。

一、北京市产业空间联系测度

本书使用模型(6.12)计算了北京产业空间强度指数。该指数清晰地反映了关联区域(天津、河北)对北京产业空间影响的分布情况。从表 6.2 中可以看出,2020—2022 年,北京市产业空间强度指数最高的四个行业始终为工业、金融业、批发和零售业、农林牧渔业;2018—2019 年为工业、金融业、批发和零售业、房地产业。可见,北京市空间强度指数最高的四个产业中的三个产业相对比较稳定,只在 2020 年之后,农林牧渔业取代了房地产业排在了空间强度指数第四位。具体结果请见表 6.2。

表 6.2　北京市产业空间结构强度指数

产业	2022	2021	2020	2019	2018
农林牧渔业	9.14	7.80	8.39	6.04	6.14
工业	41.64	37.03	35.19	27.73	29.20
建筑业	6.37	5.76	6.22	4.88	5.06
批发和零售业	10.13	9.18	9.53	7.73	8.04
交通运输、仓储和邮政业	8.41	7.65	7.71	6.26	6.22
住宿和餐饮业	1.00	1.00	1.00	1.00	1.00
金融业	11.56	10.30	11.12	8.33	8.58
房地产业	7.21	6.92	7.59	6.59	6.49

资料来源:作者计算整理所得。

产业空间关联和产业空间关联综合指数是从关联地区的影响和地区自身竞争效应两方面对地区产业发展的现状进行综合测度。从表 6.3 可以看出,2022 年,北京市具有产业空间关联的产业仅有两个,分别为金融业和房地产业;2021 年为五个产业,分别是工业、批发和零售业、住宿和餐饮业、金融业、房地产业;2020 年具有空间关联的产业为建筑业、批发和零售业、金融业、房地产业;2019 年仅为建筑业和金融业两个产业;2018 年为工业、建筑业、交通运输业、住宿和餐饮业、金融业。具体数值请见表 6.3。

进一步分析可知,北京具有区域空间关联的产业表明其自身具有发展优势,而地区产业空间产值只有通过这种竞争优势才会作用于该产业,说明这些产业具有发展的协调性。但是,从测度结果来看,北京具有产业空间关联的产业在最多时为五个产业,2022 年仅有金融和房地产两个产业,可见,北京的多数产业在增速方面的优势有所弱化,受此影响,空间产业关联的带动作用受到抑制。

表 6.3　北京市产业空间关联结果

产业	2022	2021	2020	2019	2018
农林牧渔业	0.00	0.00	0.00	0.00	0.00
工业	0.00	1162.46	0.00	0.00	260.60
建筑业	0.00	0.00	17.28	12.83	57.93
批发和零售业	0.00	4.51	2.09	0.00	0.00
交通运输、仓储和邮政业	0.00	0.00	0.00	0.00	114.83
住宿和餐饮业	0.00	6.12	0.00	0.00	2.58
金融业	10.78	27.00	14.81	30.31	38.46
房地产业	19.78	17.93	3.20	0.00	0.00

资料来源:作者计算整理所得。

　　具备空间关联的产业表明区外因素对本区域经济发展具有一定的带动作用。表 6.4 反映了这种带动作用的相对强度,2018—2022 年,工业、建筑业、金融业、房地产业受空间联系和自身竞争力影响对拉动地区经济增长的作用最强。从空间经济联系的角度来说,这些产业对北京经济增长具有较高的弹性。

表 6.4　北京市产业空间关联综合指数

产业	2022	2021	2020	2019	2018
农林牧渔业	0.00	0.00	0.00	0.00	0.00
工业	0.00	257.75	0.00	0.00	101.01
建筑业	0.00	0.00	8.27	1.00	22.45
批发和零售业	0.00	1.00	1.00	0.00	0.00
交通运输、仓储和邮政业	0.00	0.00	0.00	0.00	44.51
住宿和餐饮业	0.00	1.36	0.00	0.00	1.00
金融业	1.00	5.99	7.09	2.36	14.91
房地产业	1.83	3.98	1.53	0.00	0.00

资料来源:作者计算整理所得。

二、天津市产业空间联系测度

本书计算了天津市产业空间强度指数,其关联区域为北京和河北。表 6.5 显示了天津产业空间影响分布情况,其分布与北京的产业空间分布相同。具体来看,2020—2022 年,天津产业空间结构强度指数排名前四位的产业始终是工业、金融业、批发和零售业、农林牧渔业;2018—2019年,产业空间结构强度指数排名前四位的产业依次为工业、金融业、批发和零售业、房地产业。可见,京津两市的产业空间结构是高度一致的,反映出京津产业发展面临的外部空间潜在影响十分相近。计算结果请见表6.5。

表 6.5　天津市产业空间结构强度指数

产业	2022	2021	2020	2019	2018
农林牧渔业	8.01	6.61	7.43	5.11	5.03
工业	30.03	27.26	25.66	18.96	19.30
建筑业	5.78	5.02	5.57	4.16	4.16
批发和零售业	9.08	7.99	8.50	6.47	6.57
交通运输、仓储和邮政业	6.00	5.61	5.92	4.77	4.63
住宿和餐饮业	1.00	1.00	1.00	1.00	1.00
金融业	13.69	11.77	12.68	9.05	8.93
房地产业	6.81	6.33	7.06	5.48	5.37

资料来源:作者计算整理所得。

基于模型(6.10)和模型(6.11)计算了天津市产业空间关联和空间关联综合指数。表 6.6 为天津市产业空间关联表。与北京产业空间关联略有不同的是,天津近年来具有产业空间关联的产业有所减少,这主要是天津在部分产业领域的竞争优势有所不足导致。具体来说,2022 年共有三个产业具有区域空间关联,按照关联数值从大到小依次为工业、交通运输业、住宿餐饮业;2021 年仅有两个产业具有产业空间关联,为农林牧渔业、交通运输业;2020 年有四个产业具备产业空间关联,分别为交通运输业、农林牧渔业、金融业、建筑业;2019 年有农林牧渔业、房地产业、住宿餐饮业具有产业空间关联影响;2018 年仅工业具有产业空间关联影响。

进一步分析,天津与北京具有产业空间关联影响的产业分布差异比较大,比如,2019—2021 年,农林牧渔业具有较高的产业空间关联影响,这主要是由于天津该产业的增速增长较快,加之农林牧渔产业的空间产值较高,农林牧渔业对天津的空间影响就十分显著。从工业来看,得益于2022 年天津工业增势,工业成为受空间影响带动最为显著的产业。天津作为全国先进制造研发基地,这一优势未来需要进一步巩固和延续,借京津冀协同之势,推动工业不断发展。另外,天津在生产性服务业领域中的交通运输业近年来发展态势良好,竞争力在京津冀区域较为突出,该产业受到的产业空间拉动效应明显。具体结果请见表 6.6。

表 6.6　天津市产业空间关联结果

产业	2022	2021	2020	2019	2018
农林牧渔业	0.00	556.60	95.11	10.77	0.00
工业	717.27	0.00	0.00	0.00	472.45
建筑业	0.00	0.00	17.04	0.00	0.00
批发和零售业	0.00	0.00	0.00	0.00	0.00
交通运输、仓储和邮政业	292.13	99.36	153.94	0.00	0.00
住宿和餐饮业	0.59	0.00	0.00	2.06	0.00
金融业	0.00	0.00	26.74	0.00	0.00
房地产业	0.00	0.00	0.00	2.67	0.00

资料来源:作者计算整理所得。

表 6.7 为天津市产业空间关联综合指数表,从中可以看出,在具备空间产业关联的产业中,哪些产业对地区经济的拉动作用更强。表 6.7 显示,在同一年中的不同产业空间关联综合指数的差别幅度很大,如在2022 年,工业的关联综合指数为 1215.70,而排在第二位的交通运输业为495.13。可见,天津具有空间关联影响的产业对经济带动作用的差异性还是较为明显的。

表 6.7　天津市产业空间关联综合指数

产业	2022	2021	2020	2019	2018
农林牧渔业	0.00	5.60	5.58	5.23	0.00
工业	1215.70	0.00	0.00	0.00	1.00
建筑业	0.00	0.00	1.00	0.00	0.00
批发和零售业	0.00	0.00	0.00	0.00	0.00
交通运输、仓储和邮政业	495.13	1.00	9.03	0.00	0.00
住宿和餐饮业	1.00	0.00	0.00	1.00	0.00
金融业	0.00	0.00	1.57	0.00	0.00
房地产业	0.00	0.00	0.00	1.30	0.00

资料来源:作者计算整理所得。

三、河北省产业空间联系测度

最后,本书计算了河北省的产业空间结构强度指数,关联区域为京津两市,具体计算结果请见表 6.8。与京津不同的是,河北省在研究时期内,产业空间强度指数最高的四个产业完全固定,依次为工业、金融业、批发和零售业、房地产业。

表 6.8　河北省产业空间结构强度指数

产业	2022	2021	2020	2019	2018
农林牧渔业	1.21	1.04	1.00	1.00	1.00
工业	27.15	23.84	22.81	25.43	25.85
建筑业	4.99	4.45	5.03	5.38	5.38
批发和零售业	9.63	8.61	9.26	10.48	10.84
交通运输、仓储和邮政业	5.17	4.17	4.35	4.99	5.04
住宿和餐饮业	1.00	1.00	1.02	1.61	1.60
金融业	19.86	16.74	18.49	18.93	18.54
房地产业	7.49	6.73	7.59	9.54	9.36

资料来源:作者计算整理所得。

表 6.9 显示,除个别年份外,河北省具有空间产业关联的产业数量在京津冀三省市中是最多的。2022 年,具有产业空间关联的六个产业按照关联数值从大到小依次为工业、批发和零售业、金融业、建筑业、住宿餐饮业、农林牧渔业;2021 年的具有空间关联的产业数量为研究时期内最小值,仅有建筑业、交通运输业、批发和零售业;2020 年为房地产业、工业、批发和零售业、住宿餐饮业、交通运输业、农林牧渔业;2019 年全部产业均受到产业空间的带动影响;2018 年批发和零售业、建筑业、房地产业、农林牧渔业具有产业空间关联。

表 6.9 河北省产业空间关联结果

产业	2022	2021	2020	2019	2018
农林牧渔业	1.51	0.00	0.54	0.56	0.68
工业	188.72	0.00	71.72	21.04	0.00
建筑业	32.66	8.65	0.00	1.06	18.54
批发和零售业	81.63	1.37	21.25	65.11	30.81
交通运输、仓储和邮政业	0.00	1.62	14.48	30.27	0.00
住宿和餐饮业	8.49	0.00	19.11	8.24	0.00
金融业	54.55	0.00	0.00	1.52	0.00
房地产业	0.00	0.00	87.58	61.99	16.76

资料来源:作者计算整理所得。

总的来看,河北省多数产业都受到了空间产业带动影响,这些产业覆盖到了全部三次产业当中,比如农业、工业和建筑业、金融业等生产性服务业,这十分有利于河北省优化三次产业结构,不断推动产业转型升级。可以说,河北省在产业发展领域,是京津冀三省市当中的最大受益者。并且,随着京津冀协同发展走深走实,河北省在三次产业发展上会有更多更大的机遇。

河北省产业空间关联综合指数反映了具备空间产业关联的行业对河北省经济增长的带动作用的强弱。表 6.10 显示,在同一年份中,不同产业的空间关联综合指数存在明显的变化,但其变化幅度要普遍小于京津两市,测度结果反映出河北省各类具有空间关联影响的产业对地区经济发展的带动作用,相对京津来说,会更加接近一些。

表6.10 河北省产业空间关联综合指数

产业	2022	2021	2020	2019	2018
农林牧渔业	1.00	0.00	1.00	1.00	1.00
工业	124.98	0.00	132.81	37.57	0.00
建筑业	21.63	6.31	0.00	1.88	27.27
批发和零售业	54.06	1.00	39.36	116.28	45.31
交通运输、仓储和邮政业	0.00	1.18	26.81	54.05	0.00
住宿和餐饮业	5.62	0.00	35.39	14.71	0.00
金融业	36.12	0.00	0.00	2.72	0.00
房地产业	0.00	0.00	162.18	110.70	24.64

资料来源:作者计算整理所得。

第七章 京津冀区域产业一体化的结构优化测度

在京津冀区域产业一体化发展之下,以地区协议性分工为基础,京津冀地区间的产业布局将发生显著变化,通过地区间的产业转移,区域产业分布更加合理,地区间的经济发展更加均衡,这必将会提升京津冀区域的产业结构优化水平。

第一节 产业结构与结构优化的经济学解释

"结构"一词最早被应用于自然科学研究领域,它是指在整体之中各部分的组织与搭配形式,而"产业结构"的概念是在1940年之后才出现的。最初的"产业结构"概念有着非常广泛的含义,它包含了产业间与产业内的全部生产关系,产业结构的概念相对模糊、笼统。如今的"产业结构"一词指的是在一国经济社会再生产过程中,各产业间和产业内部的相互依赖、相互制约的数量构成与经济联系。产业结构有多种分类方式,它既可以分为生产资料与生活资料两大部类结构,也可以分为农业与重工业、轻工业的产业结构,还可以分为国民经济的三次产业结构等形式。产业结构在数量上往往表示为各个产业部门的产值占国民经济总产值的比重,各产业的比重是否合理将会关系到经济社会未来的健康发展。

"产业结构优化"指的是在一国经济社会再生产过程中,通过调整现有的产业结构形式,各产业部门之间的生产关系变得更为协调,提升国民经济的增长速度。

"产业结构优化"一词中的"优化"概念是与"低级化""失衡"相对应的概念,若要对一国经济进行产业结构优化,那么,就必须考虑宏观经济发展中的各项制约条件,如劳动力、资本、技术、环境以及二元经济结构等,在政府宏观产业政策的协调与引导之下,促使产业结构向更加合理的方向调节,以实现经济增长、充分就业以及环境保护等政策目标。因此,产业结构优化并不是一个静止的概念,而是"优化"产业结构的过程,是一个动态的概念,通过产业结构的不断升级,产业结构更加合理化、高级化,充分适应宏观经济中的资源结构、需求结构、就业结构等。

区域经济的协调发展与合作均离不开产业结构的升级调整,因此,产业结构优化问题一直是国内外诸多专家学者重点关注的研究领域。

第二节　产业结构优化理论的发展

随着产业结构问题研究的不断发展,逐步形成了产业结构优化理论。一国(区域)的经济发展、人口素质、技术知识以及资源环境等条件共同决定了产业结构的发展水平,因此,没有绝对的高水平产业结构和低水平产业结构之分。如前文所述,"产业结构优化"是一个动态的过程,它指的是在一国经济社会再生产过程中,通过调整现有的产业结构形式,各产业部门之间的生产关系变得更为协调,逐步实现产业结构的合理化和高级化,促进国民收入水平的快速增长。产业结构优化理论研究中的重要代表人物主要是 Rostow、Hirschman 和 Shinohara,接下来,本书将简要介绍他们关于产业结构优化中的一些重要思想。

Rostow(1951)在研究不同国家的经济增长时得到了一个重要的发现,即一国(区域)在特定时期内的不同产业经济部门都拥有不同的产出增长率,而某些关键的产业部门(主导产业部门)的产出增长率的快速上升将直接或间接拉动了一国(区域)实现经济增长。他认为主导产业部门对一国(区域)的经济影响远超其本身的发展,这主要是因为主导产业依靠自身的前向效应、旁侧效应与回流效应带动其他关联产业部门实现产出增长,从而实现产业结构的优化升级,并带动经济实现全面增长。因此,如何确定那些能引起国民经济全面增长的主导产业是实现一国(区域)产业结构优化的关键性问题。Rostow系统地总结了产业结构优化中的问题,他的主导产业扩散效应理论为之后的产业结构优化理论的发展奠定了基础。

Hirschman(1958)同样认为增长不可能在全部产业经济部门以相同的方式实现,其本质上是一种非均衡的过程,而主导产业正是将这种不平衡增长在其他产业部门中传递下去。一国(区域)的经济增长就是由一种非均衡到另一种非均衡的过程,关键是要保持主导产业与其他产业部门传递性具有活力。

对于发展中国家来说,生产资源具有很大的稀缺性,因此,要想实现经济的快速增长,就必须把稀缺的生产资源集中投入到具有较大发展潜力、具备较强关联效应的产业部门当中,这些产业部门的快速增长会带来新的增长机会,即会为其他关联产业带来新的投资,使关联产业结构发生调整,实现产业结构的优化升级,促进国民经济的发展。Hirschman进一步提出了产业关联度高的产业所具有的三种关联效应,分别为前向关联效应、后向关联效应和波及效应,要实现产业结构的调整,必须加强发展具备这三类关联效应的产业发展。

此外,Shinohara(1955)提出了著名的动态比较费用理论。该理论认为,各国的劳动力、资本、技术等生产资源禀赋在工业化进程中是会不断发生变化的。发展中国家的比较劣势产业可以在适当的产业政策引导之下,借助国际市场,通过本国生产禀赋资源的不断调整,促使其向比较优势产业转换,不断加强国际竞争力,逐步实现产业结构的高级化。在动态比较费用理论中,筱原提出了"需求收入弹性基准"和"生产率上升率基准"。占有较大市场份额的产业往往具有较高的需求收入弹性;而在国民经济扩大再生产的过程中,具有较快生产率增长的产业,其产品拥有较低的生产费用。因此,该类产业将吸引越来越多的生产资源向其聚集,促使其进一步获得更快的发展,逐步成为国民经济发展中的主导产业。同时,具有较快生产率增长的主导产业将是产业结构优化最早出现的地方。

在已有的产业结构优化理论当中,动态比较费用理论更具有实际可操作性。以该理论为基础,日本政府在"需求收入弹性基准"和"生产率上升率基准"两基准之外,又增加了两项基准,分别是"劳动条件基准"与"环境过密基准"。"劳动条件基准"的要求是,为劳动者创造安全、稳定、舒适的工作条件是在确定主导产业时必须要考虑的要素;"环境过密基准"则要求,主导产业应选择那些对资源环境有益,同时,又可以提升能源使用效率的产业。

可见,产业结构优化理论主要是围绕区域主导产业的选择展开,不同的理论提出了不同的主导产业选择标准,进而依靠主导产业的发展带动区域经济实现全面增长。通过对 Rostow、Hirschman 和 Shinohara 所提出的结构优化理论的解读,为京津冀区域产业结构优化带来了巨大的启示,即在京津冀区域产业一体化中,地区间主导产业的确定将对京津冀区域产业结构优化造成深远的影响。只有在地区间协议性分工的基础上,明确各地区的主导产业,才能以差异化的主导产业发展来促进地区间经济的一体化发展,实现产业结构的优化升级。

随着京津冀协同发展不断深化,京津冀三省市未来产业布局也随即清晰:北京以科技创新型服务业、高精尖制造业为主导;天津以智能科技为引领、发挥汽车、绿色石化、装备制造等传统产业优势、推动生物医药、新能源、新材料、航空航天等新兴产业壮大;河北省将加快传统制造业转型和发展战略性新兴产业并重、促进现代农业、现代物流产业、旅游产业等发展作为全省产业发展重点领域,着力在雄安新区布局新一代信息技术产业、现代生命科学和生物技术产业、新材料、绿色生态农业、高端现代服务业等。因此,京津冀区域产业结构会按照各地区重点产业布局的不同而逐步实现结构优化调整,这也正是京津冀区域产业一体化发展的意义所在。

第三节 产业结构优化的研究框架

产业结构优化包括了产业结构的合理化和高级化两方面的内容。产业结构的合理化是实现高级化的必要条件,而产业结构的高级化是合理化的完成目标。离开了产业结构合理化的高级化往往只是"虚高",而离开了产业结构高级化的合理化就变得毫无价值。

一、产业结构合理化的研究框架

一国(区域)产业结构优化是一个动态的过程,而产业结构的合理化正是这一动态过程的演进方向,其最后要实现产业结构与需求结构、就业结构、资源结构等经济结构相适应的最优化状态。产业结构合理化中的一个重要概念就是产业结构关联。产业结构关联指的是,在国民经济再生产过程中,各个产业部门通过投入产出关系所反映的一种物量的、技术的产业结构关系,在短期内,由于各个产业部门在再生产过程中的投入与产出水平变化较小,因此,产业关联具有较强的稳定性,各产业部门在国民经济中都会存在一个合理的比例;但从长期来看,各个产业部门的投入产出水平都会发生显著变化,因此,各部门所占国民经济中的合理的比例会发生改变,体现了产业结构合理化的动态过程。采用 Leontief(1941)提出的投入产出分析技术可以对产业结构关联进行较好的阐释:

$$X = (I - A)^{-1}F, \ W = AX \ \text{或} \ W_i = \sum_j \alpha_{ij} X_j \qquad (7.1)$$

式中,X 表示在生产过程中各部门的产出向量;A 被称为直接消耗系数矩阵,其中的矩阵元素用 α_{ij} 来表示,它也反映了在生产过程中的技术水平；F 表示最终需求矩阵；W 表示中间需求向量。

基于投入产出技术的产业结构关联研究，可以测度在特定产业结构下的各产业部门对劳动力、资本、技术等投入要素需求变化，以及在国民经济中所产生的波及效应、生产诱发效应及派生需求效应的分析。进一步来说，将各个产业部门的关联程度研究与技术进步研究相结合，可以测度不同产业部门的技术扩散效应，这也是产业结构关联研究的一个重要方面。

提升资源配置效率是对产业结构关联进行改善的重要目的。通过对现有产业结构进行调整，使部门间的产业关联变得更加协调，促进产业结构的平衡，可以提高对闲置资源的使用效率。接下来，构建一个国民经济再生产过程中的多投入—多产出模型，对产业结构调整影响资源配置效率进行形式化表述：

生产函数：$X_i^s = f_x(L_i, K_i, E_i, M_i)$

要素需求函数：$L_i = f_l(p_i, w_i, r_i, q_i, g_i, X_i^s)$，$K_i = f_k(p_i, w_i, r_i, q_i, g_i, X_i^s)$，$M_i = f_m(p_i, w_i, r_i, q_i, g_i, X_i^s)$，$E_i = f_e(p_i, w_i, r_i, q_i, g_i, X_i^s)$

产品需求：$X_i^d = g(y, p_i, p_j)$

库存函数：$X_i^s - X_i^d - h(\Delta X_i^d, \Delta p_i, s_i)$

要素价格方程：$r_i = k_r(r)$，$w_i = k_w(w)$，$q_i = k_q(q)$，$g_i = k_g(g)$

产品价格方程：$\Delta p_i = k_p(X_i^s - X_i^d)$

式中，X_i 表示国民经济生产中的第 i 产业部门的产出向量，L_i、K_i、M_i、E_i 分别表示第 i 产业部门生产过程中所投入的劳动力要素、资本要素、原料要素、能源要素，p_i 表示第 i 部门产品的价格；w_i、r_i、q_i、g_i 分别表示工资水平、利息、原料价格、能源价格；Y 表示国民经济水平；各变量的上标 s 表示供给、d 表示需求；Δ 表示各变量的变化水平。

一般来说，可以采用以下的函数来表示国民经济的最优资源配置结构：

目标函数：$S = \max CX$

约束条件：$AX \leqslant b, X = (I - A)^{-1} F, X \geqslant 0$

式中,S 表示产业部门的利润值;C 表示各个产业部门产品的价值量;X 表示各产业部门的产出向量;A 表示直接消耗系数矩阵,$(I-A)^{-1}$ 表示投入产出矩阵的逆矩阵;b 为常数向量,其表示生产过程中的资源供给的有限性。

通过求解模型最优化的一阶条件是:各投入要素的边际产品价值与产品的价格相等: $p_i = \dfrac{\partial f(x^*)}{\partial x_i}$,$i = 1,2,\cdots,n$;各个产业部门的投入要素的边际产出率相等: $\dfrac{\partial f(x^*)}{\partial x_i} = \dfrac{\partial f(x^*)}{\partial x_j}$, $i = 1,2,\cdots,n,j = 1,2,\cdots,n,i \neq j$。

各产业部门资源配置效率的损失都来自于对上述配置结构的偏离。假设,在国民经济生产中存在着高效率与低效率两类产业部门, $\sum H_i$ 、$\sum L_i$ 分别表示这两类部门的资本存量,h_i 、l_i 分别表示两类部门的资产利润率,分别用 0 和 t 表示产业结构调整前和调整后,于是,在采用资产转移方式的结构调整后,效益提升的部分用 ΔR 表示,则

$$\Delta R = \frac{\sum h_{it}H_{it} + \sum l_{it}L_{it}}{\sum H_{it} + \sum L_{it}} - \frac{\sum h_{i0}H_{i0} + \sum l_{i0}L_{i0}}{\sum H_{i0} + \sum L_{i0}} \tag{7.2}$$

Syrquin(1986)提出了资源再配置效应(TRE)模型,该模型是用来测度在具有不同要素生产率的产业部门通过资源在配置后所造成的对生产率增长的影响。资源再配置效应模型具体是指采用总产出的增长率与各个产业部门增长率加权平均值的差值,来度量资源再配置对经济增长的作用,具体的模型形式如下所示:

$$TRE = \frac{1}{v} \sum_i L_i(f_{li} - f_l) + \frac{1}{v} \sum_i K_i(f_{ki} - f_k) \tag{7.3}$$

Chenery 对工业化进程的研究显示,整个工业化时期是资源再配置效

应最高的时期;当工业化进程完成时,资源再配置对经济增长的影响作用就不再那么强烈了。

二、产业结构高级化的研究框架

产业结构高级化(高度化)指一国(地区)产业结构重心由第一产业向第二产业和第三产业逐次转移的过程,标志着一国(地区)经济发展的阶段和方向。产业结构高级化往往具体反映在各产业部门之间的产值、就业、国民收入比例变动的过程上。

(一)产业结构高级化的两条路径

1.主导产业更替路径

产业结构高级化的过程就是新旧主导产业优势地位不断更替的过程。一般来说,新旧主导产业更替和转换顺序可以表示为:(1)从要素的密集度角度来说,主导产业更替表现为由劳动力密集型产业向资本密集型产业转换,再向技术密集型产业转换;(2)从生产技术革新的角度来说,主导产业更替表现为由传统技术产业向新兴技术产业转换,再向新旧技术综合的产业转换;(3)从产业附加值的角度来说,主导产业更替表现为由低附加值产业向高附加值产业以及更高的附加值产业转换。

产业结构高级化水平正是由主导产业部门的有序演进所反映。从本质上来说,产业结构的高级化指的是产业技术水平的集约化,而非简单的理解为国民经济中的产业部门比例的变化。而产业的技术集约化只有通过具有技术革新性的主导产业部门更替(引入了新的生产函数)才能实现,带来产业结构的不断升级。产业结构的高级化是通过新的生产技术在某一产业内部快速积累,并通过产业部门间的技术联系进行扩散,其技术传递的路径正是产业结构高级化的演进方向。由此可以看出,产业结构高级化的机制就是以新的生产技术为核心的主导产业的不断更替。

2. 价值链路径

Gereffi(1999)对东亚服装产业的一系列研究,开创了价值链思路下对产业结构高级化问题的研究。在这种思路下,一国(地区)的产业被视作全球价值链(Global Value Chain)的组成部分,产业结构的高级化往往意味着该国(区域)的产业(企业)在同一条价值链上(或者是不同的价值链间)实现了上升。产业结构升级的意义在于获得更高的价值,即劳动者收入、企业利润、政府税收等一系列收入的提升,而绝非指统计学意义上的结构变化。

进一步来说,一国(区域)的产业通过融入全球价值链中以获得新的资本、技术和新的市场,并通过企业竞争力的提升而进入具有更高增加值的生产领域,以此来带动产业结构的升级。无论是在同一条价值链上还是在不同的价值链间,产业结构高级化的过程都是价值环节中内在价值与外在价值的共同变化。

从价值链理论的角度来说,不同国家(区域)在全球价值链中所处的地位是不同的,因此,他们将获得不同的增加值,发达国家往往处于价值链的上端,可以攫取到更多的价值,而发展中国家往往处于价值链的中端或低端,获得较少的增加值。发展中国家必须依靠产业结构的优化升级来改变在全球价值链中的被动局面。

Gereffi 指出,产业结构优化升级的模式往往先是从工艺流程开始,逐步向产品升级,再向功能升级,最后实现链条升级。Humphrey(2000)梳理了各升级模式的实践形式,具体请见表7.1。

表 7.1 价值链中产业结构升级模式的实践形式

升级模式	工艺流程升级	产品升级	功能升级	链条升级
实践形式	更新生产系统、引进先进技术,提高加工流程的效率	引进新产品、改进已有产品,提高产品竞争优势,向更高价值的生产线移动	重新组合价值链中的环节,提高经济活动的附加值;获得新的生产功能,抛弃过剩产能,增加产品的技术含量	从一条价值链跨越到一条新的、价值量高的价值链;企业把在一条产业链上获得的能力应用到另一条新的产业链中

资料来源:李博.产业结构优化升级的综合测评和动态监测研究[M].武汉:华中科技大学出版社,2013:55-58.

（二）产业结构高级化的影响因素

1.创新是产业结构高级化的动力源泉

创新是经济增长的动力源泉,在经济增长的过程中,收入水平不断提高,资本不断积累。由于不同产品的本质属性存在差异,不同产业的需求收入弹性及要素密集程度都会存在差异。因此,收入水平提高会导致需求结构的升级,从而带动产业结构高级化,而资本积累使得要素禀赋结构升级,依靠扩张资本密集型产业,也能够促进产业结构的高级化水平。

创新还能够通过其他机制作用于要素禀赋结构进而推动产业结构高级化。一是创新过程中技术和知识不断积累,二是通过创新提升生产要素的有机联系或创造新的生产要素等。

2.需求结构是产业结构高级化的重要外因

正如前文所述,产业结构是一个资源的转化系统,它通过获得各种投入要素在内部进行生产,再将各种产品向外输出到市场中,以满足不同市场的需求。因此,产业结构的变化必定会受到市场需求结构变化的影响。

消费需求、投资需求共同构成了市场需求的两个方面。作为社会最终需求,消费需求决定于消费者的收入水平,消费需求结构改变会被产业结构的变化所反映。根据恩格尔定律(Engel´s law)可知,恩格尔系数会随收入水平的提高而不断下降,消费需求结构将由以生活基本消费品为主转向以耐用消费品为主。根据前文所述的"配第-克拉克"定律,需求结构层次和产业分工体系将随着人均收入水平的上升而更加细化,使得利润在不同产业部门间的分配发生变化,导致初级简单生活产品的生产部门的资源流向高加工综合性产品生产部门。

同时,企业是市场经济中的主体,其根据市场需求不断的改变资源配置的方式,使得产业结构会随着不同产业部门所获得的投资变化而发生改变,导致新的产业结构的形成。

创新与需求结构升级会相互促进,有时可能是新产品的出现吸引了消费者,开拓了新的需求,有时则可能是旧的产品无法满足更高端的需求,因而促使企业进行产品创新,迎合消费者。总而言之,需求结构升级和创新活动的相互作用能够推动产品创新的步伐,而新产品、新产业的不断涌现又会推动新旧产业更替,不断提升产业高级化的水平。

3. 产业政策推动产业结构的高级化

政府所采取的产业政策是推动产业结构实现高级化的重要推动力量。进一步来说,在市场经济条件下,政府可以通过适当的扶持新兴产业,保护优势产业,淘汰落后产业,调整地区产业布局等产业政策,引导产业结构在高级化的过程中顺利实现优化升级,避免迂回曲折、走弯路,同时,有助于克服市场失灵,加速产业结构的高级化进程。

政府对产业的有效干预,可以指明国民经济中各产业部门未来的发展方向,重新配置生产资料,超前规划产业,推动本国(区域)产业加入全球化经济发展中,提升产业竞争力,缩短工业化完成所需要的时间,加快发展中国家追赶发达国家工业经济水平的脚步。

第四节　区域产业结构优化测度方法

一、产业结构优化测度面临的问题

如何对产业结构优化进行判断和测度,即怎样建立一套产业结构优化的检测体系,并对其实施长期监测和分析,是一个难题(李博,2013)。只有解决好这个难题,才能根据经济形势和环境因素的变化不断修正产业结构优化升级的阶段性目标;才能根据测度结果及时发现结构偏差,并运用政策手段将产业结构优化升级引导到正确的路径上;才能使人们准确的观察到产业结构的变动趋势,为相关产业研究提供数据支持。但是,现有的关于产业结构优化升级测度方法的研究大多存在明显的缺陷,尚没有被普遍认可的测度方法。

产业结构优化研究的核心问题,也是难点问题在于,测度产业结构的优化水平。目前,可以用于产业结构优化研究的模型主要有投入产出模型、经济计量模型、系统动力学模型以及多目标规划模型等;而具体的测度方法可以选择采用多元统计分析法、数据包络分析技术、灰色理论方法、协同学方法以及模糊综合评判技术等。在已有的测度我国产业结构优化水平的研究中,主要存在以下问题。

一是测度方法的选择取决于研究者对产业结构优化内涵的理解,但现实是尽管研究者将产业结构优化问题一致理解为合理化和高级化的过程,在具体测度时却往往集中于对产业结构高级化的测度,且指标选择比较单一,而对于产业结构合理化通常只是将一国(区域)产业结构与Chenery"标准结构"进行简单比较,使得研究结论大多经不起推敲。

二是国内研究者在借鉴国外学者研究成果的基础上提出了自己的产业结构优化的评价指标体系,但是,由于产业结构优化所涉及的影响因素复杂,造成了评价指标体系过于庞大、指标众多,容易出现地区指标间相关性与可比性问题。同时,指标过多带来了样本数据搜集上的困难,评价模型的可操作性大大降低。

基于对以上问题的考虑,笔者在已有研究的基础上,提出了用来测度京津冀区域产业一体化的结构优化水平的研究方法。

二、产业结构优化测度方法

(一)产业结构转换速度

本书运用产业结构变动系数(Moore 指数)来对产业结构转换速度进行测度,该指数细致、灵敏地反映了产业结构变化的过程与程度。Moore指数运用空间向量测定法,以向量空间中夹角为基础,并以夹角的余弦值来表示其大小。

通常,假设由 n 个国民经济产业部门组成了一组产出向量,将从 t 时期到 $t+1$ 时期产业结构变化程度采用这两个时期的向量夹角变化来表示,具体的计算方法为:

$$m_{t+1} = \sum_{i=1}^{n} \omega_{i,t+1} \cdot \omega_{i,t} / (\sqrt{\sum_{i=1}^{n} \omega_{i,t+1}^2} \cdot \sqrt{\sum_{i=1}^{n} \omega_{i,t}^2}) \qquad (7.4)$$

式中, m_{t+1} 表示第 $t+1$ 时期的产业 Moore 结构变化值; $\omega_{i,t+1}$ 表示在第 $t+1$ 时期 i 产业部门产出占总产出的比重, $\omega_{i,t}$ 表示在第 t 时期 i 产业部门产出占总产出的比重。从 t 时期到 $t+1$ 时期,任一产业部门产出占总产出比重的变化都会引起 Moore 结构值在计算中发生改变,使得累计值所对应的夹角 θ 发生变化,从而可以度量出两个时期地区产业结构转换情况。夹角 θ 的计算方法是:

$$\theta = arccos\, m_{t+1} \qquad (7.5)$$

当夹角 θ 的取值越大时,意味着两个时期产业结构的转换速度越快,现有的产业结构会更快的向合理化与高级化方向转换;反之亦反。

(二)产业结构的合理化水平测度

目前,国内学者对产业结构合理化水平测度所使用的研究方法主要有两类:一类方法是将现有产业结构与 Chenery 所提出的"标准结构"进行比较,如果现有产业结构与"标准结构"一致,则说明产业结构是合理的;如果与标准结构比较出现偏差,则说明产业结构是不合理的;另一类方法是基于 Leontief 的投入产出分析技术,通过建立国民经济产业部门之间的投入产出模型,分析其内部的经济联系是否合理,进而对国民经济产业结构的合理性进行评价。

本书认为,对于第一类评价方法来说,将现有产业结构与"标准结构"进行简单比较,其比较方法较为粗糙,而第二类方法虽然通过研究国民经济各产业部门间的投入产出关系评价产业结构的合理性,从理论上讲是恰当的,但在实际操作中往往会遇到投入产出数据搜集困难的问题,数据的时效性也较差。

为更加高效地测度产业结构合理化水平,可以转换思路,将某一特定的产业结构理解为一种资源的转化系统,它将各种生产资源要素投入生产系统中,再将各种产品向外输出到各级各类市场中,满足不同层次市场需求。因此,基于对产业结构的这样一种理解,产业结构的合理化测度可以从投入要素与产出水平的耦合性的角度去测度。假设,在国民经济生产中存在着 n 个产业部门,建立如下的结构偏离度测量公式:

$$\tau = \sum_{i=1}^{n} \left| \frac{Q_i/Q}{X_i/X} - 1 \right| \tag{7.6}$$

其中, τ 表示结构偏离度; Q_i 表示国民经济中的第 i 个产业部门的产出水平, Q 表示总产出水平; X_i 表示第 i 个产业部门在生产中所投入的生产要素, X 表示总的要素投入量。

进一步,投入结构表示为 X_i/X ,而产出结构表示为 Q_i/Q ,因此, τ 的取值就是对产业部门投入结构与产出结构耦合性的度量。可以发现,结构偏离度指标是一个逆指标,即当 $\tau = 0$ 时,表示产业结构中的投入结构与产出结构的耦合性最高,不存在任何结构偏离的问题,产业结构完全合理,当然,这一情况在现实中很少存在;而当 τ 的取值越大时,表示产业结构偏离越严重,也就越不合理。

当然,结构偏离度指标存在的一个缺陷是没有考虑国民经济中不同的产业部门对总产出的影响程度是不同的,因此,引入泰尔指数(Theil index)方法对结构偏离度模型进行修正:

$$Theil = \sum_{i=1}^{n} \left(\frac{Q_i}{Q} \right) ln \left(\frac{Q_i}{X_i} \Big/ \frac{Q}{X} \right) \tag{7.7}$$

式中,变量的含义与结构偏离度中的变量含义相同。与结构偏离度计算方法不同的是,泰尔结构偏离度指数考虑了不同产业部门的相对重要性,其计算结果更为合理。因此,本书在对京津冀区域产业结构合理化水平进行测度时选择使用泰尔结构偏离度指数进行测度。

(三)产业结构的高级化水平测度

本书从京津冀地区产业的高技术化水平、高加工度化水平、服务化水平以及能源消耗水平四个方面对产业结构高级化进行测度,各指标说明请见表7.2。

表7.2 产业结构高级化测度指标说明

评价指标	指标说明
高技术化指数	反映产业结构演变过程中的高技术化趋势
高加工度化指数	反映产业结构演变过程中的高加工化趋势
服务化指数	反映产业结构演变过程中产业服务化水平
能源功效指数	反映工业生产过程中能源消耗支撑的产出水平

资料来源:作者整理所得。

$$高技术化指数 = \frac{高技术制造业总产值}{制造业总产值}$$,该指标用来衡量地区产业结构的高技术化趋势。指标值越大,表示产业结构的技术化水平越高。一般情况下,产业结构的高技术化不仅应包括高技术产业产值比例上升,还应该包括高技术对传统产业的改造。但是,后者很难进行测度,而且在高技术对传统产业进行改造过程中,必定会衍生出对高技术产品的需求,也就是说,随着高技术与传统产业融合程度的加深,由其所带来的对高技术产品的需求不断增加,则会促使高技术产业的产值比例进一步上升。因此,产业结构高技术化的两个方面是高度相关的,其显性特征就是高技术产业产值比例的扩大。

$$高加工度化指数 = \frac{加工工业总产值}{原料工业总产值}$$,该指标体现了一个地区的加工工业的发展水平。一般情况下,该指标值越大,说明高加工度化程度越高。随着地区工业化水平的不断提升,加工工业所占比重与原料工业相比应趋于增大。

$$产业服务化指数 = \frac{第三产业增加值}{地区生产总值}$$,该指数衡量了产业结构的服务化水平,指数值越大表明产业的服务化水平越高。随着经济的发展,产业结构水平不断上升,由以低附加值产业为主逐步向以高附加值产业为主发展,产业结构的经济效益不断增大。而在产业结构不断升级的过程中,服务业的发展发挥了至关重要的作用,特别是生产性服务业的发展,很好地降低了生产过程中的劳动力流动、资本融通、技术交流等的交易成本,极大地提升了国民经济的运行质量。

$$产业能源功效指数 = \frac{工业生产总值}{工业终端能源消费量}$$,该指数衡量了产业结构的能源功效水平,指数值越大表明产业的能源功效水平越高。从指数的设计来看,由于工业是产业结构中的能源消耗重要领域,因此,该指标聚焦工业行业,通过计算单位工业终端能源消费量所支撑的工业生产总值的变化,来反映工业能耗效率的变化,其背后体现了工业企业技术和装备绿色化水平。

(四)产业结构优化水平的综合评价

本书采用多元统计分析中的因子分析方法,对地区产业结构优化水平进行综合评价。Spearman(1904)首次提出了因子分析方法。该方法是基于多元统计中的降维思想,通过减少变量的个数,以达到运用少数不相关变量获得原始变量中大部分信息的作用。因子分析的数学模型如下所示①:

假设,原始的 p 个变量为 $x_1, x_2, \cdots, x_p$,要寻找的 k 个因子($k < p$)为 $f_1, f_2, \cdots, f_k$,因子 f_i 和原始变量 x_i 的关系可表示为:

---

① 贾俊平.统计学(第4版)[M].北京:中国人民大学出版社,2012:261-264.

$$\begin{cases} x_1 = a_{11}f_1 + a_{12}f_2 + \cdots + a_{1k}f_k + \varepsilon_1 \\ x_2 = a_{21}f_1 + a_{22}f_2 + \cdots + a_{2k}f_k + \varepsilon_2 \\ \qquad\qquad\qquad \cdots\cdots \\ x_p = a_{p1}f_1 + a_{p2}f_2 + \cdots + a_{pk}f_k + \varepsilon_p \end{cases} \tag{7.8}$$

式中，a_{ij} 表示第 i 个变量 x_i 与第 j 个因子 f_j 之间的线性相关系数，反映了 x_i 与 f_j 之间的相关程度，也称为载荷。

一般情况下，因子分析法包括因子提取、旋转因子、计算因子得分并进行综合评价等过程。

1. 因子提取

因子提取指的是基于原始变量，从中提取出少数几个因子，其包含了原始变量中的大部分信息，从而达到变量降维的目的。因子提取的方法主要包括主成分法、加权最小平方法、不加权最小平方法、主轴因子法以及最大似然法等。依据因子方差的贡献率来决定因子的个数，通常情况下，当方差累计贡献率在80%以上时的因子个数即可，同时，因子所对应的特征根的值应大于1。

2. 因子旋转

因子旋转的目的是让因子的含义更加清晰，目前，主要的因子旋转方法包括了正交旋转、斜交旋转两种方法。正交旋转法指的是将坐标轴保持垂直旋转，以产生不相关的新的因子；而斜交旋转方法指的是坐标轴可以按任一夹角旋转，新的因子无法保证具有不相关性。因此，因子旋转主要使用的是正交旋转方法。

3. 因子得分

因子在各样本上的具体数值就是因子得分。依据以下的因子得分函数计算不同因子的得分，实际上因子得分是各变量的线性组合：

$$\begin{cases} f_1 = b_{11}x_1 + b_{12}x_2 + \cdots + b_{1p}x_p \\ f_2 = b_{21}x_1 + b_{22}x_2 + \cdots + b_{2p}x_p \\ \qquad\qquad \cdots\cdots \\ f_k = b_{k1}x_1 + b_{k2}x_2 + \cdots + b_{kp}x_p \end{cases} \qquad (7.9)$$

本书采用上述产业结构合理化与高级化的研究方法,测度京津冀区域产业一体化的结构优化水平,同时,对京津冀、长三角以及珠三角区域主要城市的产业结构优化水平进行综合评价。

第五节　京津冀区域产业结构优化测度研究

本书全面测度京津冀区域产业结构的优化水平,分别采用 Moore 指数法测度京津冀区域产业结构的转换速度;运用泰尔产业结构偏离指数测度产业结构的合理化水平;运用高技术化指数、高加工度化指数、服务化指数、能源功效指数测度产业结构的高级化水平;在产业结构合理化与高级化测度基础上,采用因子分析分析法对京津冀、长三角、珠三角区域主要城市的产业结构优化水平进行综合评价。

京津冀、长三角、珠三角地区是我国重要的三大经济区,因此,在研究京津冀区域产业一体化的结构优化水平的同时,也对长三角、珠三角经济区的产业结构优化水平进行测度。这样做的目的是,通过将京津冀区域与长三角、珠三角经济区产业结构水平进行比较,分析京津冀区域产业结构水平在三大区域中的相对位置,找到京津冀区域产业一体化的结构优化空间。

一、京津冀区域产业结构转换测度

在前文中已对 Moore 指数法做了详细介绍,在此不再赘述。Moore 指数值越大,说明产业结构的变化速度越快,旧产业结构向新型产业结构更替的转换越快,将会更早的实现产业结构的合理化与高级化。

通过计算 2010—2022 年京津冀三省市的 Moore 指数结果来看,北京的 Moore 指数均值为 0.6683,天津为 1.4731,河北省为 1.5288。从均值分析看,得益于京津冀协同发展和产业转移承接,河北省 Moore 指数均值水平最高,产业结构更新速度最快,天津次之,北京的产业结构转换速度最慢。具体数值请见表 7.3。

表 7.3　京津冀三省市产业结构 Moore 指数

年份	北京	天津	河北
2010	0.3378	1.8760	0.2713
2011	0.7822	1.7497	1.2824
2012	0.3612	0.7550	1.0195
2013	0.4936	1.6180	1.4548
2014	0.3613	1.0895	0.9947
2015	1.2601	2.3952	3.0252
2016	0.4402	3.6966	1.3974
2017	0.3289	1.5192	2.4515
2018	0.3192	0.5433	2.4433
2019	0.4141	1.0783	1.8564
2020	0.1594	0.1629	0.7302
2021	1.7485	2.3502	2.5320
2022	1.6814	0.3175	0.4155

资料来源:作者计算整理所得。

从 Moore 指数的变化趋势分析,北京的 Moore 指数变动呈现出波动上升的变化趋势,其指数值最高水平为 2021 年的 1.7485,最低值为 2020年的 0.1594。北京产业结构转换在 2010—2020 年始终处于波动之中,2020 年受疫情冲击影响,当年的 Moore 系数值为研究时期内最低值,疫情对产业结构转换影响比较显著,之后,产业结构进入快速调整期,使得北京本就较高的产业结构水平有了更快的提升。

天津的 Moore 指数变化与北京存在明显的区别,从均值看,天津在研究时期内的产业结构调整速度要快于北京。从时间序列变化来看,2010—2016 年,天津产业结构总体处于快速调整期,产业结构服务化趋势显著,但在 2017 年之后产业结构转换速度明显降低,特别是 2020 年受疫情影响产业结构转换速度达到最低值,仅为 0.1629,2021 年产业结构加速调整,但 2022 年又明显放缓。

河北省 Moore 指数均值在三省市中是最高的,反映出河北在研究时期内产业结构调整变化是最快的,这也意味着河北的产业结构正在加速升级优化。从不同阶段来看,2010—2019 年,河北的产业结构处于快速调整期,2015 年的 Moore 值为 3.0252,为研究时期内最大值,之后调整速度虽有下降,但仍然保持了较高变化速度,在三省市中处于领先;河北省在 2020 年同样受到了疫情显著冲击影响,产业结构转换速度放缓,2021年大幅回升后,在 2022 年又有所降低。从近三年的情况来看,受疫情冲击导致产业结构转换速度出现波动,此外,由于前期北京向河北疏解的产业很多已经完成,使得河北产业结构调整速度出现下降,河北也亟需与京津两市在产业合作方面寻求新的突破。

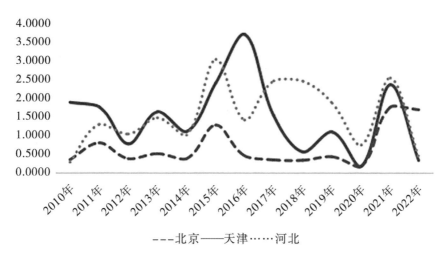

图 7.1　京津冀三省市产业结构 Moore 指数变化

京津冀区域产业 Moore 系数均值为 1. 3608,长三角为 1. 1771,珠三角①为 1. 1586。由均值可以发现,京津冀区域产业结构转换速度快于长三角和珠三角地区。进一步分析 Moore 系数的变化趋势,京津冀区域产业结构转换速度总体波动较大,2010—2017 年,产业结构调整速度波动上升,这主要是北京向津冀两省市产业转移对区域产业结构产生了显著影响所致,在此之后,产业结构调整速度呈现波动下降;从长三角来看,其产业结构调整速度的波幅明显比京津冀区域要更小,在 2010—2016 年,产业结构调整速度波动上升,之后呈波动下降,这一变化与京津冀区域产业结构调整速度变化基本一致;从珠三角来看,2010—2016 年产业结构处于快速调整期,波动性高于长三角,之后,产业结构调整速度呈现波动下降。总的来看,2010—2017 年这段时期,三大区域产业结构调整基本处于快速调整阶段,产业结构水平持续快速提升,之后,受近年来供给冲击叠加疫情延宕影响,三大区域产业结构调整步伐放缓。

表 7.4　三大区域产业一体化的结构 Moore 系数

年份	京津冀	长三角	珠三角
2010	0. 1824	0. 2139	0. 6632
2011	0. 4622	0. 3616	0. 7191
2012	0. 7651	1. 5692	1. 6228
2013	1. 3429	1. 7003	1. 3813
2014	1. 1048	1. 2158	0. 1994
2015	2. 6010	2. 2197	1. 7966
2016	1. 3320	2. 3243	2. 6142
2017	3. 5892	0. 6665	1. 5479
2018	0. 3631	0. 8990	0. 8745
2019	2. 3396	1. 5155	1. 3080

①　由于珠三角区域各地级市的数据无法完整得到,因此,在本章中对珠三角区域进行分析时均使用广东省的数据进行代替。

年份	京津冀	长三角	珠三角
2020	0.3305	0.8822	0.7344
2021	2.2953	1.2699	0.9618
2022	0.9824	0.4650	0.6386

资料来源：根据《中国统计年鉴》中的数据计算整理所得。

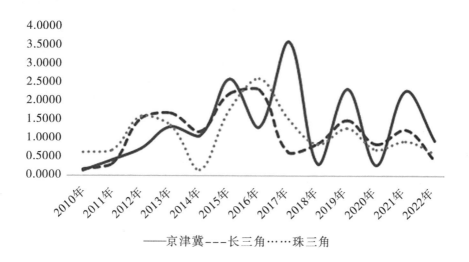

——京津冀———长三角……珠三角

图7.2 三大区域产业结构 Moore 系数变化

二、京津冀区域产业结构合理化测度

产业结构合理化测度是对要素投入结构和产出结构耦合程度的一种衡量，可以采用泰尔产业结构偏离度指数来测度。泰尔产业结构偏离度指数是一个逆指标，即指数值越小，表明要素投入结构与产出结构的耦合度越高，产业结构越合理。在实证分析中，本书选择各产业部门的就业人数作为投入要素，用不同产业的增加值来表示产出水平；采用国家统计局与各省市统计局公布的数据，对 2010—2021 年京津冀区域产业结构合理化水平进行了测度。

从计算结果来看，在研究时期内，北京产业结构合理化泰尔指数均值为 2.5942,天津为 3.8659,河北省为 10.4963。从均值水平分析,北京产业结构泰尔指数均值最小,说明其产业结构偏离程度最低,产业结构合理化水平最高;天津泰尔指数均值居第二位,河北省均值最高,产业偏离程度最大,合理化水平最低。从变化来看,2021 年三省市产业结构合理化水平相较 2010 年均有不同程度的提升,尽管河北省的产业结构合理化程度仍然不高,但在京津冀产业转移与协同发展之下,其产业结构合理化程度是变化上升最显著的。

表 7.5 京津冀三省市产业结构合理化泰尔指数

年份	北京	天津	河北
2010	3.7547	5.4230	14.4357
2011	3.2928	5.3263	14.4468
2012	3.1088	4.7760	12.9447
2013	2.6552	3.9808	11.6373
2014	2.5796	4.0999	11.6643
2015	2.5017	3.9401	12.1656
2016	2.7469	3.6071	11.2470
2017	2.6776	3.7902	10.6087
2018	2.5298	3.5677	9.0634
2019	2.4831	3.4849	8.4253
2020	1.3594	2.2169	4.4763
2021	1.4413	2.1780	4.8413

资料来源:根据国家统计局和各省市统计局公布的数据计算整理所得。

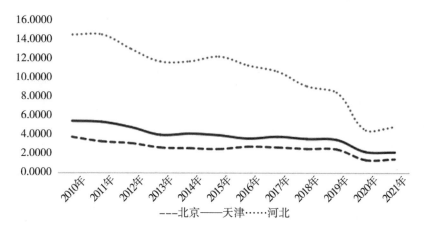

图 7.3 京津冀三省市产业结构合理化泰尔指数变化

从区域产业整体来看,京津冀区域产业结构合理化泰尔指数均值为11.6153,长三角为9.2337,珠三角为7.0973。京津冀区域相较长三角和珠三角地区,产业结构的合理化水平还有待提升。珠三角区域的产业结构合理化水平最高。从泰尔指数的变化趋势来看,三大区域的泰尔指数值均呈现下降的变化趋势,表明我国区域经济发展中的产业结构合理化水平在逐步上升。

表 7.6 三大区域产业一体化的结构合理化水平

年份	京津冀	长三角	珠三角
2010	16.0877	13.3907	14.4000
2011	15.4575	12.3640	11.8609
2012	14.1740	11.0767	10.1334
2013	13.4802	10.1723	8.9031
2014	13.3445	9.1668	7.6833
2015	13.4054	8.5625	6.7427
2016	12.0753	13.1535	5.7305

续表

年份	京津冀	长三角	珠三角
2017	10.6156	8.2098	5.3538
2018	9.6107	8.0401	4.5891
2019	8.5063	7.4873	3.8301
2020	6.4704	4.6812	2.9579
2021	6.1563	4.4999	2.9830

资料来源:作者计算整理所得。

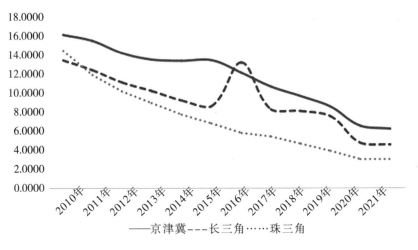

图7.4　三大区域产业结构合理化水平趋势变化

三、京津冀区域产业结构高级化测度

本书采用产业结构高技术化指数、高加工度化指数、服务化指数、绿色化指数,对京津冀区域产业结构的高级化水平进行测度,指标的具体计算方法请见前文,不再赘述。

(一)高技术化水平测度①

高技术化指数用来测度一国(地区)产业结构的技术化水平,指数值越大,说明产业结构中的技术水平越高;反之亦反。我们采用《中国高技术产业统计年鉴》《中国工业经济统计年鉴》《中国科技统计年鉴》以及wind 数据库中的相关数据计算了京津冀区域产业结构高技术化指数。

2010—2021 年,北京高技术化指数均值为 0.2667,是京津冀三省市中产业结构技术化平均水平最高的地区;天津为 0.1525,位居第二位;河北省为 0.0362,仅相当于北京市该指数均值的八分之一,产业技术化水平亟待提升。从指数的变化情况分析,2010—2021 年,津冀两地的指数一直保持平稳缓慢的增长趋势,其中,天津高技术化指数由 2010 年的0.1368 增长到 2021 年的 0.1669,而河北省的高技术化指数由 2010 年的0.0284 增长到 2021 年的 0.0458,可以发现,津冀两地的高技术化指数整体增长幅度较小。北京高技术化指数在 2017 年之前也与津冀地区的指数变动趋势相似,虽出现过下降趋势,但 2017 年之后,北京高技术化指数呈现快速上升的趋势,2021 年达 0.4887,指数水平与增长速度大幅领先津冀两地。

表 7.7　京津冀三省市产业结构高技术化指数

年份	北京	天津	河北
2010	0.2433	0.1368	0.0284
2011	0.2292	0.1293	0.0262
2012	0.2112	0.1492	0.0276

① 在《中国高技术产业统计年鉴 2012》之后的年鉴中,各地区高技术产业生产经营情况中不再统计总产值数据。因此,选择采用主营业务收入数据来替代总产值数据,同时,采用规模以上工业企业主营业务收入数据来替代工业总产值数据。在《中国高技术产业统计年鉴》中未公布 2017 年的各地区高技术产业生产经营情况数据,为了保证研究数据时间序列的连续性,利用《中国科技统计年鉴 2018》中的数据进行代替。

年份	北京	天津	河北
2013	0.2047	0.1567	0.0298
2014	0.2099	0.1509	0.0320
2015	0.2119	0.1514	0.0374
2016	0.2182	0.1453	0.0388
2017	0.1988	0.1538	0.0379
2018	0.2479	0.1473	0.0407
2019	0.3500	0.1662	0.0440
2020	0.3870	0.1756	0.0452
2021	0.4887	0.1669	0.0458

资料来源：根据《中国高技术产业统计年鉴》《中国工业经济统计年鉴》《中国科技统计年鉴》以及 wind 数据库中的相关数据计算整理所得。

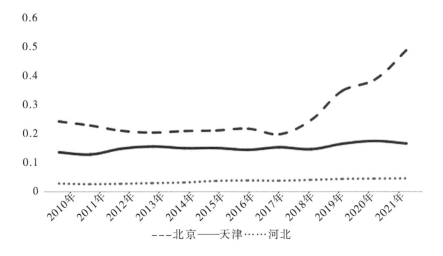

图7.5　京津冀三省市产业结构高技术化指数变化

进一步测算我国三大区域的产业结构高技术化水平。结果显示,珠三角区域产业的高技术化指数均值为 0.2910,该区域是三大区域中产业结构技术化平均水平最高的地区;长三角区域为 0.1589,京津冀区域为 0.1215,两区域的产业结构技术化水平较为接近,但同时,也都落后于珠三角区域的技术化水平。从指数变化趋势来看,三大区域产业高技术化指数总体保持上升趋势,其中,珠三角区域的高技术化指数由 2010 年的 0.2441 增长到 2021 年的 0.3341,长三角与京津冀区域的高技术化指数则分别由 2010 年的 0.1413 和 0.1057 变动到 2021 年的 0.1863 和 0.1791。2017 年,珠三角地区的高技术化指数虽出现了一定幅度下降,但无论是从指数水平都增长速度来看,珠三角区域产业结构技术化水平都高于长三角与京津冀地区。

表 7.8　三大区域产业一体化的高技术化指数

年份	京津冀	长三角	珠三角
2010	0.1057	0.1413	0.2441
2011	0.0941	0.1399	0.2449
2012	0.0986	0.1473	0.2670
2013	0.1026	0.1438	0.2620
2014	0.1043	0.1453	0.2627
2015	0.1074	0.1555	0.2795
2016	0.1066	0.1581	0.2924
2017	0.1334	0.1609	0.2603
2018	0.1217	0.1650	0.3447
2019	0.1472	0.1731	0.3417
2020	0.1568	0.1902	0.3580
2021	0.1791	0.1863	0.3341

资料来源:作者计算整理所得。

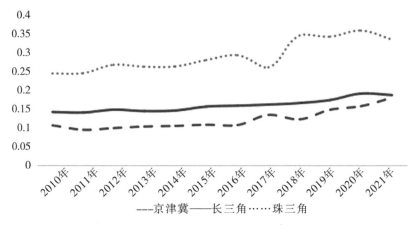

图 7.6　三大区域产业高技术化指数变化

(二)高加工度化水平测度

高加工度化指数反映了地区加工工业的发展水平。该指数值越高,表明地区加工工业越发达,产业结构水平越高。

高加工度化指数是加工工业产值(增加值)与原料工业产值(增加值)的比值,计算中涉及对地区加工工业和原料工业产值的统计数据。近年来,由于我国统计年鉴中没有公布加工工业和原料工业的相关数据,本书根据现有数据的实际情况,对国家统计局公布的加工工业和原料工业的分类进行调整,定义了加工工业和原料工业各自所包含的行业大类,具体分类情况请见表7.9。

表 7.9　加工工业和原料工业的行业分类情况

原料工业	加工工业
石油加工、炼焦及核燃料加工业	医药制造业
化学原料及化学制品制造业	金属制品业
化学纤维制造业	通用设备制造业
橡胶制品业	专用设备制造业
塑料制品业	交通运输设备制造业

原料工业	加工工业
非金属矿物制品业	电气机械及器材制造业
黑色金属冶炼及压延加工业	通信设备、计算机及其他电子设备制造业
有色金属冶炼及压延加工业	仪器仪表及文化办公用机械制造业

资料来源:作者整理所得。

按照表 7.9 的分类,计算 2010—2021 年京津冀三省市高加工度化指数,结果显示,北京高加工度化指数均值为 5.9470,天津为 1.2172,河北省为 0.5182。北京高加工度化指数均值远高于津冀两省市,说明其加工工业的平均发展水平要高于津冀地区,这主要是由于津冀两省市的原料加工工业较为发达,特别是河北省作为资源大省,原料工业发展程度远高于加工工业,从高加工度化的角度来说,其结构水平就低于京津两市。根据指数值的变化趋势来看,2010 年以来,北京高加工度化指数持续上升,由 3.1745 增长到 8.5673,近乎翻了一倍之多。相较于北京高加工度化指数的高速增长,天津与河北省高加工度化指数变化比较平稳,产业结构逐步向更高级化方向发展。

表 7.10 京津冀三省市产业高加工度化指数

年份	北京	天津	河北
2010	3.1745	1.1666	0.4426
2011	3.5132	1.0658	0.4423
2012	4.1456	1.0532	0.4579
2013	4.3167	1.0908	0.4932
2014	4.7699	1.1201	0.5880
2015	5.6576	1.1975	0.6036
2016	6.9742	1.3449	0.6847

年份	北京	天津	河北
2017	6.8931	1.2644	0.5134
2018	7.1462	1.2168	0.5046
2019	7.4826	1.2970	0.4932
2020	8.7234	1.4921	0.5095
2021	8.5673	1.2973	0.4849

资料来源:作者计算整理所得。

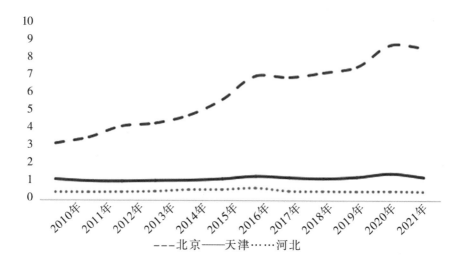

图 7.7　京津冀三省市产业高加工度化指数变化

　　进一步,从三大区域产业一体化的高加工度化指数平均水平来看,京津冀区域指数均值为 1.0653,长三角为 1.6453,珠三角为 2.7413,珠三角区域的指数均值水平远高于京津冀和长三角地区,表明其加工工业在三大区域中发展势头最好;而京津冀区域加工工业占比较低,主要是河北省以原料工业为主的工业结构造成区域整体产业结构高加工度化水平不高。从指数变化趋势来看,近年来,三大区域的高加工度化指数均呈现出了波动增长的趋势,特别是三大区域 2021 年的产业高加工度化指数较前一年,均有不同程度下降,反映出区域加工工业增长动力欠佳。此外,在研究时期内,珠三角区域高加工度化水平始终处于领先,其次是长三角,京津冀位居第三位。

表 7.11　三大区域产业一体化的高加工度化指数

年份	京津冀	长三角	珠三角
2010	0.8953	1.6554	2.3981
2011	0.8372	1.4262	2.4678
2012	0.9631	1.4771	2.4907
2013	1.0129	1.5124	2.4673
2014	1.0427	1.5393	2.4381
2015	1.0936	1.6917	2.6294
2016	1.2246	1.7150	2.8621
2017	1.2057	1.6814	2.8439
2018	1.1532	1.6903	2.8987
2019	1.1033	1.6704	3.0771
2020	1.1609	1.8833	3.3564
2021	1.0911	1.8014	2.9654

资料来源:作者计算整理所得。

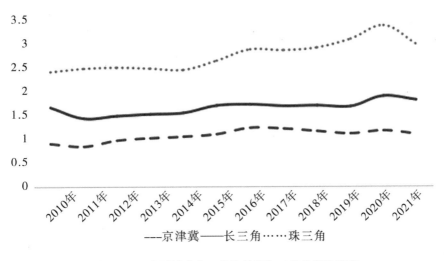

---京津冀——长三角……珠三角

图 7.8　三大区域产业一体化的高加工度化指数变化

（三）服务化水平测度

2010—2021 年,北京产业结构服务化指数均值为 0.8111,是京津冀三省市中最高的;其次是天津,其均值为 0.5796;河北省的产业服务化水平最低,均值仅为 0.4519。可见,京津冀区域内部产业服务化水平仍存在较大差距。进一步,从研究时期内的指数变化趋势来看,京津冀三省市产业服务化指数总体呈现出上升趋势,但在 2021 年,三省市的服务化指数均出现了降低。从服务化水平来看,与京津两市相比,河北省产业结构的服务化水平还有待提高。

表 7.12　京津冀三省市产业服务化指数

年份	北京	天津	河北
2010	0.7757	0.5035	0.3921
2011	0.7849	0.5196	0.3931
2012	0.7895	0.5265	0.4006
2013	0.7952	0.5413	0.4097
2014	0.7997	0.5513	0.4192
2015	0.8160	0.5724	0.4462
2016	0.8227	0.6047	0.4586
2017	0.8269	0.6198	0.4808
2018	0.8309	0.6250	0.5001
2019	0.8369	0.6348	0.5165
2020	0.8373	0.6343	0.5100
2021	0.8173	0.6214	0.4954

资料来源:根据《中国统计年鉴》中的数据计算整理所得。

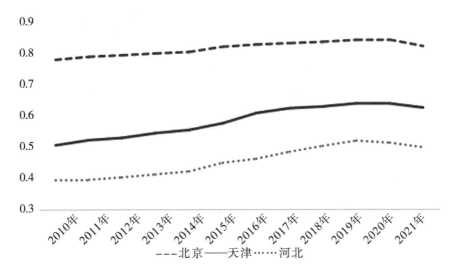

图 7.9　京津冀三省市产业服务化指数变化

进一步计算三大区域产业一体化的结构服务化指数,2010—2021年,京津冀区域该指数均值为 0. 6164,长三角为 0. 5097,珠三角为0. 5079,区域之间的产业结构服务化水平差异不大。通过比较发现,京津冀区域产业服务化水平是最高的,但通过前文的分析可以知道,京津冀区域内部的产业结构服务化水平差距较大,区域产业服务化水平高的原因在于北京产业服务化水平非常高,从而带动了区域产业服务化水平整体提升。从指数变化来看,2010—2020 年,三大区域服务化指数总体呈上升趋势,但在 2021 年,疫情对服务业发展产生冲击影响,三大区域服务化指数均出现小幅下降。总的来看,长三角与珠三角地区的产业服务化水平相近,且都落后于京津冀区域。

表 7. 13　三大区域产业一体化的服务化指数

年份	京津冀	长三角	珠三角
2010	0. 5555	0. 4468	0. 4572
2011	0. 5593	0. 4497	0. 4501
2012	0. 5675	0. 4628	0. 4529

年份	京津冀	长三角	珠三角
2013	0.5806	0.4728	0.4647
2014	0.5915	0.4890	0.4899
2015	0.6160	0.5078	0.5061
2016	0.6306	0.5286	0.5201
2017	0.6463	0.5358	0.5360
2018	0.6600	0.5446	0.5423
2019	0.6706	0.5576	0.5551
2020	0.6671	0.5646	0.5646
2021	0.6517	0.5565	0.5560

资料来源:作者计算整理所得。

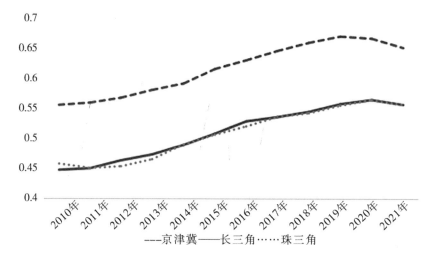

图 7.10 三大区域产业一体化的服务化指数变化

（四）能源功效水平测度

产业结构的高技术化、高加工度化与服务化只有在以能源功效水平不断提升的绿色化的前提下，才能实现产业结构的可持续高级化发展，才能有利于推动实现经济社会发展的"碳达峰、碳中和"目标。计算发现，2010—2021年，京津冀三省市中产业能源功效指数均值从高到低依次为北京、天津、河北省，能源功效指数均值分别为2.4635、0.7442、0.4231，区域内部产业结构能耗功效水平存在较为明显差异，这与三省市各自的产业结构发展模式紧密相关。津冀两省市在高技术产业、战略性新兴产业等的发展规模上与北京市存在差距，而这些产业恰恰是在技术推动下的低能源产业，传统产业占比过高使得津冀地区的能源功效水平不高。因此，京津冀区域产业在提升产业能源功效、推动绿色化发展方面还存在较大协同空间，这需要三地保持紧密的产业交流合作与技术共享。

表7.14　京津冀三省市产业能源功效指数

年份	北京	天津	河北
2010	1.1167	0.6278	0.3675
2011	1.3891	0.6255	0.3924
2012	1.5458	0.6459	0.4097
2013	2.0365	0.6295	0.4007
2014	2.2634	0.7121	0.4127
2015	2.3169	0.6948	0.4090
2016	2.5858	0.7085	0.4575
2017	2.8007	0.7858	0.4663
2018	2.9953	0.8459	0.3861
2019	2.9814	0.8210	0.4155
2020	3.1972	0.8104	0.4215
2021	4.3335	1.0227	0.5384

资料来源：根据地方统计年鉴中的数据计算整理所得。

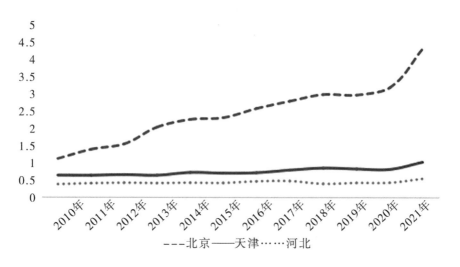

图 7.11　京津冀三省市产业能源功效指数变化

　　进一步,对 2010—2021 年三大区域的产业能源功效水平进行了测算,其中,京津冀地区产业能源功效指数均值为 0.5717,长三角为 2.9616,珠三角为 1.7844,区域之间的能源效率水平同样存在明显差异。对比发现,长三角与珠三角区域产业能源功效水平明显高于京津冀地区,除了这两大经济区优越的地理位置与气候条件等影响因素之外,与长三角、珠三角地区近些年在统筹协调产业功能布局、构建绿色创新产业体系等方面所作出的努力有较大关联,而京津冀地区产业结构较为传统、区域协调机制尚待完善,产业绿色化转型步伐较慢,产业能源功效偏低。从能源功效指数的变动趋势来看,三大区域该指数整体呈现波动向好的变化,但需注意,自 2018 年以来长三角该指数有所下降,应避免这种短期降低成为趋势,需要密切关注区域产业结构和行业变化。

表 7.15 三大区域产业一体化的能源功效指数

年份	京津冀	长三角	珠三角
2010	0.4749	2.2476	1.2702
2011	0.4991	2.5839	1.3929
2012	0.5247	2.6709	1.4469
2013	0.5267	2.6806	1.5988
2014	0.5572	2.8167	1.6993
2015	0.5492	2.9320	1.7950
2016	0.6007	2.9689	1.8455
2017	0.6275	3.1792	1.9479
2018	0.5568	3.4836	2.0215
2019	0.5866	3.3854	2.1068
2020	0.5893	3.3004	2.0651
2021	0.7672	3.2894	2.2232

资料来源:作者计算整理所得。

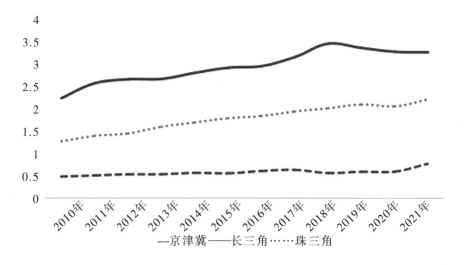

图 7.12 三大区域产业一体化的能源功效指数变化

四、京津冀区域产业结构优化水平的综合评价

产业结构优化水平包括了产业结构的合理化和高级化两部分,在前文中,运用产业结构合理化泰尔指数对京津冀区域产业合理化水平进行了测度,同时,运用产业高技术化指数、高加工度化指数、服务化指数以及能源功效指数对产业结构高级化水平进行了测度。进一步对2019年以来的京津冀产业结构优化水平进行综合评价。

采用前文中介绍的因子分析方法,对京津冀、长三角、珠三角区域内的八个省市产业结构水平进行评价,具体评价结果请见表7.16至表7.18。结果显示,在八个省市中,北京产业结构优化水平是最高的,始终处于评价期内的第一位;天津产业结构优化水平处于中游位置,在评价期内始终排名第五位;而河北省产业结构优化水平在各省市中排名末尾。

北京、上海、广东产业结构优化水平始终处于前列,与其经济高质量发展格局相符,三省市产业结构水平处于全国领先地位;而长三角区域内的江苏、浙江产业结构优化水平处于波动中,2021年江苏产业结构优化水平有所降低,浙江的产业结构优化水平则有所上升,天津的产业结构优化水平与江浙接近;安徽、河北的产业结构优化水平与三大区域其他省市存在着发展差距,反映出在京津冀、长三角区域内部产业优化依旧存在着较大空间,促进河北、安徽产业结构升级是实现京津冀、长三角区域产业优化的关键。

表 7.16　2021 年产业结构优化水平综合评价

地区	F_1	F_2	综合得分	排名
北京	2.1789	0.2134	1.6089	1
天津	−0.3848	0.3952	−0.1586	5
河北	−1.1633	−0.0938	−0.8531	8
上海	0.2143	0.3699	0.2594	2
江苏	0.0801	−1.7741	−0.4576	6

地区	F_1	F_2	综合得分	排名
浙江	-0.3800	1.7636	0.2417	3
安徽	-0.7231	-0.5178	-0.6635	7
广东	0.1778	-0.3562	0.0229	4

资料来源:作者计算整理所得。

表 7.17　2020 年产业结构优化水平综合评价

地区	F_1	F_2	综合得分	排名
北京	2.0958	-0.1887	1.3648	1
天津	-0.2621	-0.4970	-0.3373	5
河北	-1.2397	-0.2665	-0.9283	8
上海	0.3194	-0.2934	0.1233	4
江苏	-0.1304	1.9627	0.5394	2
浙江	-0.2449	-1.5332	-0.6572	7
安徽	-0.8513	0.2976	-0.4836	6
广东	0.3133	0.5184	0.3789	3

资料来源:作者计算整理所得。

表 7.18　2019 年产业结构优化水平综合评价

地区	F_1	F_2	综合得分	排名
北京	2.0266	-0.0843	1.3300	1
天津	-0.2912	-0.4379	-0.3396	5
河北	-1.2398	-0.1714	-0.8872	8
上海	0.4540	-0.7448	0.0584	4
江苏	-0.0976	1.9360	0.5735	2
浙江	-0.3437	-1.4237	-0.7001	7
安徽	-0.8898	0.3811	-0.4704	6
广东	0.3815	0.5449	0.4354	3

资料来源:作者计算整理所得。

第八章 京津冀区域产业一体化的技术效率测度

随着区域产业一体化不断发展,生产要素配置更加科学,人才、资金流动更加便利,新的生产技术在区域内传播得更加迅速,这些都会对原有的产业技术效率水平产生影响。本书采用基于数据包络分析方法的规模报酬可变的 BCC 模型测度了京津冀三省市以及区域的产业技术效率,在此基础上,运用动态技术效率测度方法研究了近年来京津冀区域产业技术效率的变化情况。

第一节 效率的经济学内涵与测度方法

经济学中对"效率"问题的研究已十分深入,从古典经济学理论到新古典经济学理论,再到新增长理论都对效率的内涵有不同的解读。

Debreau(1951)、Koopmans(1951)、Farell(1957)等在最早提出效率测度方法的同时给出了效率的定义。他们认为,从要素投入的角度来说,效率就是产出水平一定时要素投入最少,从产出角度来说,效率就是要素投入一定时产出水平最大。之后,新古典经济学的代表人物 Samuelson 也提出了效率的定义,他认为,效率的实质是指以最少的投入获得最大的效用,它反映了一种生产过程中的投入与产出的数量关系,效率强调的是有效地利用稀缺资源,不允许存在浪费资源的情况。

效率的重要意义很早就被西方古典经济理论认识到,但是,古典经济理论主要强调了资本生产率和劳动生产率,即资本、劳动等单要素生产效率的重要性。新古典经济理论认为,效率指的是对资源的合理配置,即如何对稀缺资源进行配置以发挥其最大效用,研究的是生产要素投入的方向问题。新经济增长理论的效率是一个边际含义,提出了边际生产率的概念,将生产率划分为单要素和全要素生产率,二者统称为生产率,与效率或生产效率的概念范畴相比要小,突出其动态性与复合性的特点。

一方面,效率强调了对资源的优化配置,将任何一种稀缺资源都有效、合理的进行配置,以发挥其最大效用,人们习惯于将这种效率称为经济效率,或帕累托效率;另一方面,效率是指如何尽可能地减少浪费,即在投入要素既定的情况下产出最大,人们称这种效率为生产效率,其主要依赖生产技术的提升、管理方法的改进等方式来实现的,是一个组织效率的概念。

一、帕累托效率内涵

沿着新古典经济学对效率内涵的分析路径,其最具有影响力的是帕累托效率理论。帕累托效率(Pareto Efficiency),又称为帕累托最优(Pareto Optimality),是指资源配置所实现的一种状态:在资源有限的条件下,不存在任一改变资源配置的方案可以在不使其他人处境变得糟糕的条件下使一个人的处境得到改善。与帕累托最优概念相对应的是帕累托改进(Pareto Improvement),其含义是存在着这样一种资源重新配置的方案,可以在不改变其他人处境的情况下使一个人的处境变得更好。

可以用下图的效用曲线来形象描述帕累托最优的概念。

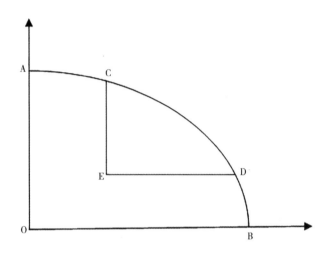

图 8.1　帕累托最优

图 8.1 中,曲线 AB 代表边界效用曲线,C、D 为曲线 AB 上的两个点,分别代表了两种不同的帕累托效率状态。E 点位于边界效用曲线内部,很明显,E 点所代表的状态并非帕累托最优状态,还存在帕累托改进的空间。由帕累托改进的定义可知,E 点状态通过帕累托改进仅能实现曲线 CD 之间的任一帕累托最优状态,而曲线 AC 和 BD 段的帕累托效率是 E 点所不能达到的。由此可见,帕累托改进的路径存在很大的局限性。

Kaldor(1939)对帕累托效率标准进行了改进,在《经济学的福利主张与个人之间的效用比较》一文中提到了卡尔多－希克斯效率(Kaldor－Hicks efficiency):以总财富最大化为标准,只要能使社会财富总效应增大的方案就可称为有效的改进方案,而不考虑其中任何人损失与否。显而易见,该效率标准存在一个补偿问题,即现实中的受益者对利益受损者的补偿问题。虽然科斯定理(Coase theorem)为该补偿问题提供了一个界定财产权的理论方法,但其在现实中的很多方面都很难实现。

二、生产效率内涵

新古典经济学对效率内涵认识的第二个方面就是生产效率。帕累托效率仅给出了效率标准的参考系,却无法进一步量化具体的效率值,而生产效率是可以通过投入产出方法进行分解和计算的。

确定生产前沿面是采用投入产出方法测度效率值的关键步骤,该方法最早是由 Farell(1957)提出的,基于投入产出表数据来刻画生产前沿面,全部的产出数据样本点都位于生产前沿面之内,而全部的投入数据样本点都位于生产前沿面之外,因此,每一组投入产出样本数据与生产前沿面的距离就表示为该点的效率值。生产前沿方法主要用于对产业技术率、资源利用效率等问题进行评价。

进一步,可以将效率分为技术效率和配置效率。技术效率是指在一定的投入水平条件下,产业(企业)具有的最大产出能力;配置效率反映了产业(企业)对投入的各种资源要素(资本、劳动力等)进行合理分配的能力。产业(企业)的生产效率是由技术效率水平和配置效率水平共同决定的。此后,生产前沿面方法在效率测度问题研究中得到了广泛的应用,其测度思想如图 8.2 所示。

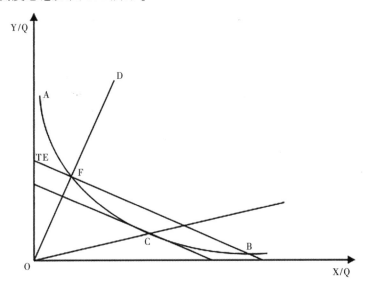

图8.2 技术效率与配置效率

在固定规模报酬收益的假设前提下,以 X、Y 两种投入要素生产单一产出 Q 的例子阐述其思想。图 8.2 中曲线 AB 所代表的方程即为生产前沿函数。在当前技术条件下无法实现的投入产出点均在曲线 AB 的左侧,而无效率的投入产出点均在曲线 AB 的右侧。给定投入要素价格信息,令 TE 代表一组预算约束线。对于任意给定的一个产业以 D 点所表示的投入量来生产一个单位产出,那么该产业的投入产出情况显然是非效率的。根据西方经济学的思想,C 点是最有效率的点,点 C 的成本为 OC。由此可见,D 点的缺乏效率可以分为两部分:技术非效率和配置非效率。

D 点的技术非效率可用 DF 段来表示,即可以利用现有的最佳技术改进管理水平等方法,在不减少产出量的情况下减少投入量,FD/OD 即表示生产投入需减少的比例。根据技术效率的定义,TE = OF/OD 即表示该产业的技术效率水平。显然,技术效率值域为 $TE \in [0,1]$,反映产业技术效率的程度。若 TE = 1,则说明产业具有完全的技术效率,投入产出点在生产前沿曲线 AB 上。图中的 F 点也位于曲线 AB 上,但其预算约束线并没有与曲线 AB 相切,而是与曲线相交,因此,F 点并非生产的最小成本点。该组预算约束线与等产量曲线相切于 C 点,故 D 点的配置效率可表示为:AE = OC/OD。

以上所述的技术效率和配置效率都处于规模报酬不变的假设前提下,然而在现实生产中,企业生产的规模报酬是可变的,并且其运作规模有可能不是最优的,会处于规模报酬递减或递增的生产阶段。在这种情况下,产业效率可以通过改变企业的生产规模来得到改善。

图 8.3 中,以投入要素 X 和产出水平 Y 来解释规模报酬效率。规模报酬不变条件下的生产前沿函数用 CRS 曲线来表示,规模报酬可变条件下的生产前沿函数则用 VRS 曲线来表示。当实际生产点为 D 点时,其所处的生产情况是非效率的,技术效率值 TE = AB/AD(在规模报酬不变情况下)。为了进一步衡量生产的规模效率,假设生产的规模报酬可变,这时生产前沿面变为 VRS 曲线,则 D 点的技术效率值为 TE = AC/AD。学

者们把这种规模报酬可变情况下的技术效率称为纯技术效率(Pure Technical Efficiency,PTE),即 PTE＝AC/AD;将规模效率(Scale efficiency,SE)定义为技术效率与纯技术效率之比,即 SE＝TE/PTE。可见,规模报酬不变条件下的生产前沿面与规模报酬可变条件下的生产前沿面之间的距离即为规模效率水平。在规模报酬不变条件下的生产前沿曲线上的点表示产业的规模效率为1,此时是规模有效;当规模效率小于1时,则为规模效率无效。

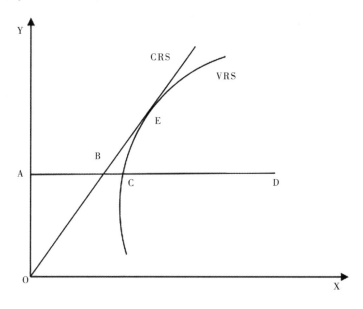

图 8.3　规模效率

三、全要素生产率、技术进步与技术效率内涵

如前文所述,新经济增长理论的效率是一个边际含义,提出了边际生产率的概念,将生产率划分为单要素和全要素生产率(Total Factor Productivity,TFP),二者统称为生产率,与效率或生产效率的概念范畴相比要小,突出其动态性与复合性的特点。其中,生产效率研究的一个重要方面就是对全要素生产率水平进行测度。与以往传统生产率研究偏重对影

响产出增长的单要素生产率(资本生产率、劳动生产率)研究不同的是,对全要素生产率的研究是将其他影响因素综合考虑起来,将影响产出增长的影响要素进一步拓展到其他要素中,以此,可以对影响产出增长的要素进行全面衡量,考察究竟是哪一种要素诱发了生产率的提升。一般来说,生产率指的就是全要素生产率,它的经济学含义是:全要素生产率的大小上决定于全部投入和产出要素,它代表了规模经济、技术进步、管理水平和产业政策等因素对生产水平的影响,体现了内涵式的扩大再生产而非简单、粗放式的扩大生产。

产出水平的提升路径主要有两条,一条是通过加大投入要素的总量,另一条是提升投入要素的使用效率,这里所指的使用效率的提升就是指提高全要素生产率水平。从一定意义上来说,全要素生产率就是投入要素的综合利用效率,全要素生产率水平越高,代表投入要素的综合利用效率越高,反之亦反。

Nishimizu 和 Page(1982)将全要素生产率进一步划分为技术效率变化与技术进步两个部分,并把技术效率分析率先引入经济增长的分析。在此前的研究中,不论生产率是上升还是下降,都将原因归结为由技术进步引起,而忽略了生产过程中技术效率的变化,而技术效率变化和技术进步具有明显不同的产业发展内涵①。

全要素生产率的计算方法是产出的增长率减去资本投入要素增长率加权值和劳动力要素增长率加权值,是核算经济增长中的"余值"概念。Solow(1951)最先运用增长核算法(growth accounting)分析了经济增长中各投入要素的影响作用。在索洛模型(Solow Model)中,他把增加劳动力要素投入、扩大资本积累和诱发技术进步视为促进经济增长的三大因素。根据 Solow 的核算方法,技术进步对经济增长的影响程度指的是产出增长中去掉资本和劳动要素引发的增长后余下的未被解释的部分。

Solow 开创性地对全要素生产率和总量生产函数进行了系统性的理

① 刘伟.高新技术产业技术创新效率研究[M].北京:科学出版社,2014:12-18.

论研究,因此,人们将索洛模型中的技术进步影响称为索洛余值(Solow residual),其模型如下所示:

$$\frac{\Delta Q}{Q} = S_L \frac{\Delta L}{L} + S_K \frac{\Delta K}{K} + \frac{\Delta T}{T} \qquad (8.1)$$

式中,产出的增长率等于以下三项之和:一是生产过程中投入劳动力要素的增长率 $\frac{\Delta L}{L}$ 乘以在产出中劳动的产出份额 S_L ;二是在生产过程中投入资本要素的增长率 $\frac{\Delta K}{K}$ 乘以在产出中资本的产出份额 S_K ;三是技术进步影响 $\frac{\Delta T}{T}$ 。

索洛模型存在的一个缺陷是,将技术进步对经济增长的影响程度定义为产出增长中去掉资本和劳动要素引发的增长后余下的未被解释的部分,这在很大程度上忽略了技术效率变化对经济增长的影响。因此,在全要素生产率分析中,将技术效率变化因素从索洛模型的技术进步影响中分离出来,单独进行考察,是非常重要的。在一般情况下,产业(企业)的技术进步通常往往与产业(企业)的生产技术革新、新的技术引进相关,而技术效率总是与产业(企业)的经营管理、产业的发展规划有关。考虑下述三种情况,将技术效率变化从索洛模型中分离出来。

首先,假设在生产时期内并未出现技术进步的情形。那么,索洛模型中的 $\frac{\Delta T}{T}$ 所表示的技术进步影响实质上指的就是技术效率变化的影响,其经济学含义是生产过程中生产率提升的技术要素全部通过技术效率变化来发挥作用。

接下来,假设在生产过程中出现了生产技术进步,且技术效率与技术进步相互独立。此时,技术进步因素的贡献是 $\frac{\Delta T_i}{T}$,技术效率的贡献是

$\dfrac{\Delta T_e}{T}$,那么索洛余值可以表示为:

$$\frac{\Delta Q}{Q} = S_L \frac{\Delta L}{L} + S_K \frac{\Delta K}{K} + \frac{\Delta T_i}{T} + \frac{\Delta T_e}{T} \qquad (8.2)$$

最后,假设在生产过程中出现了技术进步,但与上述情况不同的是,技术效率与技术进步是非独立的,在一定程度上,生产技术效率水平受技术进步的影响,因此,可以将技术效率的变化分解为:

$$\frac{\Delta T_e}{T} = \frac{\Delta T_e^1}{T} + \frac{\Delta T_e^2}{T} \qquad (8.3)$$

其中, $\dfrac{\Delta T_e^1}{T}$ 是技术效率中不随技术进步变化的部分, $\dfrac{\Delta T_e^2}{T}$ 是技术效率中因技术进步影响而发生改变的部分,表示为:

$$\frac{\Delta T_e^2}{T} = f(\frac{\Delta T_i}{T}) \qquad (8.4)$$

此时,索洛余值表达式为:

$$\frac{\Delta Q}{Q} = S_L \frac{\Delta L}{L} + S_K \frac{\Delta K}{K} + \frac{\Delta T_i}{T} + \frac{\Delta T_e^1}{T} + f(\frac{\Delta T_i}{T}) \qquad (8.5)$$

将生产技术效率变化从索洛模型技术进步影响中分离出来,使得对全要素生产率的分析更加深入,从中可以获取到更多的产业技术信息。在原有索洛模型的基础上把全要素生产率划分为技术效率和技术进步两部分:一是由于投入要素的原因使得产出水平提升引起全要素生产率的提高,可以将其归因于生产要素中包含的技术进步因素促使生产率得到提升,是技术进步作用的结果;二是产出水平上升并不是因为投入要素的变化,但体现出了与技术进步一样的效果,那么,可以将这类生产率水平的提升归因为技术效率的变化,它主要受到经济体制、组织管理、劳动力素质等因素影响。

第二节　产业技术效率测度方法

在现有的测度比较静态技术效率的文献中,主要运用参数形式的随机前沿方法和非参数形式的数据包络分析方法对技术效率进行测度研究。

一、随机前沿分析方法(SFA)

参数形式的随机前沿分析方法(Stochastic Frontier Analysis,SFA)常采用随机前沿生产函数(成本函数)建立计量模型,模型参数和技术效率值都采用计量方法进行估计,其考虑了随机因素的影响,但生产函数的设定具有较强的主观性,如果设定的生产函数与现实存在较大偏差,则测度结果便会出现错误。

对生产函数的选取是该分析方法的关键所在,可选择的生产函数主要包括柯布道格拉斯生产函数、超越对数生产函数等。参数方法的发展经历了确定前沿模型与随机前沿模型的两个发展阶段。在确定型前沿模型分析中,对前沿生产函数的求解是在不考虑随机因素影响的条件下进行的,Aigner(1968)采用了这种方法,并考虑了柯布–道格拉斯生产前沿面,模型的形式如下:

$$lnq_i = x_i'\beta - \mu_i , i = 1,2,3,\cdots,n \qquad (8.6)$$

模型中，q_i 表示第 i 个产出的决策单元；x_i' 表示第 i 个决策单元对应的投入要素的对数值；β 表示待估系数向量；μ_i 表示与第 i 个决策单元技术效率无关的非负随机变量。

在这个模型中，可以采用若干种方法来估计未知参数：Aigner(1968) 利用线性规划方法；Afriat(1972) 认为，μ_i 是服从 γ 分布的随机变量，采用极大似然估计方法来确定参数；而 Richmond(1974) 利用最小二乘法来估计。

式中的生产前沿面是由 q_i 的范围所确定，其中 q_i 的上界为非随机变量 $exp(x_i'\beta)$。这种形式的前沿面刻画是在没有考察测度误差与统计噪声的条件下进行的，将全部测度偏差归结为缺乏技术效率造成的，因此，确定型前沿模型的技术效率测度结果跟实际技术效率水平往往存在较大的偏差。

由于确定型前沿模型存在着上述缺陷，很多国外学者对该模型进行改进，将表示统计噪声的随机变量引入计量模型，由此得到的前沿面被称为随机生产前沿面。随机前沿分析方法是由 Battese、Corra, Aigner、Lovell、Schmidt、Meeusen、Broeck 于 1977 年前后相继提出，他们区分了确定型前沿模型中的误差项含义，使得技术效率测度的准确性有所提高。

随机前沿生产函数的形式为：

$$lnq_i = x_i'\beta + v_i - \mu_i , i = 1,2,3,\cdots,n \qquad (8.7)$$

其中，随机误差项 v_i 表示统计噪声，其与投入要素变量 x_i 的相关变量被忽略有关，同时，随机误差项 v_i 还与生产函数形式的选择是否存在偏差有关，v_i 既可以取正值也可以取负值。由于产出值的上界是随机变量 $exp(x_i'\beta + v_i)$，因此，该模型被称为随机前沿生产函数，与确定型前沿模型的产出值上界 $exp(x_i'\beta)$ 相比存在着偏差。

假设,在 t 时期的生产过程中,存在 n 个决策单元需要运用该方法进行技术效率的测度,同时,任何一个决策单元都需要投入 m 种生产要素,那么,随机前沿模型的基本形式如下所示:

$$lnq_{it} = lnf(x_{it},\beta) + v_{it} - \mu_{it}(i = 1,2,\cdots,n;t = 1,2,\cdots,T)$$

$$\epsilon_{it} = v_{it} - \mu_{it}$$

$$\mu_{it} = \delta(t)\mu_i , \delta(t) = exp\{\eta(T-t)\}$$

$$TE_{it} = \frac{exp(lnf(x_{it},\beta) + v_{it} - \mu_{it})}{exp(lnf(x_{it},\beta) + v_{it})} = E(exp\{-\mu_{it}\} | \epsilon_{it}) \quad (8.8)$$

$$\gamma = \frac{\sigma_u^2}{\sigma_u^2 + \sigma_v^2}$$

式中, q_{it} 表示在生产过程的第 t 期第 i 个决策单元的实际产出; x_{it} 表示在第 t 期第 i 个决策单元的实际要素投入;随机误差项 v_{it} 是统计噪声,主要是指在测度过程中由随机因素造成的影响,一般假设 $v_{it} \sim i.i.dN(0,\sigma_v^2)$; μ_{it} 是非负的随机变量,表示在生产过程中的无技术效率,它是由 $\delta(t)$ 和 μ_i 共同构成,一般假设 μ_i 服从指数分布、半正态分布或是截断正态分布等,与随机误差项 v_{it} 相独立。

在模型中, $\delta(t)$ 表示了技术效率的时间特性,随着时间的变化技术效率也在发生变化,采用参数 η 的估计值判断生产决策单元技术效率随时间的变化趋势:如果参数 $\eta < 0$,则说明 $\delta(t)$ 是时间 t 的单调增函数,表示决策单元的技术效率随着时间变化而变得更高;如果参数 $\eta > 0$,则说明 $\delta(t)$ 是时间 t 的单调减函数,表示决策单元技术效率随着时间越来越缺乏效率;如果参数 $\eta = 0$,则 $\delta(t) = 1$,表示在整个生产时期内决策单元的技术效率不会随时间而改变。 ϵ_{it} 是合成误差项,它的期望值 $E(\epsilon_{it}) < 0$,所以,对于模型参数的估计不能采用最小二乘法,而是采用极大似然估计方法对某些参数进行估计,进而,采用条件期望 $E(exp\{-\mu_{it}\} | \epsilon_{it})$ 来对技术效率 TE_{it} 的值进行估计, $TE_{it} \in (0,1)$,当 μ_i 越大时,技术效率 TE_{it} 的

值越小。

同时,根据参数 γ 的估计值可以判断样本数据是否能够建立随机前沿模型,参数 $\gamma \in (0,1)$。当参数 γ 的取值越趋近于 0 时,随机误差项 v 就是合成误差项的主要构成部分,随机变量 μ 几乎不起作用,因此,可以采用最小二乘法对模型中的参数进行估计,不必选择采用随机前沿模型;当参数 γ 取值越趋近于 1 时,μ 就是合成误差项的主要构成部分,v 几乎不起作用,那么,可以选择采用确定型前沿模型进行效率测度,也没有必要运用随机前沿方法来进行测度。因此,采用极大似然比方法对参数 γ 进行检验是必须要做的,它的检验统计量渐进服从混合 x^2 分布。

该方法在实际应用中也存在着一些不足之处,主要表现在函数形式和变量分布的选择上。

(1)对不同的生产函数如何进行选择。在应用随机前沿分析模型时,往往是研究者根据主观判断确定决策单元生产函数的形式,因此,会存在着所选定的生产函数形式与生产过程中真实的生产函数存在偏差,由此引起测度结果的失真,使得研究失去了意义。

(2)对随机变量 μ 的分布的选择。在应用随机前沿分析模型时,通常假定随机变量 μ 的概率密度分布服从指数分布、半正态分布或者截断正态分布,但是,究竟应该选择何种分布仍然缺乏相关的理论证明。但有学者已经表示,μ 的不同概率分布的选择对最终结果的影响并不大。

二、数据包络分析方法(DEA)

Charnes、Cooper、Rhodes(1978)提出了数据包络分析方法(Data Envelope Analyse,DEA)。在后来的文献中,他们研制的第一个 DEA 模型被称为 CCR 模型(采用了三位学者英文姓名首字母的缩写)。CCR 模型是基于规模报酬不变(Constant Returns to Scale,CRS)的假设,其测出的技术效率往往被称为综合技术效率,原因是该技术效率测度中含有规模效率的影响。

（一）基于规模收益不变的 CCR 模型

1. 投入导向 CCR 模型

决策单元 DMU（Decision Making Unit）是数据包络分析方法效率测度的基础对象，DMU 可以是任何具有可测性的投入、产出的部门或单位，同时，DMU 之间必须具有可比性。

假设，需要测量一组共 n 个 DMU 的技术效率，记为 DMU_j $(j=1,2,\cdots,n)$；每个 DMU 有 m 种投入，记为 x_i $(i=1,2,\cdots,m)$，投入的权重表示为 v_i $(i=1,2,\cdots,m)$；q 种产出，记为 y_r $(r=1,2,\cdots,q)$，产出的权重表示为 u_r $(r=1,2,\cdots,q)$。当前要测量的 DMU 记为 DMU_k，其投入产出比表示为：

$$h_k = \frac{u_1 y_{1k} + u_2 y_{2k} + \cdots + u_q y_{qk}}{v_1 x_{1k} + v_2 x_{2k} + \cdots + v_m x_{mk}} = \frac{\sum_{r=1}^{q} u_r y_{rk}}{\sum_{i=1}^{m} v_i x_{ik}} \quad (v \geq 0; u \geq 0) \quad (8.9)$$

同时，在效率测度上还应加上如下的测度条件，才能将基于上述方法得出的决策单元的效率值限定在 $[0,1]$ 区间内，即：

$$\frac{\sum_{r=1}^{q} u_r y_{rj}}{\sum_{i=1}^{m} v_i x_{ij}} \leq 1 \quad (8.10)$$

CCR 是基于规模报酬不变的，其线性规划模型表示为：

$$\begin{cases} max \dfrac{\displaystyle\sum_{r=1}^{q} u_r y_{rk}}{\displaystyle\sum_{i=1}^{m} v_i x_{ik}} \\[2em] s.t. \dfrac{\displaystyle\sum_{r=1}^{q} u_r y_{rj}}{\displaystyle\sum_{i=1}^{m} v_i x_{ij}} \leqslant 1 \\[2em] v \geqslant 0; u \geqslant 0 \end{cases} \qquad (8.11)$$

$$i = 1, 2, \cdots, m; r = 1, 2, \cdots, q; j = 1, 2, \cdots, n$$

这一线性规划模型的含义是,在所有 DMU 的效率值都不超过 1 的条件下,使被评价的 DMU 的效率值最大化,因此,模型确定的权重 u 和 v 是对被评价 DMU_k 最有利的。从这个意义上讲,CCR 模型是对被评价 DMU 的无效率状况作出的一种保守估计,因为它采用的权重是最有利于被评价者的,采用其他任何权重得出的效率值都不会超过这组权重得出的效率值。

由于 $\displaystyle\sum_{i=1}^{m} v_i x_{ij} > 0$,上述规划模型的约束等价于:

$$s.t. \sum_{r=1}^{q} u_r y_{rj} - \sum_{i=1}^{m} v_i x_{ij} \leqslant 0 \qquad (8.12)$$

令 $t = \dfrac{1}{\displaystyle\sum_{i=1}^{m} v_i x_{ij}}$,则模型的目标函数变为:

$$max\, t \sum_{r=1}^{q} u_r y_{rk} = \sum_{r=1}^{q} t u_r y_{rk} \qquad (8.13)$$

再令 $\mu = tu, \nu = tv$,规划模型变换为等价的规划形式为:

$$
\begin{cases}
max \displaystyle\sum_{r=1}^{q} \mu_r y_{rk} \\[2mm]
s.t. \displaystyle\sum_{r=1}^{q} \mu_r y_{rj} - \sum_{i=1}^{m} \nu_i x_{ij} \leqslant 0 \\[2mm]
\displaystyle\sum_{i=1}^{m} \nu_i x_{ik} = 1 \\[2mm]
\nu \geqslant 0; \mu \geqslant 0
\end{cases}
\qquad (8.14)
$$

$$
i = 1, 2, \cdots, m; r = 1, 2, \cdots, q; j = 1, 2, \cdots, n
$$

同时,该模型的对偶模型为:

$$
\begin{cases}
min\theta \\[2mm]
s.t. \displaystyle\sum_{j=1}^{n} \lambda_j x_{ij} \leqslant \theta x_{ik} \\[2mm]
\displaystyle\sum_{j=1}^{n} \lambda_j y_{rj} \geqslant y_{rk} \\[2mm]
\lambda \geqslant 0
\end{cases}
\qquad (8.15)
$$

$$
i = 1, 2, \cdots, m; r = 1, 2, \cdots, q; j = 1, 2, \cdots, n
$$

在对偶模型中,λ 表示 DMU 的线性组合系数,模型的最优解 θ^* 代表效率值,$\theta^* \in (0,1]$,同时,$1 - \theta^*$ 的经济学意义在于:在现有的技术水平、不减少产出水平的条件下,决策单元 DMU_k 中可以减少投入要素的最大限度。进一步来说,θ^* 的值越大,代表生产中投入要素的减小幅度越小,技术效率水平越高。当 $\theta^* = 1$ 时,说明被评价的 DMU 位于前沿面上,在不减少产出的条件下,其各项投入没有等比例下降的空间,处于技术有效的状态;当 $\theta^* < 1$ 时,说明被评价的 DMU 为技术无效率状态,在不减少产出的条件下,其各项投入可以按 $1 - \theta^*$ 等比例下降。

CCR 对偶模型指的是在既定的产出水平下,生产过程中的各种投入要素能够按照同一比例降低的最大程度,用来测度技术无效率的水平,因此被称为投入导向的 CCR 模型。

2. 产出导向 CCR 模型

产出导向 CCR 模型的规划形式为:

$$
\begin{cases}
min \sum_{i=1}^{m} \nu_i x_{ik} \\
s.t. \sum_{r=1}^{q} \mu_r y_{rj} - \sum_{i=1}^{m} \nu_i x_{ij} \leq 0 \\
\sum_{r=1}^{q} \mu_r y_{rk} = 1 \\
\nu \geq 0 ; \mu \geq 0
\end{cases}
\quad (8.16)
$$

$$i = 1, 2, \cdots, m ; r = 1, 2, \cdots, q ; j = 1, 2, \cdots, n$$

同时,其对偶模型为:

$$
\begin{cases}
max \varphi \\
s.t. \sum_{j=1}^{n} \lambda_j x_{ij} \leq x_{ik} \\
\sum_{j=1}^{n} \lambda_j y_{rj} \geq \varphi y_{rk} \\
\lambda \geq 0
\end{cases}
\quad (8.17)
$$

$$i = 1, 2, \cdots, m ; r = 1, 2, \cdots, q ; j = 1, 2, \cdots, n$$

上述对偶模型指的是在既定的投入水平下,生产过程中的各种产出能够按照同一比例增加的最大程度,用来测度技术无效率的水平,因此,该模型被称为产出导向的 CCR 模型。

φ^* 是产出 CCR 模型的最优解,而 $\varphi^* - 1$ 的经济学含义是:在现有的技术水平、不增加生产过程中各项投入要素的情况下,决策单元中产出水平可以提高的最大水平。进一步来说,φ^* 的值越大,产出水平可以提高的幅度越大,而技术效率水平则越低。由于 $\varphi^* \geq 1$,所以一般采用 $1/\varphi^*$ 表示效率值。

(二)基于规模报酬可变的 BCC 模型

CCR 模型假设生产技术的规模报酬是不变的,或者说,虽然生产技术规模报酬可变,但假设所有被评价 DMU 均处于最优生产阶段,即处于规模报酬不变阶段。但在实际生产中,许多生产单位并没有处于最优规模的生产状态,CCR 模型得出的技术效率包含了规模效率的成分,因此,Banker、Charnes、Cooper(1984)提出了估计规模效率的 DEA 模型。此方法的提出对于 DEA 理论方法具有重要的意义,在以后的文献中将该模型称为 BCC 模型。该模型基于规模报酬可变(Variable Returns to Scale, VRS),得出的技术效率不包含规模的影响,因此称为纯技术效率(Pure Technical Efficiency, PTE)。

1. 投入导向 BCC 模型

投入导向 BCC 模型是在投入导向 CCR 对偶模型的基础上,增加了约束条件 $\sum_{j=1}^{n} \lambda_j = 1 (\lambda \geq 0)$ 所构成,其作用是使投影点的生产规模与被评价 DMU 的生产规模处于同一水平。

投入导向 BCC 模型的规划式为:

$$
\begin{cases}
\min\theta \\
s.t. \sum_{j=1}^{n} \lambda_j x_{ij} \leq \theta x_{ik} \\
\sum_{j=1}^{n} \lambda_j y_{rj} \geq y_{rk} \\
\sum_{j=1}^{n} \lambda_j = 1 \\
\lambda \geq 0
\end{cases}
\tag{8.18}
$$

$i = 1, 2, \cdots, m; r = 1, 2, \cdots, q; j = 1, 2, \cdots, n$

同时,该模型的对偶规划式为:

$$
\begin{cases}
max \sum_{r=1}^{q} \mu_r y_{rk} - \mu_0 \\
s.\,t. \sum_{r=1}^{q} \mu_r y_{rj} - \sum_{i=1}^{m} \nu_i x_{ij} - \mu_0 \leqslant 0 \\
\sum_{i=1}^{m} \nu_i x_{ik} = 1 \\
\nu \geqslant 0; \mu \geqslant 0; \mu_0 \, free
\end{cases}
\quad (8.19)
$$

$$i=1,2,\cdots,m;r=1,2,\cdots,q;j=1,2,\cdots,n$$

2. 产出导向 BCC 模型

产出导向 BCC 模型的规划式为:

$$
\begin{cases}
max\varphi \\
s.\,t. \sum_{j=1}^{n} \lambda_j x_{ij} \leqslant x_{ik} \\
\sum_{j=1}^{n} \lambda_j y_{rj} \geqslant \varphi y_{rk} \\
\sum_{j=1}^{n} \lambda_j = 1 \\
\lambda \geqslant 0
\end{cases}
\quad (8.20)
$$

$$i=1,2,\cdots,m;r=1,2,\cdots,q;j=1,2,\cdots,n$$

产出导向 BCC 模型也是在产出导向 CCR 模型的基础上增加了约束条件 $\sum_{j=1}^{n} \lambda_j = 1$ 构成的,其对偶规划形式为:

$$
\begin{cases}
min \displaystyle\sum_{i=1}^{m} \nu_i x_{ik} + \nu_0 \\[2mm]
s.\,t. \displaystyle\sum_{r=1}^{q} \mu_r y_{rj} - \sum_{i=1}^{m} \nu_i x_{ij} - \nu_0 \leqslant 0 \\[2mm]
\displaystyle\sum_{r=1}^{q} \mu_r y_{rk} = 1 \\[2mm]
\nu \geqslant 0; \mu \geqslant 0; \nu_0\, free
\end{cases}
\tag{8.21}
$$

$$
i = 1,2,\cdots,m\,; r = 1,2,\cdots,q\,; j = 1,2,\cdots,n
$$

BCC 模型的提出是为了求解规模报酬可变的生产技术下 DMU 的技术效率,但同时,BCC 模型也为计算规模效率提供了方法。如果生产技术是规模报酬可变的,采用规模报酬不变的模型得出的效率值(Technical Efficiency,TE)并非纯技术效率,而是包含了规模效率的成分,这使得求解规模效率成为可能。

对于规模报酬可变的生产技术而言,规模报酬可变的模型得出的效率值才是真正的技术效率(纯技术效率),那么,通过比较计算规模报酬不变的效率值就可以分离出规模效率值(Scale Efficiency,SE),计算公式为:

$$
SE = TE/PTE
\tag{8.22}
$$

(三) Malmquist-DEA 指数模型

Färe(1992)提出了测度效率动态变化的 Malmquist-DEA 指数模型,该模型是生产技术效率测度研究(Farell,1957)和全要素生产率测度研究(Caves,1982)的结合,其计算特点在于不依赖于投入要素组合和产品的价格信息,且适用于面板样本数据的分析需要。

采用距离函数给出 Malmquist 指数的具体定义形式。假设,(p^t, q^t)

表示在生产过程中第 t 时期的投入产出组合,(p^{t+1}, q^{t+1}) 表示在第 t+1 时期的投入产出组合, Q^t 是在生产过程中的全部投入与产出的生产可能性组合:

$$Q^t = \{(p^t, q^t)\} \tag{8.23}$$

接下来,给出在生产过程中第 t 时期任一决策单元的产出距离函数 $d^t(p^t, q^t)$ 的具体形式:

$$d^t(p^t, q^t) = inf\{\tau \in R : (p^t, q^t/\tau) \in Q^t\} = [\, sup\{\tau \in R : (p^t, \tau q^t) \in Q^t\}\,]^{-1} \tag{8.24}$$

为了满足计算 Malmquist 指数的需要,同时,给出其他两个距离函数的计算方法。

第一个距离函数是在生产中的第 t 时期的生产技术条件下,第 t+1 时期的投入产出组合(p^{t+1}, q^{t+1})所发生的最大程度的变化,表示为:

$$d^t(p^{t+1}, q^{t+1}) = inf\{\tau \in R : (p^{t+1}, q^{t+1}/\tau) \in Q^t\} \tag{8.25}$$

第二个距离函数是在生产过程中的第 t+1 时期的生产技术条件下,第 t 期的投入产出组合(p^t, q^t)所发生的最大程度的变化,表示为:

$$d^{t+1}(p^t, q^t) = inf\{\tau \in R : (p^t, q^t/\tau) \in Q^{t+1}\} \tag{8.26}$$

因此,在生产中第 t 时期的生产技术条件下,Malmquist 指数的计算式如下:

$$m^t(p^{t+1}, q^{t+1}, p^t, q^t) = \{d^t(p^{t+1}, q^{t+1})\} / \{d^t(p^t, q^t)\} \tag{8.27}$$

此时的 Malmquist 指数含义是:以产出过程中的第 t 时期的技术水平作为参照系,测度效率水平从第 t 时期到第 t+1 时期的动态变化。

类似的是,在生产中第 t+1 时期的生产技术条件下,Malmquist 指数的计算式则为:

$$m^{t+1}(p^{t+1},q^{t+1},p^t,q^t) = \{d^{t+1}(p^{t+1},q^{t+1})\}/\{d^{t+1}(p^t,q^t)\} \quad (8.28)$$

Caves(1982)提出,为了避免在测度时期选择上的差异性导致研究结果的不确定,采用将上述两个距离函数计算式求几何平均值的方法,来作为测度生产中第 t 时期到 t+1 时期的效率动态变化,即 Malmquist-DEA 指数的计算形式如下:

$$m(p^{t+1},q^{t+1},p^t,q^t) =$$
$$\sqrt{\{d^t(p^{t+1},q^{t+1})\}/\{d^t(p^t,q^t)\} \cdot \{d^{t+1}(p^{t+1},q^{t+1})\}/\{d^{t+1}(p^t,q^t)\}}$$
$$(8.29)$$

当 Malmquist-DEA 指数值大于 1 时,表示从 t 到 t+1 时期全要素生产率(Total Factor Productivity,TFP)是增长的。Malmquist-DEA 指数可以分解为技术效率变化指数(Technical Efficiency Change,TEC)和技术进步指数(Technological Change,TC)两项,即:

$$m(p^{t+1},q^{t+1},p^t,q^t) = \frac{d^{t+1}(p^{t+1},q^{t+1})}{d^t(p^t,q^t)} \cdot \sqrt{\frac{d^t(p^{t+1},q^{t+1})}{d^{t+1}(p^{t+1},q^{t+1})} \cdot \frac{d^t(p^t,q^t)}{d^{t+1}(p^t,q^t)}}$$

$$TEC(p^{t+1},q^{t+1},p^t,q^t) = \{d^{t+1}(p^{t+1},q^{t+1})\}/\{d^t(p^t,q^t)\} \quad (8.30)$$

$$TC(p^{t+1},q^{t+1},p^t,q^t) =$$
$$\sqrt{\{d^t(p^{t+1},q^{t+1})\}/\{d^{t+1}(p^{t+1},q^{t+1})\} \cdot \{d^t(p^t,q^t)\}/\{d^{t+1}(p^t,q^t)\}}$$

在生产过程中的第 t 时期到第 t+1 时期,技术效率变化指数(TEC)

表示了任一决策单元追赶生产可能性边界的程度。当技术进步指数（TC）大于1时，代表生产中的技术进步带来了生产率的提升；当该指数值小于1时，则说明非技术进步引起了生产率的下降。

第三节　京津冀区域产业一体化的技术效率测度

本书基于规模报酬可变的BCC模型，对2015—2021年京津冀三省市重点制造产业和生产性服务业的生产技术效率进行测度；进一步，采用Malmquist-DEA指数模型对相关产业部门的技术效率变化进行测度，并对结果进行深入分析。

一、数据来源与说明

本书进行产业技术效率测度的数据来自《中国工业统计年鉴》《中国第三产业统计年鉴》以及省市统计年鉴；工业部门选择了石油加工、炼焦及核燃料加工业，医药制造业，通信设备、计算机及其他电子设备制造业，汽车制造业共四类制造业；第三产业部门选择了金融业，交通运输、仓储和邮政业，租赁和商务业，批发和零售业共四类服务业。

选择这八类产业部门的原因在于，一方面，石油加工、汽车制造、金融等产业产值占京津冀三省市地区产值比重较大，测度这些产业的技术效率对京津冀区域产业一体化问题分析来说具有非常大的实际意义；同时，医药制造业、通信设备制造业这两大产业属于我国重要的高新技术产业，对这类产业的技术效率测度具有很强的战略意义，特别是京津两市都将发展高新技术产业、高端装备制造业作为地区经济发展的主导产业，其测度结果为制定区域产业发展政策能够提供有力参考。另一方面，生产性服务业与先进制造业融合发展也是当前产业升级的重要方面，生产性服务业之于产业全局来说重要性逐步上升，现代产业体系建设必然包括生产性服务业的高质量发展,因此,本书选择了包括金融、交通运输、租赁和商务服务在内的三类典型生产性服务业进行测度研究。此外,我们也关注生活性服务业的发展情况,但受篇幅所限,仅选择了批发零售业这一有代表性的生活性服务业展开研究。

在样本区域选择方面,本书共选择了包括北京市、天津市、河北省、辽宁省、山东省、山西省、河南省、上海市、江苏省、浙江省、安徽省和广东省共12个省市。除京津冀三省市以外,选择其他9个省市的原因在于:一是在采用数据包络分析方法对产业技术效率进行测度时,一般来说,Cooper(2007)决策单元的数量不应少于投入(m)和产出(q)数量的乘积,同时不少于投入和产出指标数量之和的3倍,即 $n \geqslant max\{m \times q, 3 \times (m + q)\}$。二是选择的区域省市的经济和产业的发展水平应当与京津冀区域省市较为接近,才能使技术效率的测度结果更加可靠,因此,选择了长三角、珠三角、环渤海经济区的部分省市进行测算。具体来说,本书选择了长三角区域的上海市、浙江省、江苏省、安徽省作为样本区域;由于珠三角区域的珠海市、惠州市等地级市的工业投入和产出指标数据无法完整获取,故选择了广东省的数据进行了替代;选择了环渤海区域的辽宁省、山东省以及山西省作为样本区域。三是选择了距离京津冀区域较近的河南省作为补充的样本区域,这样做是为了保证决策单元的数量符合研究方法的要求,满足模型分析的需要。

在投入产出指标选择方面,产出指标选择目标地区相关产业产值和主营业务收入,选择这两个指标作为产出指标的原因在于,产值水平代表企业的实际生产能力,主营业务收入代表企业的实际经营水平,以这两个指标去衡量企业的产出能力是恰当和全面的;投入指标选择了资产总计和全部从业人员平均人数,从资本和劳动力两个方面对产业部门的投入水平进行衡量,资产合计代表了企业投入的资本水平(存量水平),全部从业人员平均人数代表了劳动力的投入水平。

二、京津冀区域产业技术效率测度

(一)石油加工、炼焦及核燃料加工业技术效率分析

2015—2021 年,京津冀三省市的石油加工、炼焦及核燃料加工业的综合技术效率处于不断变化当中,北京该产业综合技术效率水平呈波动下降趋势,特别是在 2021 年,综合技术效率仅为 0.536,是京津冀三省市中最低的;天津石油加工产业综合技术效率从 2015 年以来持续上升,自 2017 年起实现了综合技术效率有效;而河北该类产业的综合技术率水平处于波动上升态势,近年来其综合技术效率提升显著,2021 年综合效率值为 0.861。具体数值请见表 8.1。

表 8.1 石油加工、炼焦及核燃料加工业技术效率

年份	综合技术效率			纯技术效率			规模效率		
	北京	天津	河北	北京	天津	河北	北京	天津	河北
2015	0.829	0.717	0.561	0.845	0.780	0.711	0.981	0.919	0.789
2016	0.943	0.915	0.662	1.000	0.921	0.693	0.943	0.994	0.956
2017	0.935	1.000	0.612	0.962	1.000	0.667	0.972	1.000	0.917
2018	0.826	1.000	0.568	0.849	1.000	0.677	0.973	1.000	0.840
2019	0.924	1.000	0.653	1.000	1.000	0.809	0.924	1.000	0.807
2020	0.554	1.000	0.811	0.761	1.000	1.000	0.728	1.000	0.811
2021	0.536	1.000	0.861	1.000	1.000	1.000	0.536	1.000	0.861

资料来源:作者计算整理所得。

与综合技术效率水平相比,纯技术效率是在规模报酬可变基础上的技术效率水平。2015—2021 年,三省市该产业的纯技术效率均呈现出波动向上的良好趋势。北京该类产业在 2016 年、2019 年和 2021 年纯技术效率值为 1,实现了技术有效,即产业的投入产出水平最优;天津石油化工产业在 2017—2021 年纯技术效率值始终为 1,实现了技术有效,最优的

技术效率反映出天津在该类产业发展上具备的优势是十分显著的;河北该产业纯技术水平近年来呈现明显的波动上升趋势,特别是 2020 年以来实现了纯技术效率有效。总的来看,京津冀三省市在 2021 年均实现了纯技术效率有效,产业发展的投入产出实现了最优化。

京津冀三省市石油加工产业规模效率变化与纯技术效率变化存在比较明显的差异,规模效率由原先领先于纯技术效率转变为落后于纯技术效率,这也预示着规模效应仍有发挥空间。进一步分析,2015—2017 年,北京该产业处于规模报酬递增阶段,2018 年出现规模报酬递减,之后2019—2021 年再次进入规模报酬递增时期,结合该产业在 2020—2021 年纯技术效率有效,北京石油加工产业扩容发展仍有潜力;天津该产业从2017 年以来始终处于规模报酬不变阶段,即产业投入与产出从效能到规模化均已处于最优状态;在研究时期内,河北该产业始终处于规模报酬递减阶段,表明持续扩大该产业规模并不会带来更高水平的产出,技术水平限制了其规模化产出能力的扩大,当务之急是要提高这类产业技术进步能力。

(二)医药制造业技术效率分析

与传统石化产业相比,医药制造业作为高技术产业,对京津冀区域未来的产业发展更具战略意义,特别是,京津两市都将高技术产业作为未来发展的支柱产业。从综合技术效率来看,在研究时期内,京津冀三省市该产业的综合技术效率总体上处于波动上升当中,其中,与津冀相比,北京该产业的综合技术效率水平普遍较高,而津冀该产业的综合技术效率虽落后北京,但变化趋势良好,特别是,在 2021 年,三省市均达到了综合技术效率有效水平。具体数值请见表 8.2。

表 8.2 医药制造业技术效率

年份	综合技术效率			纯技术效率			规模效率		
	北京	天津	河北	北京	天津	河北	北京	天津	河北
2015	0.601	0.614	0.642	0.704	0.780	0.760	0.854	0.787	0.844
2016	0.639	0.572	0.653	0.788	0.771	0.776	0.810	0.742	0.842
2017	0.672	0.697	0.598	0.801	1.000	0.700	0.839	0.697	0.854
2018	0.935	0.888	0.723	0.938	0.899	0.748	0.996	0.988	0.966
2019	0.978	0.825	0.788	0.985	0.840	0.806	0.993	0.981	0.978
2020	0.979	0.776	0.937	0.985	0.872	0.951	0.994	0.890	0.986
2021	1.000	1.000	1.000	1.000	1.000	1.000	1.000	1.000	1.000

资料来源:作者计算整理所得。

从纯技术效率角度分析,北京医药制造业纯技术效率在 2015—2021 年呈现快速上升,由 2015 年的 0.704 提升到 2021 年的 1,实现了纯技术效率有效水平,并且,北京该类产业的纯技术效率水平在多数年份领先于津冀地区;而天津医药制造业的纯技术效率呈波动变化,但总体趋势向好,在 2021 年达到了纯技术效率有效;与天津类似,河北该类产业的纯技术效率水平虽落后于北京,但变化趋势良好,同样的,在 2021 年实现了纯技术效率有效。可见,京津冀三省市医药制造业在现有技术水平条件下,投入产出效率处于最优化状态。

从规模效率来看,2015—2020 年,除 2019 年外,京津冀三省市的医药制造业均处于规模报酬递增阶段,说明三省市均可依靠扩大医药制造业投资规模来获得更高水平的产出。从变化趋势来看,京津冀三省市规模效率均呈现出了波动向上的变化趋势,在 2021 年三省市规模效率值为1,实现了规模效率有效。结合纯技术效率来看,京津冀三省市在纯技术效率、规模效率均达到有效水平,投入产出效率、产业发展规模均处于最优阶段,医药制造业具备了成为京津冀优势产业的实力。

（三）通信设备、计算机及其他电子设备制造业技术效率分析

通信电子设备制造业与医药制造业同属于高技术产业，京津两市长期以来都格外重视通信电子这类先进制造业发展，对其进行产业效率分析具有特别重要的意义。从综合技术效率来分析，通信电子设备制造业是京津两市的绝对优势技术效率产业，北京该类产业在整个研究时期内综合技术效率值始终为1，表明其投入与产出实现了最优化效率水平。而天津通信电子产业在2017年以后综合技术效率值为1，也进入了综合技术效率有效阶段。而河北省在此类产业综合技术效率水平上与京津两市差距明显，其综合技术效率水平最大值出现在2018年，其值也仅为0.616，之后处于波动下降中，2021年仅为0.477。具体数值请见表8.3。

表8.3　通信设备、计算机及其他电子设备制造业技术效率

年份	综合技术效率			纯技术效率			规模效率		
	北京	天津	河北	北京	天津	河北	北京	天津	河北
2015	1.000	0.978	0.354	1.000	1.000	0.716	1.000	0.978	0.495
2016	1.000	0.868	0.524	1.000	1.000	1.000	1.000	0.868	0.524
2017	1.000	1.000	0.567	1.000	1.000	1.000	1.000	1.000	0.567
2018	1.000	1.000	0.616	1.000	1.000	1.000	1.000	1.000	0.616
2019	1.000	1.000	0.420	1.000	1.000	1.000	1.000	1.000	0.420
2020	1.000	1.000	0.463	1.000	1.000	1.000	1.000	1.000	0.463
2021	1.000	1.000	0.477	1.000	1.000	1.000	1.000	1.000	0.477

资料来源：作者计算整理所得。

从纯技术效率分析，京津两市该产业在2015—2021年纯技术效率值始终为1，说明该产业的投入与产出在技术层面实现了最优化；而河北省该产业在2015年之后，纯技术效率水平也始终为1，其投入产出效率达到了最优，可见，河北省通信电子产业综合技术效率低的原因在于规模效

率低。

从规模效率看,北京通信电子产业的规模效率值始终为1,处于规模有效水平,且该产业处于规模报酬不变阶段,因此,通信电子制造产业仍是北京未来重点发展的制造业产业。天津该产业在 2015 年和 2016 年处于规模报酬递增阶段,从 2017 年起进入规模报酬不变阶段,产业技术效率与规模效率均实现了最优。河北省该产业在研究时期内始终处于规模报酬递增阶段,但其规模效率并未有明显上升趋势,因此,河北省在加大该类产业投入规模的同时,需要更加注重提升产业规模效率,并警惕规模效率下降的问题。

(四)汽车制造业技术效率分析

由于汽车产业具有极长的产业链,对上下游产业具有非常强劲的带动力,因此,京津冀区域一直将汽车产业放在制造业发展的突出位置。从数据结果来看,在研究时期内,京津两市的综合技术效率值始终为1,生产处于最优化状态;而河北省的综合技术效率水平呈现波动变化,效率值由 2015 年的 0.748 缓慢上升到 2021 年的 0.756,其综合技术效率水平与京津两市存在比较明显的差距。具体数值请见表 8.4。

表 8.4　汽车制造业技术效率

年份	综合技术效率			纯技术效率			规模效率		
	北京	天津	河北	北京	天津	河北	北京	天津	河北
2015	1.000	1.000	0.748	1.000	1.000	0.769	1.000	1.000	0.973
2016	1.000	1.000	0.998	1.000	1.000	1.000	1.000	1.000	0.998
2017	1.000	1.000	0.846	1.000	1.000	0.862	1.000	1.000	0.981
2018	1.000	1.000	0.734	1.000	1.000	0.739	1.000	1.000	0.993
2019	1.000	1.000	0.684	1.000	1.000	0.724	1.000	1.000	0.946
2020	1.000	1.000	0.688	1.000	1.000	0.689	1.000	1.000	0.999
2021	1.000	1.000	0.756	1.000	1.000	0.761	1.000	1.000	0.994

资料来源:作者计算整理所得。

从纯技术效率分析,与综合技术效率一样,京津两市的纯技术效率值在研究时期内始终为1,表明京津地区汽车产业在现有技术条件下处于最佳的投入与产出状态;而河北省汽车产业的纯技术效率在2016年达到有效水平,之后便出现波动性下降,2021年纯技术效率值仅为0.761,较京津两市纯技术效率水平差距明显,反映出河北省汽车产业亟需提升技术效率水平,不断优化投入与产出结构,持续向最优技术效率状态靠近。

与综合技术效率、纯技术效率情况一致,北京、天津的汽车产业在2015—2021年一直处于规模报酬不变阶段,规模效率处于有效水平,结合纯技术效率情况,可以说,京津两市的汽车制造业处在非常高的投入产出效率阶段,作为地区重要的制造业产业,其竞争力可见一斑;河北省汽车产业规模效率虽然落后于京津两市,但总体上处于较高的效率水平和规模报酬递增阶段,2021年规模效率值为0.994,其规模效率也明显高于同期的纯技术效率,这显示出河北省汽车产业发展的主要问题还是在技术效率水平上。

(五)金融业技术效率分析

金融作为经济的血脉行业,关系到地区经济发展是否兴旺。特别是,近年来京津冀地区产业服务化趋势明显,其中,推动金融服务业高质量发展格外重要,其是生产性服务业与先进制造业融合的关键着力点。从综合技术效率角度分析,研究时期内的京津冀三省市金融业综合技术效率值呈现出了波动向下的态势,京冀两省市该产业综合技术效率值由2015年的1下降到2021年的0.778和0.889,天津该产业的综合技术效率值则由2015年的0.795进一步下降到0.608。可以说,金融行业的综合技术效率水平总体不高。具体数值请见表8.5。

表 8.5　金融业技术效率

年份	综合技术效率			纯技术效率			规模效率		
	北京	天津	河北	北京	天津	河北	北京	天津	河北
2015	1.000	0.795	1.000	1.000	0.815	1.000	1.000	0.975	1.000
2016	0.785	0.531	0.833	1.000	0.858	0.944	0.785	0.619	0.882
2017	0.658	0.643	0.804	0.955	0.839	0.909	0.689	0.767	0.885
2018	0.690	0.691	0.697	0.951	0.909	0.807	0.725	0.760	0.863
2019	0.882	0.745	0.701	1.000	0.766	0.777	0.882	0.973	0.903
2020	0.729	0.721	0.920	1.000	0.796	1.000	0.729	0.906	0.920
2021	0.778	0.608	0.889	1.000	0.628	1.000	0.778	0.969	0.889

资料来源:作者计算整理所得。

从纯技术效率角度考虑,北京金融业的纯技术效率水平是京津冀区域中最高的,2015—2016 年纯技术效率达到有效水平,尽管在 2017—2018 年略有降低,但在 2019 年之后重新回到纯技术效率有效阶段;河北省该产业的纯技术效率水平在 2016—2019 年这一时期出现了明显下滑,但之后纯技术效率保持有效水平,研究也发现,河北省金融业纯技术效率值要高于同期的综合技术效率值,说明制约其综合技术效率达到有效的主要症结在于规模效率水平不高。而天津的纯技术效率水平落后于京冀地区,且呈现出波动向下的态势,纯效率值由 2015 年的 0.815 降低到 2021 年的 0.628,其纯技术效率是京津冀三省市中最低的。

从规模效率来看,京津冀三省市金融行业的规模效率总体呈现出降低的变化态势,具体来看,北京该产业的规模效率由 2015 年的 1 降低到 2021 年的 0.778,下降幅度最大,且该产业已经处于规模报酬递减阶段,这些都表明,发展金融服务业已经不能单靠扩大规模带动行业发展,而是要实现行业精细化运营管理,重视投入与产出的实际效率;天津规模效率虽有下降,但从 2021 年的测度结果来看,天津金融业的规模效率是最高的,同时,天津金融业依然处于规模报酬递增阶段,扩大服务规模、加快提升在现有技术水平下的投入与产出效率,是发展天津金融业的关键所在;河北省金融业的规模效率水平普遍高于北京,但其已经处于规模报酬递减阶段,盲目扩大规模不是可取之道,而是要不断提升规模效率水平,重视投入与产出结构。

(六)交通运输、仓储和邮政业技术效率分析

交通运输业作为现代服务业中重要的物流行业,深刻影响着地区商贸经济发展。从研究结果来看,2015—2021 年,天津、河北省该类产业的综合技术效率始终为 1,处于综合技术效率有效阶段,产业投入产出结构最优;而北京该产业的综合技术效率与津冀两省市存在明显差距,其效率值呈现出波动向下趋势,由 2015 年的 0.670 降低到 2021 年的 0.522,2021 年的综合技术效率水平也是研究时期内的最低水平,反映出北京不再具有发展该类产业的综合技术效率优势。具体数值请见表 8.6。

表 8.6　交通运输、仓储和邮政业技术效率

年份	综合技术效率			纯技术效率			规模效率		
	北京	天津	河北	北京	天津	河北	北京	天津	河北
2015	0.670	1.000	1.000	0.674	1.000	1.000	0.995	1.000	1.000
2016	0.716	1.000	1.000	0.720	1.000	1.000	0.995	1.000	1.000
2017	0.691	1.000	1.000	0.693	1.000	1.000	0.998	1.000	1.000
2018	0.549	1.000	1.000	0.610	1.000	1.000	0.900	1.000	1.000
2019	0.883	1.000	1.000	0.968	1.000	1.000	0.912	1.000	1.000
2020	0.548	1.000	1.000	0.601	1.000	1.000	0.913	1.000	1.000
2021	0.522	1.000	1.000	0.562	1.000	1.000	0.928	1.000	1.000

资料来源:作者计算整理所得。

从纯技术效率分析,其变化与综合技术效率情况较为相似,具体来看,津冀两省市的纯技术效率值在研究时期内始终为1,表明津冀该类产业在现有技术水平下实现了投入与产出的最高效率;与此相反,北京交通运输行业的纯技术效率值呈现出波动下降,其效率值由2015年的0.674下降到2021年的0.562,纯技术效率水平不断降低,成为制约该类产业发展的瓶颈。

从规模效率来看,天津、河北交通运输行业的规模效率值在研究时期内始终为1,规模效率实现了最优,同时,两省市该产业处于规模报酬不变阶段,产业发展、技术效率与规模处于最优状态;而北京交通运输行业的规模效率水平较低,其效率值在研究时期内出现波动降低,但效率水平相比纯技术效率要高出许多,可见,北京该类产业发展要聚焦在如何提升投入产出水平。此外,交通运输行业在北京已经处于规模报酬递减阶段,因此,维持好现有规模、大幅度提高技术效率水平是北京交通运输业发展的关键。

(七)租赁和商务服务业技术效率分析

从综合技术效率来分析,北京、天津的商务租赁行业的综合技术效率呈现出波动向下的变化,其中,北京该产业的综合技术效率值由2015年的0.833降低到2021年的0.690,天津该产业则由综合技术效率有效阶段转入效率下降阶段,其值在2021年仅为0.642;与京津情况不同,河北省商务租赁业综合技术效率出现缓慢上升,效率值由2015年的0.493上升到2015年的0.593,尽管效率水平在京津冀三省市中最低,但总体变化趋势向好。具体数值请见表8.7。

表 8.7　租赁和商务服务业技术效率

年份	综合技术效率			纯技术效率			规模效率		
	北京	天津	河北	北京	天津	河北	北京	天津	河北
2015	0.833	1.000	0.493	1.000	1.000	0.616	0.833	1.000	0.801
2016	0.740	1.000	0.447	1.000	1.000	0.529	0.740	1.000	0.846
2017	0.696	1.000	0.482	1.000	1.000	0.498	0.696	1.000	0.968
2018	0.751	1.000	0.586	0.966	1.000	0.830	0.778	1.000	0.706
2019	0.725	0.689	0.570	0.964	1.000	0.730	0.752	0.689	0.782
2020	0.737	0.600	0.627	0.970	0.894	0.779	0.760	0.672	0.804
2021	0.690	0.642	0.593	0.895	1.000	0.736	0.771	0.642	0.806

资料来源:作者计算整理所得。

从纯技术效率分析,天津该产业的纯技术效率值仅在 2020 年为 0.894,其余年份均为 1,实现了纯技术有效水平,可以断定,造成近年来天津商务租赁业综合技术效率水平不高的主要原因在于规模效率水平低;河北省的纯技术效率水平在研究时期内呈现波动上升,效率值由 2015 年的 0.616 上升到 2021 年的 0.736;而北京该类产业的纯技术效率下降明显,由 2015 年的 1 降低到 2021 年的 0.895,纯技术效率变得不再有效。

从规模效率来分析,北京该产业规模效率值由 2015 年的 0.833 降低到 2021 年的 0.771,处于波动下降之中,同时,该产业始终处于规模报酬递减阶段,可见,北京商务租赁业的问题主要是在规模端,应当重视效率问题,而不能追求简单的规模扩张;天津商务租赁行业的规模效率值下降明显,由 2015—2018 年的规模有效阶段转入规模效率较低阶段,同时,天津该产业仍处于规模报酬递增阶段,因此,天津在扩大商务租赁行业发展上仍有潜力和空间,关键是要提升效率水平;与京津不同,河北省该类产业规模效率处于波动上升期,2021 年的规模效率值达到 0.806,是京津冀三省市中最高的,目前,河北省该产业也处在规模报酬递增阶段,河北省应积极促进该类产业实现规模化发展。

(八)批发和零售业技术效率分析

从综合技术效率来看,京津冀三省市的综合技术效率值走势变化有所不同。北京市该产业在研究时期内的综合技术效率呈现下降态势,效率值由 2015 年的 0.947 大幅下降至 2021 年的 0.658,其综合技术效率在三省市中是最低的。天津批发零售业的综合技术效率总体上看成波动上升趋势,尽管在 2015—2019 年效率水平有所降低,但在 2020—2021 年回弹态势良好,特别是在 2021 年,综合技术效率达到了有效水平。与天津相似,河北省该产业综合技术效率在研究时期内也呈现波动上升态势,特别是在 2017—2019 年达到了综合技术效率有效水平,尽管 2020—2021 有所降低,但其效率水平依然较高。具体数值请见表 8.8。

表 8.8　批发和零售业技术效率

年份	综合技术效率			纯技术效率			规模效率		
	北京	天津	河北	北京	天津	河北	北京	天津	河北
2015	0.947	0.895	0.938	1.000	0.921	1.000	0.947	0.971	0.938
2016	0.902	0.855	0.945	1.000	0.872	1.000	0.902	0.981	0.945
2017	0.821	0.709	1.000	1.000	0.710	1.000	0.821	0.998	1.000
2018	0.725	0.616	1.000	0.913	0.619	1.000	0.794	0.994	1.000
2019	0.904	0.687	1.000	0.956	0.755	1.000	0.945	0.910	1.000
2020	0.699	0.915	0.938	0.742	0.984	1.000	0.942	0.930	0.938
2021	0.658	1.000	0.989	0.728	1.000	1.000	0.903	1.000	0.989

资料来源:作者计算整理所得。

从纯技术效率分析,北京批发零售业纯技术效率下降十分明显,2015—2017 年纯技术效率始终处于最优阶段,但此后出现了显著下降,到 2021 年纯技术效率值仅为 0.728,可见,北京发展该产业首先要提升纯技术效率水平,避免过低的效率波动造成损失。天津该产业纯技术效率水平在 2015—2018 年出现下滑,但之后上升明显,特别是在 2021 年纯技术效率水平实现最优,从发展变化来看,天津批发零售业要把纯技术效率长期稳定在有效水平上。而河北省该产业的纯技术效率在研究时期内始终处于最优水平,其在给定技术条件下的投入产出水平达到最佳状态,河北省发展该产业所具备的效率优势十分突出。

从规模效率来分析,北京批发零售业规模效率水平要高于纯技术效率水平,制约该产业综合技术效率提升的症结主要在纯技术效率上,同时,该产业已经处于规模报酬递减阶段,因此,北京促进批发零售业发展,要推动其技术与规模效率水平上升,而非单纯扩大其规模。天津该产业规模效率在多数年份里面要高于纯技术效率,且处于规模报酬递增阶段,批发零售产业壮大发展具备较大空间。河北省该产业规模效率高于京津两市,在 2017—2019 年更是处于规模效率有效阶段,需要注意的是,2020—2021 年规模效率相比之前有所降低,但其仍处于规模报酬递增阶段,加之技术效率始终最优,批发零售产业是河北省应重点发展的一类服务产业。

(九)基于产业技术效率测度结果的综合分析

通过对京津冀区域石油加工、医药、通信电子、汽车四个制造业产业和金融、交通运输、商务租赁、批发零售①四个服务业产业的技术效率测度,可以得出,在京津冀区域产业一体化进程中,有关产业技术效率的一些有价值的结论。

一是京津冀区域主要行业的产业技术效率存在着明显差别。具体来说,在四个制造业行业中,综合技术效率最高的是汽车制造业(0.826),其次是通信电子设备制造业(0.822),再次是石油加工业(0.805),医药制造业的综合技术效率水平最低(0.787)。其中,属于高技术制造业的

---

① 在此采用了产业部门的简称。

通信电子、医药产业并未显现出明显高于传统工业的较大技术效率优势。因此,对京津冀区域产业发展来说,一方面,高技术制造业的发展还具备较大的上升空间,应逐步提升其与传统产业技术效率间的比较优势,拉开效率梯度;另一方面,传统工业产业在京津冀区域仍然具有一定的技术效率,在高新技术制造业还未发展成熟前,传统工业仍有发展空间,高技术制造业业难以在短期内实现对传统工业的完全替代。从四个服务业行业的技术效率来看,交通运输行业的技术效率最高(0.885),其次是批发零售业(0.864),再次是金融业(0.767),而商务租赁业的综合技术效率水平最低(0.710)。交通运输行业与批发零售行业具有较高的技术效率水平,这有利于京津冀区域推动建设北方重要商贸基地。同时也发现,京津冀区域的金融服务业技术效率水平不高,这将会影响到金融服务实体经济、服务高质量发展的成效。而扭转商务租赁行业当前的低效率情况,关键在于有效提升商务服务能力。

表8.9 京津冀产业技术效率平均水平

部门	综合技术效率	纯技术效率	规模效率
石油加工	0.805	0.889	0.902
医 药	0.787	0.862	0.907
通信电子	0.822	0.986	0.829
汽 车	0.826	0.931	0.994
金 融	0.767	0.903	0.852
交通运输	0.885	0.897	0.983
商务租赁	0.710	0.877	0.812
批发零售	0.864	0.914	0.945

资料来源:根据表8.1-8.8计算所得。

二是京津冀区域已形成明显的产业内效率梯度。从四个制造产业来看,北京在通信电子产业上的技术效率处于最优水平,天津该产业技术效率位居第二位,河北省通信电子产业技术效率仅相当于北京的一半;在汽车制造业中,京津两市的技术效率实现了最优,河北省该产业技术效率与京津相比存在一定差距;北京的医药制造业技术效率水平也是最高的,津冀两省市的技术效率水平较为接近;天津在石油加工产业上具有较为明显的技术效率优势,其次是北京,河北省该产业的技术效率值较低。进一步分析,北京市在四个制造产业中有三个产业技术效率居首位,其中既包括通信电子、医药等高技术产业,也含有传统汽车产业,凸显了北京在京津冀区域产业发展中的优势;天津在石油加工产业上的技术效率优势比较突出,汽车产业的技术效率与北京并驾齐驱,通信电子产业的效率水平与北京也较为接近,应该说,天津在巩固传统产业发展的同时,加快高技术产业发展已经取得了成效。河北省在四个制造业的技术效率水平中均处于末位,部分行业的效率值与京津两市存在较大差距,这既形成了区域产业内梯度,为产业转移创造了条件,又因为较低的技术效率水平,地区间产业转移存在效率沟壑。与制造业情况存在较大不同的是,在研究涉及的四个服务行业中,河北省有包括金融、交通运输、批发零售在内的三个服务业的技术效率水平位居首位,其中的交通运输业处于最佳技术效率阶段,河北省服务业技术效率情况要明显好于制造业,下一步,河北省需要考虑如何更好的促进如金融业、交通运输业等服务业与制造业融合发展,推动制造业技术效率提升。天津在交通运输与商务租赁两个服务行业上具有技术效率优势,其中,在交通运输行业上与河北省同处于最优效率阶段,这有利于天津做大做强物流经济、建设区域商贸中心。而北京在四个服务行业中的交通运输、批发零售处于技术效率底端,由于北京紧紧锚定"四个中心"和高技术产业建设,如批发零售业已不属于北京重点发展的产业类型,但交通运输与批发零售的产业技术低效率,势必会对北京建设国际消费中心城市带来负面影响,因此,北京需要重视这两类产业的技术效率情况,提升技术效率水平。

表 8.10 产业技术效率比较

部门	综合技术效率			纯技术效率			规模效率		
	北京	天津	河北	北京	天津	河北	北京	天津	河北
石油加工	0.792	0.947	0.675	0.917	0.957	0.794	0.865	0.988	0.854
医 药	0.829	0.767	0.763	0.886	0.880	0.820	0.927	0.869	0.924
通信电子	1.000	0.978	0.489	1.000	1.000	0.959	1.000	0.978	0.509
汽 车	1.000	1.000	0.779	1.000	1.000	0.792	1.000	1.000	0.983
金 融	0.789	0.676	0.835	0.987	0.802	0.920	0.798	0.853	0.906
交通运输	0.654	1.000	1.000	0.690	1.000	1.000	0.949	1.000	1.000
商务租赁	0.739	0.847	0.543	0.971	0.985	0.674	0.761	0.858	0.816
批发零售	0.808	0.811	0.973	0.906	0.837	1.000	0.893	0.969	0.973

资料来源:根据表 8.1-8.8 计算所得。

运用非参数数据包络分析方法测度区域产业效率是一种比较静态的分析方法,本书进一步采用 Malmquist-DEA 指数模型测度京津冀区域产业技术效率的动态变化,目的是对京津冀区域产业技术效率有更加全面、深入的认识。

第四节 京津冀区域产业技术效率动态测度

本书基于 Färe(1992)提出的 Malmquist-DEA 指数模型测度京津冀区域产业技术效率动态变化,前文已给出了详细的 Malmquist-DEA 指数模型形式,在此不再赘述;在 Malmquist-DEA 指数测度中,所采用的投入指标和产出指标与前文中的指标相同,研究时期仍然为 2015—2021 年,实证数据来自《中国工业统计年鉴》《中国第三产业统计年鉴》以及省市统计年鉴。

在具体的测度过程中,本书首先运用 Malmquist-DEA 指数模型测度京津冀区域八类产业的全要素生产率的动态变化,在此基础上,将全要素生产率变化指数分解为技术效率变化指数和技术进步指数,以分析生产率变化主要是来自技术效率变化还是技术进步。

一、石油加工、炼焦及核燃料加工业技术效率变化

通过 2016—2021 年全要素生产率的变化可以看出,北京在京津冀三省市该产业中变化波动性是最强的,全要素生产率变化指数的标准差为 0.270,指数增幅为 0.340,而津冀两省市的波动相对平稳,指数标准差分别为 0.128、0.098。进一步来看,天津石油加工产业全要素生产率变化指数均值为 1.110,是三省市中全要素生产率提升最高的;而河北省该指数均值为 1.051;北京该产业均值最低,为 0.974,表明其全要素生产率出现下降。

将全要素生产率变化指数分解为技术效率变化指数和技术进步指数来分析,技术进步指数的波动性较全要素生产率变化指数的波动要更强一些,其中,天津该产业的技术进步指数均值为 1.053,是三省市中最高的,说明其技术进步较快,而北京石油加工产业技术进步提升水平位居第二位(1.023),河北省技术进步步伐缓慢(0.988)。从技术效率变化来看,三省市该产业的波动趋势最为明显的是北京市,其技术效率变化指数的标准差为 0.197,而天津与河北的技术效率波动情况较为平缓,标准差分别为 0.133、0.112。另外,从技术效率变化指数的均值来看,天津(1.062)与河北(1.081)的技术效率相比北京(0.949)处于快速期。总的来说,京津冀三省市该产业的技术进步与技术效率变化处于分化之中。

表 8.11 石油加工、炼焦及核燃料加工业技术效率变化

年份	全要素生产率变化指数			技术效率变化指数			技术进步指数		
	北京	天津	河北	北京	天津	河北	北京	天津	河北
2016	0.903	1.051	0.908	1.137	1.277	1.181	0.794	0.824	0.768
2017	1.086	1.352	0.993	0.992	1.093	0.924	1.095	1.237	1.075
2018	1.100	1.090	1.153	0.883	1.000	0.929	1.245	1.090	1.242
2019	1.042	1.017	1.066	1.119	1.000	1.149	0.931	1.017	0.928
2020	0.470	1.012	1.022	0.599	1.000	1.242	0.784	1.012	0.823
2021	1.243	1.137	1.162	0.967	1.000	1.062	1.286	1.137	1.094

资料来源:作者计算整理所得。

二、医药制造业技术效率变化

从全要素生产率变化指数整体水平看,京津冀三省市 2016—2021 年的变化趋势一致,都呈现上升的态势。其中,北京该产业的全要素生产率变化指数均值为 1.216,是京津冀三省市中最高的,其后分别为天津市(1.133)和河北省(1.105)。另外,从全要素生产率变化指数波动情况来看,指数标准差从高到低依次为:北京(0.268)、河北(0.231)、天津(0.220),全要素生产率的波动情况没有较为明显的区分度。

从技术效率变化指数均值水平看,天津(1.097)、河北(1.081)的技术效率变化较为接近,虽有提升,但增长幅度较小,而北京的技术效率变化指数整体呈现出下降的趋势,技术效率提升能力有所减弱。从技术进步均值水平来看,北京(1.128)、天津(1.035)、河北(1.029)三地各自的技术进步指数都存在普遍的上升趋势,且其指数标准差由高到低分别为北京(0.305)、河北(0.230)、天津(0.114),表明京津冀三省市该产业均呈现出了较为显著的技术进步趋势,该地区全要素生产率提升主要受到技术进步影响。

表 8.12 医药制造业技术效率变化

年份	全要素生产率变化指数			技术效率变化指数			技术进步指数		
	北京	天津	河北	北京	天津	河北	北京	天津	河北
2016	1.129	0.990	1.026	1.063	0.932	1.018	1.062	1.062	1.008
2017	1.154	1.330	0.933	1.052	1.218	0.916	1.097	1.092	1.019
2018	1.144	1.045	1.035	1.391	1.274	1.208	0.823	0.821	0.857
2019	1.102	0.990	1.131	1.046	0.929	1.091	1.054	1.066	1.036
2020	1.014	0.957	0.950	1.002	0.941	1.188	1.013	1.017	0.800
2021	1.754	1.484	1.553	1.021	1.288	1.067	1.718	1.152	1.455

资料来源：作者计算整理所得。

三、通信设备、计算机及其他电子设备制造业技术效率变化

通信电子设备制造业属于高技术产业，是京津两市重要的制造业产业，通过全要素生产率变化指数来看，2016—2021 年，京津两市全要素生产率变化指数整体表现上升趋势，但北京在 2017 年、2020 年，天津在 2016 年、2018 年出现指数小于 1 的情况，全要素生产率出现了降低；而河北该产业的全要素生产率变化指数呈现下滑态势。且从指数均值水平来看，北京全要素生产率变化指数均值（1.159）是最高的，天津（1.051）和河北（1.029）分居第二、三位。

从技术效率变化指数来看，北京通信电子产业该指数从 2016 年至 2021 年始终为 1，其技术效率处于稳态；天津该指数变化也较为平稳，其均值为 1.006，标准差为 0.084，基本上也处于技术效率无变化阶段；而河北该指数与京津两市相比波动幅度要大，其指数均值为 1.077，其技术效率变化有降低趋势。从技术进步指数来看，北京该指数均值（1.159）是最高的，其技术进步的平均幅度领先于津冀两地，同时，北京该产业的全

要素生产率增长主要是来自技术进步牵引;天津通信电子产业(1.044)也处于技术进步阶段,而河北在研究时期内多数年份处于技术进步衰退阶段,但在2021年技术进步提升明显。

表 8.13 通信设备、计算机及其他电子设备制造业技术效率变化

年份	全要素生产率变化指数			技术效率变化指数			技术进步指数		
	北京	天津	河北	北京	天津	河北	北京	天津	河北
2016	1.094	0.929	1.498	1.000	0.887	1.480	1.094	1.047	1.012
2017	0.932	1.210	1.005	1.000	1.152	1.082	0.932	1.051	0.929
2018	1.155	0.978	0.724	1.000	1.000	1.086	1.155	0.978	0.667
2019	1.353	1.088	0.671	1.000	1.000	0.683	1.353	1.088	0.984
2020	0.770	1.083	1.021	1.000	1.000	1.100	0.770	1.083	0.928
2021	1.653	1.019	1.253	1.000	1.000	1.030	1.653	1.019	1.216

资料来源:作者计算整理所得。

四、汽车制造业技术效率变化

从全要素生产率变化指数的均值来看,北京汽车产业的全要素生产率(1.080)提升最大,天津(1.025)居第二位,河北(1.009)居第三位。具体来看,北京该产业除2017年以外,其他年份全要素生产率均有提升;天津在2016年、2019年、2021年均出现全要素生产率降低,特别是,汽车生产作为天津的重要制造业产业,也是天津打造"1+3+4"现代产业体系中的优势产业,生产率的降低会影响到汽车产业的竞争力,需要引起注意;河北该产业在2017—2019年全要素生产率下降比较明显,但2020—2021年全要素生产率有所恢复上升。

从指数分解来看,2016—2021年,京津两市汽车制造业技术效率变化指数全部为1,处于稳态,由此判断,两地汽车制造业生产率变动完全由技术进步引起。与之形成对比,河北该产业技术效率变化指数出现较

大幅度的变动,且出现指数下降的现象。从技术进步指数均值分析,三省市均有较强的波动变化,其中,北京该产业技术进步指数变化水平最高(1.080),天津位居第二位(1.025),河北居第三位(0.997)。具体来看,北京该产业的全要素生产率增长动力来自技术进步较快,天津该产业的全要素生产率受制于技术进步缓慢的影响,而河北省该产业的技术进步能力也亟需提高。

表 8.14 汽车制造业技术效率变化

年份	全要素生产率变化指数			技术效率变化指数			技术进步指数		
	北京	天津	河北	北京	天津	河北	北京	天津	河北
2016	1.084	0.974	1.311	1.000	1.000	1.335	1.084	0.974	0.982
2017	0.953	1.044	0.839	1.000	1.000	0.848	0.953	1.044	0.990
2018	1.003	1.114	0.960	1.000	1.000	0.868	1.003	1.114	1.106
2019	1.175	0.976	0.868	1.000	1.000	0.933	1.175	0.976	0.931
2020	1.128	1.059	1.021	1.000	1.000	1.005	1.128	1.059	1.015
2021	1.139	0.981	1.054	1.000	1.000	1.099	1.139	0.981	0.959

资料来源:作者计算整理所得。

五、金融业技术效率变化分析

在研究时期内,北京金融业全要素生产率变化指数的波动较小,指数标准差为 0.106,且提升水平是最高的,其指数均值达到 1.030;天津该指数值处于较大幅度波动中,指数标准差为 0.164,均值为 0.974,且自 2017年开始有波动向下的变化趋势,2021 年该指数值为 0.877,全要素生产率下降;与天津金融业情况类似,河北省在 2017 年、2020 年指数值高于 1,其余年份均在 1 以下,其金融业全要素生产率变化指数均值为 0.941,全要素生产率处于下降阶段,津冀两省市金融业效率增长态势与北京存在显著差距。

进一步将全要素生产率变化指数进行分解,京津冀三省市金融业技术效率变化指数虽整体呈现上升趋势,指数均值由高到低依次为河北(0.992)、北京(0.974)、天津(0.974),同时,京津两市该产业技术效率变化指数波动也更为剧烈,指数标准差分别为0.191和0.194。2021年,北京金融业技术效率有所提升,津冀两省市该产业技术效率仍处于下降之中。从技术进步指数来看,北京(1.078)、天津(1.009)的指数均值高于河北省(0.961),且河北省技术进步指数值仅在2017年高于1,其他年份未实现技术进步。总的来看,河北省金融业的技术进步水平与京津两市存在明显差距。

表8.15 金融业技术效率变化

年份	全要素生产率变化指数			技术效率变化指数			技术进步指数		
	北京	天津	河北	北京	天津	河北	北京	天津	河北
2016	0.960	0.741	0.823	0.785	0.668	0.833	1.222	1.109	0.988
2017	1.085	1.208	1.053	0.837	1.212	0.966	1.295	0.997	1.090
2018	1.050	1.097	0.851	1.049	1.073	0.866	1.001	1.022	0.983
2019	1.131	0.946	0.988	1.279	1.079	1.007	0.884	0.877	0.981
2020	0.851	0.978	1.013	0.827	0.968	1.312	1.029	1.011	0.772
2021	1.103	0.877	0.917	1.066	0.844	0.966	1.035	1.038	0.949

资料来源:作者计算整理所得。

六、交通运输、仓储和邮政业技术效率变化

从全要素生产率变化指数分析,在研究时期内,京津两市该产业全要素生产率变化指数整体表现增长态势,其中,北京该指数由2016年的1.096上升到2021年的1.235,指数标准差为0.379,波动幅度较为明显,2019—2020年该指数出现大起大落,但总体效率变化还是向好;天津该产业指数从2016年的0.976上升到2021年的1.231,效率提升明显;而

河北交通运输产业的效率变化与京津两市有所不同,其呈现出波动向下变化,指数值由 2016 年的 1.033 下降到 2021 年的 1.024,但下降幅度不大,且仍呈现出效率增长态势。从指数均值来看,北京交通运输行业的全要素生产率变化均值(1.139)是京津冀三省市中最高的,其 2021 年的指数值也是当年京津冀该产业效率提升幅度最高的;天津该产业指数均值为 1.130,位居第二;河北省为 1.004,指数均值在京津冀地区中是最低的。整体来说,京津地区交通运输产业生产率向好提升程度要优于河北省。

将全要素生产率变化指数进行分解,北京该产业技术效率变化指数仅在 2016 年、2019 年在 1 以上,其技术效率水平在研究时期内多数年份出现下降,进一步可以发现,北京该产业全要素生产率变化指数在 2020 年表现异常主要是技术效率大幅降低造成的;而津冀两省市该指标值始终为 1,技术效率处于稳态阶段,表明其全要素生产率变化主要取决于技术进步。京津两省市技术进步指数处于波动上升中,河北略有下降,基本都处于技术进步中,2021 年天津技术进步(1.231)最为显著,北京(1.298)位居第二位,河北(1.024)技术进步相对慢一些。

表 8.16　交通运输、仓储和邮政业技术效率变化

年份	全要素生产率变化指数			技术效率变化指数			技术进步指数		
	北京	天津	河北	北京	天津	河北	北京	天津	河北
2016	1.096	0.976	1.033	1.068	1.000	1.000	1.025	0.976	1.033
2017	1.055	1.231	1.075	0.965	1.000	1.000	1.093	1.231	1.075
2018	1.040	1.209	0.669	0.794	1.000	1.000	1.309	1.209	0.669
2019	1.787	1.139	1.204	1.609	1.000	1.000	1.110	1.139	1.204
2020	0.620	0.996	1.019	0.621	1.000	1.000	0.999	0.996	1.019
2021	1.235	1.231	1.024	0.951	1.000	1.000	1.298	1.231	1.024

资料来源:作者计算整理所得。

七、租赁和商务服务业技术效率变化

通过全要素生产率变化指数看,2016—2021 年,京津冀三省市该指数均处于波动变化之中,其中,北京该产业指数由 2016 年的 0.986 上升到 2021 年的 1.098,津冀两地则出现不同程度下滑。天津该产业的指数值由 2016 年的 1.166 降低到 2021 年的 1.070,其标准差为 0.204,波动性最为明显;河北省商务租赁业全要素生产率变化指数由 2016 年的 1.006 降低到 2021 年的 0.959。在 2020 年,受到疫情对该产业的冲击,三地指数均出现了一定程度的下降,京津两市该产业全要素生产率有所降低,河北省略有提升。另外,从均值分析,河北省该指数的均值为 1.029,是京津冀三省市中最高的,而北京(1.012)和天津(0.907)分列其后。从年度来看,河北省在 2016—2020 年产业全要素生产率连续上升,而京津两市该产业全要素生产率均有明显起伏。

进一步,根据产业技术效率变化指数与技术进步变化指数均值发现,河北省该产业技术效率指数均值(1.036)与技术进步指数均值(1.001)均大于 1,说明技术效率和技术进步的提升情况总体上是好的,但从每年情况来看,商务租赁业技术效率与技术进步缺少连续提升的能力,同时也缺少同频共振,技术效率与技术进步同步提升能力也有所不足。北京商务租赁业技术进步指数均值(1.047)高于技术效率指数均值(0.971),技术效率不足制约了该产业全要素生产率的提高;而天津该产业技术效率指数均值(0.938)与技术进步指数均值(0.964)均小于 1,从每年情况来看,技术效率在 2016—2018 年、2021 年处于稳态,而 2019 年和 2020 年下降明显,同时,2018—2020 年技术进步缓慢,造成 2018—2020 年全要素生产率降幅明显,即使在 2021 年有所回升,但幅度较小,总的来看,天津的商务租赁行业在效率上仍然需要下功夫提升。

表 8.17　租赁和商务服务业技术效率变化

年份	全要素生产率变化指数			技术效率变化指数			技术进步指数		
	北京	天津	河北	北京	天津	河北	北京	天津	河北
2016	0.986	1.166	1.006	0.888	1.000	0.906	1.110	1.166	1.110
2017	0.960	1.017	1.092	0.940	1.000	1.079	1.021	1.017	1.013
2018	1.015	0.751	1.072	1.079	1.000	1.215	0.941	0.751	0.882
2019	1.053	0.655	1.046	0.965	0.689	0.973	1.091	0.952	1.075
2020	0.962	0.784	1.001	1.017	0.871	1.099	0.946	0.900	0.911
2021	1.098	1.070	0.959	0.937	1.070	0.946	1.172	1.000	1.013

资料来源:作者计算整理所得。

八、批发和零售业技术效率变化

通过 2016—2021 年全要素生产率变化指数变动情况来看,京津冀三省市该指数处于上升趋向,其中,天津批发零售产业全要素生产率变化指数不仅增幅最大,由 2016 年的 0.905 提升到 2021 年的 1.265,生产率由降低转为上升,且提升幅度也最为显著,指数标准差为 0.175,京冀两省市该指数也有不同程度的上升。从指数均值来看,北京该产业的全要素生产率变化指数不仅变动最为稳定,其均值也是京津冀三省市中最高的,为 1.110,特别是在研究时期内,北京批发零售产业全要素生产率始终大于 1,其生产率逐年提升;天津市(1.030)、河北省(1.017)分别位居第二、第三,其中,天津该产业在 2019—2021 年生产率逐年提升,河北省在 2021 年实现了生产率向好变化。总的来看,京津冀批发零售产业的全要素生产率正在逐步提升。

通过技术效率变化指数与技术进步指数可以发现,北京该产业技术效率变化指数仅在 2019 年大于 1,说明其技术效率本身是下降的,指数均值(0.951)小于技术进步指数均值(1.186),可见北京批发零售业生产率的提升主要来自于技术进步。津冀两省市该产业技术效率变化指数在研究期内有一半时期是大于1的,其中,天津该产业指数值在2019—2021年大于1,实现了技术效率提升,而河北省该产业的技术效率除2020年略有降低外,其他年份均处于技术效率上升中;与技术进步指数比较发现,天津该产业的技术效率变化指数均值(1.032)大于技术进步指数均值(1.003),说明在研究时期内,技术效率对全要素生产率的提升影响更大,天津该产业的技术进步水平在2018—2020年出现连续降低,在2021年出现向好;河北省技术进步影响总体弱于技术效率影响,但在2020—2021年技术进步明显,对全要素生产率起到正向促进作用。

表8.18 批发和零售业技术效率变化

年份	全要素生产率变化指数			技术效率变化指数			技术进步指数		
	北京	天津	河北	北京	天津	河北	北京	天津	河北
2016	1.038	0.905	0.975	0.952	0.956	1.007	1.090	0.947	0.968
2017	1.136	0.884	1.153	0.910	0.829	1.058	1.248	1.066	1.090
2018	1.060	0.853	0.923	0.883	0.868	1.000	1.200	0.983	0.923
2019	1.151	1.073	0.926	1.247	1.116	1.000	0.923	0.962	0.926
2020	1.037	1.199	0.996	0.773	1.332	0.938	1.341	0.900	1.061
2021	1.238	1.265	1.129	0.941	1.093	1.054	1.315	1.158	1.071

资料来源:作者计算整理所得。

九、京津冀区域产业技术效率动态变化分析

通过比较京津冀区域产业全要素生产率变化指数发现,在所研究的四个制造业产业中,全要素生产率提升最高的是医药制造业,其次是通信电子产业,平均变化水平最低的是汽车产业;而在四个服务业部门中,全要素生产率上升最快的是交通运输产业,其次是批发零售业,平均变化水平最低的是金融业。当然,指数变化的大小并不能够代表产业绝对技术

水平的高低,只能够说明在京津冀产业一体化进程中其技术水平提升幅度。可见,在研究时期内,作为京津冀高技术产业的医药制造业生产率水平提升情况是最好的。同时,交通运输、批发零售等与物流商贸相关的服务业生产率提升也较为显著,提升水平在6%以上。

从技术效率变化指数和技术进步指数来看,在四个制造业部门中,通信电子产业、汽车产业的技术进步指数大于技术效率变化指数。技术进步最快的是医药制造业,其次是通信电子产业。进一步就技术效率变化指数来说,制造业部门中的四类产业技术效率变化指数全部大于1,表明其技术效率均有所提高,其中技术效率提升最快的也是医药制造业。就四个服务业部门来说,技术进步指数全部高于技术效率变化指数。除批发零售业外,其余三个服务产业技术效率变化指数均小于1,说明这些产业需要更加有效组织利用现有生产要素,产业发展应重视技术效率问题。

在研究时期内,石油加工、汽车等传统制造业全要素生产率变化指数、技术效率变化指数、技术进步指数均值大于1,反映出传统制造业的生产效率依然在提高,同时,技术进步指数提升更是达到5%以上,其技术进步能力也在增强。这表明,随着京津冀产业一体化逐步加深,传统制造业在可预见的未来依然有着较大的发展空间。

第九章　研究总结、政策建议与展望

本书以"京津冀区域产业一体化发展的统计研究"为题,搭建了基于区域协议性分工理论的产业一体化发展理论框架和统计测度系统,并以此为基础,对京津冀区域产业一体化发展进行了实证研究,得到了一些有价值的结论。

第一节　研究总结

一、理论与方法研究总结

本书在传统协议性分工思想基础上,建立了一国内部地区之间的协议性分工理论,并由此构建出包含五方面核心观点的产业一体化发展理论框架。

一体化是消除区域间生产要素和产品自由流动壁垒的理论观点。区域间要素与产品自由流动壁垒程度越高,表明地区市场分割越严重,要素和产品的跨地区流动性就越差,产业一体化就越难以实现,因此,消除生产要素和产品自由流动壁垒是实现区域产业一体化的保障。

地区间经济发展和产业梯度水平是诱发产业一体化动力的理论观点。产业转移是实现区域产业一体化的主要途径,是落实协议性分工的重要体现,而产业转移发生的直接动力源自区域内部存在着经济发展和产业水平梯度,正是这种梯度差异所形成的势能诱发了产业一体化的实现。

一体化是加强地区间空间经济联系的观点。区域内部各地区间经济不是相互独立的,而是存在着普遍的空间经济联系,特别是在协议性分工框架之下,更是紧密的将不同地区的经济发展联系在了一起,强化了地区间经济的相互影响。通过对地区间产业空间联系展开研究,可以发现本地区哪些产业受到了来自周边地区产业发展的空间影响,且这种影响对本地区经济发展的作用强度如何,进一步,在区域产业一体化进程中又将会受到怎样的影响。

产业一体化进程提升产业结构优化水平的观点。以区域协议性分工为基础,地区间的产业布局将发生显著变化,通过地区间的产业转移,区域产业分布更加合理,地区间的经济发展更加均衡,这将会提升区域产业结构的合理化与高级化水平。

产业一体化促进产业技术效率提升的观点。随着区域一体化程度逐步加深,地区间流动壁垒逐渐减弱,区域内部生产要素配置更加科学,人才和资金流动更加便利,新的生产技术在区内传播更加迅速,改变了地区产业的生产投入与产出结构,使得产业技术效率水平获得普遍提升。

针对理论框架中的每一方面,结合经济统计学研究方法,建立起区域产业一体化发展的统计测度系统。

关于生产要素和产品自由流动的测度研究,本书从一体化中的"市场价格"角度进行测度。市场价格一体化水平反映了产品和要素市场的分割程度,而这也体现了要素和产品在地区间的流动壁垒。因此,对区域生产要素和产品流动壁垒的测度就转变为采用基于"冰山成本"模型的市场价格法对区域市场一体化水平的测度。区域市场整合问题研究的关键在于讨论商品相对价格的变化规律,研究地区间相对价格在时间序列上是否收敛。

关于产业转移动力的测度研究,从地区间经济发展差异、城市经济发展不平衡性、产业结构梯度以及产业专业化水平等多角度,采用经济总量指标、经济发展人均指标、经济活力指标、三次产业产值占地区总产值比重、能源消耗指标、产业同构系数、区位熵等经济统计指标,综合测度地区之间经济和产业水平梯度差异。

关于产业空间经济联系的测度研究,是在空间偏离份额模型基础上通过改进形成的地区间产业空间联系测度模型,并结合产业空间关联综合指数、空间结构强度指数对地区间产业空间经济关联程度进行了测度。

关于一体化中的产业结构优化的测度研究,从产业结构优化的结构合理化和高级化两个角度,采用产业结构转换指数(Moore 指数)测算区域产业结构的高级化转换速率;采用泰尔结构偏离度指数测度区域产业结构的合理化水平;运用产业结构的高技术化指数、高加工度化指数、服务化指数以及能源功效指数等对区域产业结构的高级化水平进行了测度;最后,采用了多元统计分析中的因子分析方法对结构优化水平进行了综合评价。

关于一体化中的产业效率的测度研究,从产业生产投入结构与产出结构的角度,采用数据包络分析方法与 Malmquist-DEA 指数模型相结合的方法,对区域主要制造业和服务业的技术效率水平进行了测度。数据包络分析技术是基于生产中的投入与产出样本数据,刻画出最佳的生产前沿面,将每一个决策单元与最佳生产前沿面的距离作为生产单元的技术效率测度值,运用该方法可以测度区域产业的规模效率、纯技术效率以及综合技术效率。进一步,运用 Malmquist-DEA 指数模型测度区域产业全要素生产率水平的动态变化,并将全要素生产率变化指数进一步分解为技术效率变化指数和技术进步指数,目的是对区域产业的生产率动态变化进行全面分析。

二、实证研究总结

根据区域产业一体化的理论框架和统计测度模型,对京津冀产业一

体化发展水平进行了实证研究,结果发现:

京津冀区域市场一体化程度逐步加深,要素和产品的流动壁垒逐渐减弱,这加速了区域产业一体化进程。京津冀市场在 1993—2011 年处于剧烈整合期,此后进入了深度整合阶段,市场一体化水平波动上升。分京津冀三省市来看,津冀之间的市场一体化水平最高,其次是京冀地区,而京津这两座超大城市之间的市场一体化水平尚需进一步提升。在对区域要素和产品流动壁垒分析的基础上,讨论了京津冀区域产业分工的程度。在农业方面,京津冀三省市已形成了合理的分工,工业尤其是制造业领域有着很大的合作空间,而在服务业发展上存在一定的落差,这也意味着区域服务业在未来发展潜力巨大。除三次产业合作以外,京津冀三省市在技术、人才、公共服务等方面也存在着广泛的合作。

京津冀区域内部三省市之间存在着明显的经济发展和产业水平梯度差异,经济规模与增速、人均发展水平、经济活力、经济能耗等均存在差异,同时,13 座城市的经济发展存在空间不平衡,这些既构成了产业一体化与产业转移的直接动力,又由于地区经济质量和产业结构水平的较大差距延缓了产业转移的步伐,而京津冀地区之间存在的产业结构趋同问题,造成了三省市在某些行业或领域出现产业竞争。随着京津冀三省市产业发展规划的进一步明确,特别是北京以建设国际一流的和谐宜居之都为目标,提出着力提升首都核心功能,加强“四个中心”建设,构建全国科技创新中心,其未来产业发展方向以电子通信技术、信息科学、光机电、生物医药等高技术产业为主,势必会有更多的传统工业产业转移至河北省地区,短期内产业转移现象会频繁出现,从长期来看,北京地区丰富的技术研发成果也会源源不断向津冀地区转化落地,三省市从技术研发到生产制造的分工与合作将会更加紧密。

河北省产业发展受地区间产业空间经济影响较为明显,其次是天津,北京受到的影响较弱。与京津两市相比,河北省三次产业发展都受到了区域产业空间影响不同程度的带动,其中即包括农业、工业,也包括金融业等生产性服务业,河北省产业发展借助京津冀区域产业一体化趋势获得了更大空间的提升,有利于不断优化河北省的三次产业结构。同时,天津的制造业、交通运输服务行业等与京津冀区域产业发展也紧密相关,天津在制造业和生产性服务业领域仍可继续借助京津冀区域产业一体化之势加速自身产业发展与结构升级调整。北京的金融业、房地产业受到了津冀地区产业空间正向影响,尽管受影响的产业数量和空间带动力较弱,但随着京津冀产业一体化不断深入,北京势必会有更多产业发展会受到天津和河北产业空间正向影响。

随着京津冀区域产业一体化的发展,产业结构处于快速调整中,其中,河北省在研究时期内产业结构调整变化最快,其次是天津,而北京服务化的产业结构处于较高水平,其调整速度也就相对慢一些;从产业结构的合理化水平来看,北京产业结构的合理化水平最高,天津位居第二位,而河北省产业结构的合理化程度偏低;从产业结构的高级化程度来看,北京产业结构的高技术化、高加工度化、服务化以及产业能源功效方面均处于京津冀三省市的领先位置,天津在这些方面处于第二位,而河北省产业结构的高级化水平还需要加力提升。从区域之间的比较来看,京津冀产业结构水平虽然在逐渐提升,但与长三角、珠三角经济区相比,仍然存在着差距。从城市产业结构优化水平的综合评价来看,近年来,京津冀三省市的产业结构在我国主要城市的产业结构水平排名中的位置没有发生显著变化,北京处于全国领先水平,天津处于中游水平,而河北省的产业结构在国内仍处于较低水平。可见,区域产业一体化的发展还未达到拉动城市产业结构水平普遍提升的程度,产业一体化对地区产业结构优化水平的拉动作用还丞待加强。

在区域产业一体化进程中,地区不同类型产业的技术效率水平存在着差异。从产业技术效率测度结果来看,在四个制造业产业中,京津冀汽车产业的综合技术效率最高,电子通信产业位居第二,石油加工业位居第三,医药产业综合技术效率最低;在所研究的服务业产业中,交通运输产业综合技术效率最高,批发零售次之,金融业排名第三,商务租赁效率最低。从京津冀三省市来看,在四个制造业产业中,北京在电子通信产业、医药产业、汽车产业具备优势,天津在石油加工产业上技术效率优势明显,而河北省在这几类制造业上的技术优势均不突出,与京津两市存在效率差距;与此不同的是,在四个服务业行业中,河北省在金融、交通运输、批发零售三个行业中具备效率优势,天津在商务租赁行业中具备效率优势,而北京在交通运输和批发零售行业中处于效率底端。从全要素生产率的变化来看,在四个制造业产业中,医药产业的全要素生产率提升最快,通信电子产业次之;在四个服务业产业中,交通运输行业全要素生产率快速上升,批发零售业居第二位。进一步发现,石油加工、汽车等传统制造业在京津冀区域仍然具有一定的技术效率水平,技术效率在产业一体化进程中得到了较快提升,因此,在高技术产业发展的同时,传统工业产业也仍然有着广阔的发展空间。

第二节　政策建议

2023 年 5 月,《京津冀产业协同发展实施方案》正式公布。该方案由工信部会同国家发展改革委、科技部等有关部门以及京津冀三地政府共同编制完成。方案系统总结了京津冀产业协同发展取得的众多标志性成果,包括工业经济稳中有进,2022 年,地区工业增加值是 2013 年的 1.5 倍,年均增速达到 4.5%;产业结构持续优化,北京 2014 年以来累计退出一般制造和污染企业近 3000 家,天津国家级企业技术中心累计达到 77 家,河北 2021 年制造业单位数量区域占比达到 79.3%;协同发展水平持续提升,京津冀三省市互设分、子公司超过 9 万户;产业发展载体加速建设,"2+4+N"产业合作格局初步形成,以北京城市副中心和雄安新区为"两翼"促进产业集聚,着力建设滨海新区、曹妃甸区、张承生态功能区、大兴国际机场临空试验区等"4+N"产业载体;新一代信息技术设施建设应用持续深入,截至 2022 年底,京津冀累计建成 5G 基站 40.5 万个。方案提出,要坚持市场主导与政府引导、协同创新与开放合作、分工协作与优势互补、转型升级与提质增效的原则,到2025年,京津冀产业分工定位更加清晰,产业链创新链深度融合,综合实力迈上新台阶,协同创新实现新突破,转型升级取得新成效,现代化产业体系不断完善,培育形成一批竞争力强的先进制造业集群和优势产业链,协同机制更加健全,产业协同发展水平显著提升,对京津冀高质量发展的支撑作用更加凸显[①]。方案共提出八个方面的重点任务,包括优化区域产业分工和生产力布局、提升产业基础高级化和产业链现代化水平、增强区域产业创新体系整体效能、协同打造数字经济新优势、加速绿色低碳转型、推动质量品牌标准一体化建设、培育壮大优质企业群体以及深化产业高水平开放合作等。

可以说,京津冀产业协同发展的方案为区域产业更好地实现一体化提供了具体路径,为京津冀三省市更好地运用地区产业资源、发挥产业基础优势、打造良好分工与协作产业格局、推动区域产业高质量发展提供了实现方式。应该说,本书提出的京津冀区域产业一体化是产业协同的高级化型态,也可以说,是产业协同的最终目标,只有三省市产业体系建设、上下游产业链协同发展好,促进三省市三次产业深度融合,京津冀产业一体化指日可待。

本书基于区域协议性分工理论以及实证测度结果反映出的具体问题,并结合京津冀产业协同发展的最新方案,从五个方面提出建议。

加快形成基于京津冀区域产业一体化的共同事务处理机制。基于协议性分工的区域产业一体化,强调了区域内部各地区间通过协议的方式来安排生产,保证各地区利益一致,最终实现京津冀区域经济高质量发展与三省市经济协调增长同步。而在达成协议性分工的过程中,是各方利益协调与博弈的过程,从长期来看,需要尽快建立区域产业发展的共同事务处理机制,依靠有效的共同事务处理机制来维持京津冀三省市的利益均衡,确保市场经济高效运行;依靠区域共同事务处理机制,使区域内部各地区利益空间得以向外延伸,消除地区间的利益矛盾,维护三省市利益

---

① 一图读懂京津冀产业协同发展实施方案[EB/OL]. https://baijiahao.baidu.com/s? id=1766679545522768127&wfr=spider&for=pc.

的一致性,进而提升区域产业体系与产业结构的现代化与竞争力水平。

广泛搭建京津冀区域科技合作交流平台。通过前文实证研究发现,河北省在经济发展质量、产业结构合理化与高级化水平上,较京津两市依然存在着一定差距,这在很大程度上是由于河北与京津地区在科技禀赋上存在着巨大的差距,由此,会影响京津冀区域产业一体化进程。京津冀内部各大科研院所、研究机构云集,科技研发力量雄厚,但空间分布极不均衡,京津两市拥有过多的优质科技资源,而河北省的科技资源明显不足。因此,迫切需要建立一个广泛的京津冀区域科技交流合作平台,这既包括三地政府搭建的官方合作平台,也包括三省市科研院所之间、企业之间、企业与高校之间建立完善的、成体系化的产学研合作交流机制,既包括京津已有应用性基础创新、原始创新向河北转化落地,也包括三省市在生产技术领域展开共同探索。比如,河北省地区企业与京津两市的科研院所合作,将京津两市的科学研究转换为现实生产力,使得河北省充分享受京津两市的科技成果,提高河北省产业结构中的技术含量,提升产业结构的高级化水平。

大力推动京津冀区域产业服务化发展。京津冀三省市在服务业发展上存在着一定落差,这将减缓产业一体化进程。特别是现阶段,高质量的生产性服务业将会降低生产与交易过程中的人才流动、资本融通、技术交流、交易物流、信息共享等的成本,同时,提高生产经营与商品贸易效率,全面提升地区经济运行质效。因此,在区域产业转移过程中,不仅是实体工业、制造业的转移,更是涉及第三产业由京津两市向河北省地区转移,加速金融保险、运输仓储、信息咨询、技术中介、教育文化等优质服务资源向河北省扩散,这不仅会提升河北省地区经济发展的软实力,缩小地区间经济发展水平差距,还可以降低京津两市向河北省地区进行产业转移的成本,有助于产业转移整体提速。

着力提升京津冀区域产业技术效率水平。以往在国民经济发展中,人们更多的是关注于技术进步对经济增长的影响,而忽视了技术效率的作用。特别是在短期内技术进步不显著的情况下,技术效率的提升将会对经济发展产生深远影响。因此,京津冀区域产业一体化发展也意味着生产技术效率的普遍提升。在京津冀内部,京津冀三省市在不同的产业上各具产业效率优势,同时,产业内已形成明显的生产效率梯度差异。区域产业一体化发展应重视产业技术效率水平的提升,缩小地区间产业技术效率差距。技术效率主要是与产业组织形式、管理机制以及人力资本等因素紧密相关,因此,京津冀区域应借助北京总部经济发达的优势,借鉴先进制造业企业管理经验,培育高水平企业管理者,提高区域产业技术效率水平。以生产型企业为例,北京市采取保留产业总部而将生产环节向河北地区转移的方式,这既保持了生产企业在北京的总部经济发展平台,又促使先进的生产管理经验源源不断地输入河北省。

高水平打造京津冀产业分工格局。以京津冀协同发展规划纲要、京津冀产业协同发展实施方案、京津冀三省市城市发展规划为基础,京津冀区域产业一体化发展突破了传统的、单纯依靠比较优势、各自为政的产业发展模式,以产业协议性分工模式来实现区域经济的协同发展,关键是对经济格局超前谋划、合理布局。具体建议如下。

北京提出建设国际一流和谐宜居都市,着力提升首都功能、京津冀协同发展水平、经济发展质效等,扎实推进"四个中心"建设,未来大力发展服务业,尤其是生产性服务业,切实提高生产性优势服务效率,促进文化创意产业、数字经济与平台经济产业、国际会展业等的发展;努力推动制造业走向高精尖化,重点发展新能源汽车、新药研发、新一代信息技术等高技术产业,打造创新型产业集群示范区,注重北京与雄安新区产业协同创新。

天津以社会主义现代化大都市建设为目标,着力建设"一基地三区",促进港产城深度融合发展,充分利用对外贸易口岸绝佳区位条件、自由贸易试验区良好制度条件,发挥好国际港湾职能,发展具备外向型功能的第三产业;2023年天津组织实施制造业高质量发展行动,建设"1+3+4"现代制造业体系,推动制造业走向高端化、智能化、绿色化,重点培育发展智能科技、汽车、绿色石化、装备制造、新能源、新材料、生物医药、航空航天产业,推动产业向价值链高端环节发展;出台《天津市未来产业培育发展行动方案(2024—2027)》,全面谋划布局未来产业,瞄准下一代信息技术、未来智能、生命科学、空天深海等重点领域,持续发力;切实发挥天津滨海新区高质量发展支撑引领作用,积极探索制度型开放,以制度创新、体制机制创新为经济发展赋能。

河北省各地级市要凭借各自的资源优势,在京津冀协同发展大环境下,选择适合自己的发展战略,走具备优势的专业化发展道路。比如,唐山市作为重要的工业城市,应在利用现有资源的同时,积极承接京津两市产业转移,一方面,推动钢铁、冶金等传统产业实现转型升级,另一方面,着力培育战略性新兴产业,加快机器人等新型工业基地建设;同时,借助曹妃甸发展循环经济,充分利用港口优势加大对外联系。沧州也是重要的工业城市,应促进县域特色产业集群发展,推动石化、铸造、管道管件等产业技术升级;秦皇岛和承德应重点发展旅游文化产业,提高服务业产业比重;廊坊走大学城的发展道路,充分发挥科教文化职能,同时,发展特色服装、保温建筑材料等产业,着力促进现代商贸物流产业发展;保定发展电力及新能源装备、纺织箱包、肠衣、中药材等产业;张家口应充分发挥其生态职能,重点进行生态建设和环境保护,发展环境友好型绿色产业,比如文旅产业、新能源产业等。

第三节　研究不足与展望

限于作者本身的学识水平以及研究中所需结构化数据资料占有仍显匮乏,本书中依然存在不足之处,概括如下。

本书对京津冀区域产业一体化发展问题的研究主要是针对中观层面产业的研究。特别是对京津冀区域产业转移问题的研究,集中在中观层面展开讨论,并未对微观层面企业在产业转移中的作用进行讨论。诚然,企业是产业组成中基本的构成单位,可以说,企业的利益得失往往会对区域产业一体化进程产生直接影响。在产业一体化中获益的企业往往倾向于推动一体化发展,而利益受损的企业总是会消极应对区域产业分工调整与产业转移,因此,企业在区域产业一体化中的影响是显著的。

由于数据的可得性问题,部分实证数据更新到 2021 年,与当前问题研究相比,存在一定滞后。此外,京津冀区域产业研究本应涉及诸多对地级市产业发展问题的讨论,但由于完整的地级市分产业结构化数据无法获取,造成本书并未过多涉及对河北省内部地级市产业发展问题的讨论。

针对上述不足,笔者在未来将持续努力改进。书中可能仍然存在着其他不足之处,恳请学界同仁、各位读者给予指正。

参考文献

[1]叶堂林,王雪莹,刘哲伟,等.京津冀发展报告.2023:国际创新中心建设助推区域协同发展[M].北京:社会科学文献出版社,2023.

[2]刘秉镰,张贵,等."十四五"时期京津冀协同发展的新格局[M].天津:南开大学出版社,2021.

[3]武义青.京津冀协同发展大事记[M].北京:经济日报出版社,2022.

[4]戴宏伟.京津冀协同与首都城市群发展研究[M].北京:经济科学出版社,2021.

[5]叶振宇.京津冀协同发展的阶段效果评价研究[M].北京:经济管理出版社,2023.

[6]周伟.京津冀产业转移升级与空间分布[M].北京:首都经济贸易大学出版社,2022.

[7]连玉明.京津冀协同发展:新理念新战略新模式[M].北京:当代中国出版社,2017.

[8]赵桐,宋之杰,马红.京津冀地区装备制造业产业升级研究:基于双重价值链的视角[M].北京:经济管理出版社,2019.

[9]天津市科学学研究所京津冀协同创新研究组.京津冀协同创新共同体:从理念到战略[M].北京:知识产权出版社,2018.

[10]北京大学首都发展研究院.大国首都方略[M].北京:科学出版社,2019.

[11]李兰冰.区域产业结构优化升级研究[M].北京:经济科学出版社,2014.

[12]亚当·斯密.国富论[M].胡长明,译.重庆:重庆出版社,2015.

[13]萨缪尔森,诺德豪斯.经济学(第19版)[M].萧深,主译.北京:商务印书馆,2013.

[14]石敏俊.区域经济学[M].北京:中国人民大学出版社,2020.

[15]魏后凯.现代区域经济学(修订版)[M].北京:经济管理出版社,2011.

[16]高洪深.区域经济学(第4版)[M].北京:中国人民大学出版社,2013.

[17]安虎森.新区域经济学(第3版)[M].大连:东北财经大学出版社,2015.

[18]艾萨德.区位与空间经济[M].杨开忠,等译.北京:北京大学出版社,2011.

[19]藤田昌久,克鲁格曼,等.空间经济学:城市、区域与国际贸易[M].梁琦,主译.北京:中国人民大学出版社,2011.

[20]亨德森,蒂斯.区域和城市经济学手册(第4册)[M].郝寿义,等译.北京:经济科学出版社,2012.

[21]肖兴志.产业经济学[M].北京:中国人民大学出版社,2012.

[22]苏东水.产业经济学(第3版)[M].北京:高等教育出版社,2010.

[23]钱纳里,鲁宾逊,赛尔奎因.工业化和经济增长的比较研究[M].吴奇,等译.上海:格致出版社,2015.

[24]文魁,祝尔娟,叶堂林.京津冀发展报告:协同创新研究(2015)[M].北京:社会科学文献出版社,2015.

[25]连玉明.京津冀协同发展的共赢之路[M].北京:当代中国出版社,2015.

[26]刘玉海,叶一剑,李博.困境:京津冀调查实录[M].北京:社会

科学文献出版社,2012.

[27]李国平,陈红霞,等.协调发展与区域治理:京津冀地区的实践[M].北京:北京大学出版社,2012.

[28]周立群.京津冀都市圈的崛起与中国经济发展[M].北京:经济科学出版社,2012.

[29]母爱英,武建奇,武义青,等.京津冀:理念、模式与机制[M].北京:中国社会科学出版社,2010.

[30]陈建军.要素流动、产业转移和区域经济一体化[M].浙江:浙江大学出版社,2009.

[31]刘伟.高新技术产业技术创新效率研究[M].北京:科学出版社,2014.

[32]张新芝.区域产业转移的发生机制研究[M].北京:经济管理出版社,2014.

[33]杜传忠,刘英基.区际产业分工与产业转移研究[M].北京:经济科学出版社,2013.

[34]张鹏,丘萍.我国区域间经济溢出效应评价及机制研究[M].北京:中国社会科学出版社,2012.

[35]石敏俊,张卓颖,等.中国省区间投入产出模型与区际经济联系[M].北京:科学出版社,2012.

[36]梁琦.产业集聚论[M].北京:商务印书馆,2004.

[37]李欣广.产业对接理论与产业结构优化[M].北京:人民出版社,2011.

[38]伍文中,雷光宇,李瑞,等.京津冀经济圈产业竞争力研究[M].北京:经济科学出版社,2013.

[39]邓永波.区域分工、产业选择与协同发展——以京津冀为例[J].政治经济学季刊,2023,2(4):124-140.

[40]曹颖,周钦.区域一体化、创新能力与绿色发展——基于长江经济带的实证研究[J].资源与产业,2022,24(1):96-106.

[41]皮亚彬,陈耀.大国内部经济空间布局:区位、禀赋与一体化[J].经济学(季刊),2019,18(4):1289-1310.

[42]赵鹏.交通基础设施对区域一体化影响研究[J].经济问题探索,2018(3):75-82.

[43]张学良,李培鑫,李丽霞.政府合作、市场整合与城市群经济绩效——基于长三角城市经济协调会的实证检验[J].经济学(季刊),2017,16(4):1563-1582.

[44]覃一冬,王俊杰.市场潜力、贸易自由化与地区工资差距[J].财经论丛,2015(7):3-8.

[45]李晓阳,代柳阳,易鑫.基础设施投资的多重经济增长效应研究——基于区域间投入产出模型[J].数量经济研究,2022,13(2):82-110.

[46]黎峰.双重价值链嵌入下的中国省级区域角色——一个综合理论分析框架[J].中国工业经济,2020(1):136-154.

[47]刘志华,徐军委,张彩虹.科技创新、产业结构升级与碳排放效率——基于省际面板数据的 PVAR 分析[J].自然资源学报,2022,37(2):508-520.

[48]庞敏,夏周培.金融创新对产业结构升级的影响机制与效应分析——基于中介效应和空间效应的解析[J].工业技术经济,2020,39(9):30-38.

[49]徐仙英,张雪玲.中国产业结构优化升级评价指标体系构建及测度[J].生产力研究,2016(8):47-51.

[50]张抗私,王振波.中国产业结构和就业结构的失衡及其政策含义[J].经济与管理研究,2014(8):45-53.

[51]刘莉,孟庆浩.基于三阶段 DEA 中部地带物流产业效率测度研究[J].重庆理工大学学报(社会科学),2020,34(11):65-73.

[52]梅国平,龚雅玲,万建香,等.基于三阶段 DEA 模型的华东地区物流产业效率测度研究[J].管理评论,2019,31(10):234-241.

［53］张娜,李波.基于三阶段 DEA 模型的西部地区物流产业效率测度研究［J］.数学的实践与认识,2018,48(20):244-250.

［54］刘佳,陆菊,刘宁.基于 DEA-Malmquist 模型的中国沿海地区旅游产业效率时空演化、影响因素与形成机理［J］.资源科学,2015,37(12):2381-2393.

［55］纪明,钟敏,许春慧.我国产业转移效率的测算及其对经济增长的影响［J］.统计与决策,2021,37(10):106-110.

［56］唐根年,许紫岳,张杰.产业转移、空间效率改进与中国异质性大国区间"雁阵模式"［J］.经济学家,2015(7):97-104.

［57］张文武.中国产业转移与扩散的测度与趋势研究［J］.统计与决策,2013(13):109-111.

［58］陈明华,王哲,李倩,等.京津冀一体化情形下高质量发展的收敛性检验［J］.中国人口科学,2022(3):86-98+128.

［59］李晓欣.京津冀区域市场一体化水平测度研究——基于商品价格方差测度的分析［J］.价格理论与实践,2020(4):76-79.

［60］倪文卿.京津冀产业一体化测度及可行性研究［J］.资源与产业,2019,21(3):31-37.

［61］刘伟.京津冀一体化水平测度及分析［J］.中国科技经济新闻数据库经济,2016(8):311.

［62］冯亮,陆小莉.产业转型升级效果的多维测度:以京津冀城市群为例［J］.统计与决策,2021,37(19):64-67.

［63］袁嘉琪,卜伟,杨玉霞.如何突破京津冀"双重低端锁定"?——基于区域价值链的产业升级和经济增长效应研究［J］.产业经济研究,2019(5):13-26.

［64］陈芬菲.京津冀区域金融发展与产业升级互动研究［J］.工业经济论坛,2016,3(6):678-686.

［65］姚希.京津冀区域经济发展现状及对策探究［J］.科技创业月刊,2021,34(7):34-39.

[66]刘洋,李丽娟.京津冀地区产业结构演进特征分析[J].南水北调与水利科技,2018,16(4):7-16+25.

[67]熊燕.浅析京津冀地区经济结构调整面临的问题[J].改革与战略,2015,31(10):128-131.

[68]邢会,谷江宁,张金慧.京津冀产业单一、协同集聚与制造业全要素生产率提升——要素禀赋结构的调节作用[J].工业技术经济,2021,40(10):70-76.

[69]钱晓英,王莹.京津冀地区产业集聚与生态环境间的耦合关系[J].统计与决策,2016(3):103-106.

[70]孙久文,卢怡贤,易淑昶.高质量发展理念下的京津冀产业协同研究[J].北京行政学院学报,2020(6):20-29.

[71]孙彦明.京津冀产业协同发展的路径及对策[J].宏观经济管理,2017(9):64-69.

[72]张贵,王树强,刘沙,等.基于产业对接与转移的京津冀协同发展研究[J].经济与管理,2014,28(4):14-20.

[73]武玉英,闫佳,何喜军.京津冀高技术产业技术供需协同研究[J].科技管理研究,2018,38(5):117-123.

[74]黎峰.增加值视角下的中国国家价值链分工——基于改进的区域投入产出模型[J].中国工业经济,2016(3):52-67.

[75]潘文卿.中国区域经济发展:基于空间溢出效应的分析[J].世界经济,2015,38(7):120-142.

[76]刘照德,聂普焱.经济集聚、产业结构升级与绿色经济效率协调发展——基于京津冀与粤港澳大湾区的比较分析[J].北京社会科学,2023(12):29-43.

[77]刘洁,栗志慧,周行.双碳目标下京津冀城市群经济—人口—资源—环境耦合协调发展研究[J].中国软科学,2022(S1):150-158.

[78]刘肖,金浩.京津冀城市群制造业与生产性服务业协调发展研究——基于生产性服务业细分产业视角[J].河北工业大学学报(社会科

学版),2021,13(4):1-8.

[79]张满银,张丹.京津冀区域规模以上工业企业创新效率研究[J].统计与决策,2019,35(24):176-180.

[80]陶娅娜.金融空间分布与产业布局研究——兼论对京津冀协同发展的启示[J].金融与经济,2018(12):13-19.

[81]张子霄,吕晨.京津冀城市群与波士华城市群空间结构对比分析[J].湖北社会科学,2018(11):59-68.

[82]祝尔娟,何晶彦.基于大数据分析京津冀产业协同进展与动向[J].产业创新研究,2017(2):30-34.

[83]王岩.京津冀地区经济的时空特征及对协同发展的思考[J].价格理论与实践,2016(11):142-145.

[84]刘树峰,杜德斌,覃雄合,等.中国沿海三大城市群企业创新时空格局与影响因素[J].经济地理,2018,38(12):111-118.

[85]唐承财,孙孟瑶,万紫微.京津冀城市群高等级景区分布特征及影响因素[J].地理研究,2019,39(10):204-213.

[86]皮建才,薛海玉,殷军.京津冀协同发展中的功能疏解和产业转移研究[J].中国经济问题,2016(6):37-49.

[87]靳艳峰,李钢.基于灰色聚类分析的京津冀城市群层级划分研究[J].北京邮电大学学报(社会科学版),2015,17(6):70-76.

[88]王琦,华夏,刘宏岚.基于DEA的京津冀科技资源绩效评价技术研究[J].经济研究导刊,2014(7):189-193.

[89]龙龙,马荣康,刘凤朝.基于投入产出关联的区域产业部门角色演化研究——京津冀与东北地区的比较分析[J].大连理工大学学报(社会科学版),2014,35(1):29-34.

[90]王雪妮.基于区域间投入产出模型的中国虚拟水贸易格局及趋势研究[J].管理评论,2014,26(7):46-54.

[91]吴群刚,杨开忠.关于京津冀区域一体化发展的思考[J].城市问题,2010(1):11-16.

[92]孙颖,潘月鹏,李杏茹,等.京津冀典型城市大气颗粒物化学成分同步观测研究[J].环境科学,2011,32(9):2732-2740.

[93]郭腾云,董冠鹏.京津冀都市区经济分布演化及作用机制模拟研究[J].地理科学,2012,32(5):550-556.

[94]陈洁,陆锋.京津冀都市圈城市区位与交通可达性评价[J].地理与地理信息科学,2008(2):53-56.

[95]马国霞,田玉军,石勇.京津冀都市圈经济增长的空间极化及其模拟研究[J].经济地理,2010(2):177-182.

[96]张旺,申玉铭.京津冀都市圈生产性服务业空间集聚特征[J].地理科学进展,2012,31(6):742-749.

[97]马国霞,朱晓娟,田玉军.京津冀都市圈制造业产业链的空间集聚度分析[J].人文地理,2011,26(3):116-121.

[98]孙久文,丁鸿君.京津冀区域经济一体化进程研究[J].经济与管理研究,2012(7):52-58.

[99]陈红霞,李国平,张丹.京津冀区域空间格局及其优化整合分析[J].城市发展研究,2011,18(11):74-79.

[100]朱桃杏,吴殿廷,马继刚,等.京津冀区域铁路交通网络结构评价[J].经济地理,2011,31(4):561-565.

[101]戴宏伟,刘敏.京津冀与长三角区域竞争力的比较分析[J].财贸经济,2010(1):127-133.

[102]董冠鹏,郭腾云,马静.空间依赖、空间异质与京津冀都市地区经济收敛[J].地理科学,2010,30(5):679-685.

[103]周立群,夏良科.区域经济一体化的测度与比较:来自京津冀、长三角和珠三角的证据[J].江海学刊,2010(4):81-87.

[104]王海涛,徐刚,恽晓方.区域经济一体化视阈下京津冀产业结构分析[J].东北大学学报(社会科学版),2013,15(4):367-374.

[105]周桂荣,王冬.推动京津冀区域产业升级与创新浅探[J].现代财经,2011,31(3):29-33.

[106]叶堂林.新时期京津冀区域经济发展战略研究[J].区域经济评论,2014(1):138-141.

[107]魏后凯.产业转移的发展趋势及其对竞争力的影响[J].福建论坛(经济社会版),2003(4):11-15.

[108]张公嵬,梁琦.产业转移与资源的空间配置效应研究[J].产业经济评论,2010,9(3):1-21.

[109]孙久文,彭薇.劳动报酬上涨背景下的地区间产业转移研究[J].中国人民大学学报,2012,26(4):63-71.

[110]江小涓.产业结构优化升级:新阶段和新任务[J].财贸经济,2005(4):3-9+71+96.

[111]干春晖,郑若谷.改革开放以来产业结构演进与生产率增长研究——对中国1978~2007年"结构红利假说"的检验[J].中国工业经济,2009(2):55-65.

[112]薛白.基于产业结构优化的经济增长方式转变——作用机理及其测度[J].管理科学,2009,22(5):112-120.

[113]贺灿飞,刘作丽,王亮.经济转型与中国省区产业结构趋同研究[J].地理学报,2008(8):807-819.

[114]付凌晖.我国产业结构高级化与经济增长关系的实证研究[J].统计研究,2010,27(8):79-81.

[115]干春晖,郑若谷,余典范.中国产业结构变迁对经济增长和波动的影响[J].经济研究,2011,46(5):4-16+31.

[116]刘艳军,李诚固,王颖.中国产业结构演变城市化响应强度的省际差异[J].地理研究,2010,29(7):1291-1304.

[117]李博,胡进.中国产业结构优化升级的测度和比较分析[J].管理科学,2008(2):86-93.

[118]陈红霞,李国平.1985~2007年京津冀区域市场一体化水平测度与过程分析[J].地理研究,2009,28(6):1476-1483.

[119]袁海,吴振荣.中国省域文化产业效率测算及影响因素实证分

析[J].软科学,2012,26(3):72-77.

[120]郑若谷,干春晖,余典范.转型期中国经济增长的产业结构和制度效应——基于一个随机前沿模型的研究[J].中国工业经济,2010(2):58-67.

[121]王昆,廖涵.国际产业趋同与差异研究——来自非竞争型投入产出表的证据[J].产业经济研究,2011(1):11-20.

[122]郝鹏飞,韩福明,刘冬蕾.京津冀区域一体化下河北省服务业发展的问题分析[J].中国物价,2010(4):43-46.

[123]王海涛,徐刚,恽晓方.区域经济一体化视阈下京津冀产业结构分析[J].东北大学学报(社会科学版),2013,15(4):367-374.

[124]刘铁,王九云.区域战略性新兴产业选择过度趋同问题分析[J].中国软科学,2012(2):115-127.

[125]刘杰.山东省西部产业结构趋同研究[J].经济地理,2013,33(9):101-106.

[126]孙根紧,陈健生.中国区域产业结构趋同的研究综述[J].工业技术经济,2012,31(5):96-103.

[127]于良春,付强.地区行政垄断与区域产业同构互动关系分析——基于省际的面板数据[J].中国工业经济,2008(6):56-66.

[128]邓路.环渤海经济圈地方保护与产业同构的理论与实证研究[J].大连理工大学学报(社会科学版),2010,31(1):51-54.

[129]陈晓永,张会平.基于梯度差异视角的京津冀产业同构及成因的新认识[J].改革与战略,2012,28(6):98-100.

[130]彭飞,韩增林.区域一体化背景下的环渤海地区制造业产业同构性分析[J].世界地理研究,2012,21(1):121-130.

[131]陈建军,胡晨光.长三角的产业集聚及其省区特征、同构绩效——一个基于长三角产业集聚演化的视角[J].重庆大学学报(社会科学版),2007(4):1-10.

[132]中国经济增长与宏观稳定课题组.城市化、产业效率与经济增

长[J].经济研究,2009,44(10):4-21.

[134]龚晓莉,胡汉辉.基于DEA的产业效率分析——通信设备、计算机及其他电子设备制造业的实证分析[J].工业技术经济,2009,28(11):68-72.

[135]雷勋平,Robin Qiu,刘思峰.基于DEA的物流产业效率测度实证研究——基于我国31个省、市、自治区2008年投入产出数据[J].华东经济管理,2012,26(7):62-66.

[136]曾硕勋,杨永,施韶亭.基于DEA三阶段模型的中国高新技术产业效率研究[J].企业经济,2013,32(1):116-120.

[137]杨春梅,赵宝福.基于数据包络分析的中国冰雪旅游产业效率分析[J].干旱区资源与环境,2014,28(1):169-174.

[138]秦晓敏.价值链控制能力与产业效率关系的实证研究[J].中国城市经济,2012(3):49-50.

[139]张宝友,朱卫平,孟丽君.物流产业效率评价及与FDI质量相关性分析——基于2002—2011年数据的实证[J].经济地理,2013,33(1):105-111.

[140]王维国,马越越.中国区域物流产业效率——基于三阶段DEA模型Mamlquist-Luenberger指数方法[J].系统工程,2012,30(3):66-75.

[141]袁晓玲,白天元,李勇.主导工业产业效率下的经济可持续发展潜力研究——以陕西省为例[J].西安交通大学学报(社会科学版),2013,33(4):21-27.

[142]陈梦筱.城际交通视域下京津冀城市群经济联系和产业协同发展研究[D].北京:首都经济贸易大学,2022.

[143]李春凤.中国三大城市群高技术产业集聚对区域创新效率的影响研究[D].长春:吉林大学,2022.

[144]杨玉霞.京津冀区域价值链与制造业产业升级研究[D].北京:北京交通大学,2022.

[145]季建万.基于多源时空数据的京津冀区域协调发展评价研究

[D].北京:中国科学院大学,2021.

[146]许宁.产业协同集聚对绿色全要素生产率的影响研究——基于生产性服务业与制造业协同视角[D].昆明:云南大学,2020.

[147]赵桐.双重价值链视角下京津冀地区装备制造业产业升级研究[D].秦皇岛:燕山大学,2018.

[148]于可慧.京津冀产业转移效应研究[D].北京:北京科技大学,2018.

[149]李宁.京津冀生产性服务业与制造业协同发展研究[D].天津:河北工业大学,2017.

[150]郭炜煜.京津冀一体化发展环境协同治理模型与机制研究[D].保定:华北电力大学,2016.

[151]随志宽.京津冀与长三角都市圈主次城市关系及产业比较研究——基于共生关系和竞合关系的视角[D].北京:中央财经大学,2015.

[152]全诗凡.基于区域产业链视角的区域经济一体化——以京津冀地区为例[D].天津:南开大学,2014.

[153]孙昱淇.我国产业结构与就业结构演变及关系实证研究[D].长春:吉林大学,2013.

[154]王进.中国地方政府规制行为及其对产业效率的影响研究[D].济南:山东大学,2013.

[155]余俊波.政府政策、要素流动与产业转移[D].广州:暨南大学,2012.

[156]Kohnert D. ASEAN and African Relations:Towards a Renewed Partnership? [J]. Available at SSRN 3962361,2021.

[157]Richard E. Caves,David R. barton. Efficiency in U. S. Manufacturing Industries[A]. The MIT Press,Cambridge Massachusetts,London England,March 14,1990.

[158]Masahisa Fujita,J. Vernon Henderson,Yoshitsugu Kanemoto,et al. Spatial Distribution of Economic Activities in Japan and China[J]. Hand-

book of Regional and Urban Economics,2004(4):291-297.

[159]Robert W. Faff,Usha R. Mittoo. Capital Market Integration and Industrial Structure:The Case of Australia,Canada and the United States[J]. Journal of Economic Integration,2003,18(3):433-465

[160]Matías Mayor Fernández,Jesús López Menéndez. Spatial Shift-share Analysis:New Developments and Some Findings for the Spanish case [J]. Department of Applied Economics,University of Oviedo(Spain),45th Congress of the European Regional Science Association,August 2005:1-20.

[161]Joris Pinkse,Margaret E. Slade,Craig Brett. Spatial Price Competition: A Semiparametric Approach [J]. Econometrica, 2002, 70 (3): 1111-1153.

[162]Pierre-Philippe Combes,Henry G. Overman. The Spatial Distribution of Economic Activities in the European Union[J]. Handbook of Regional and Urban Economics,2004(4):2845-2909.

[163]David B. Audretsch,Maryann P. Feldman. Knowledge Spillovers and the Geography of Innovation[J]. Handbook of Regional and Urban Economics,2004(4):2713-2739.

[164]Roberto Ezcurra and Pedro Pascual. Spatial Disparities in Productivity in Central and Eastern Europe[J]. Eastern European Economics,2007, 45(3):5-32.

[165]Mark D. Partridge,Dan S. Rickman,Kamar Ali,M. Rose Olfert. The Landscape of Urban Influence on U. S. County Job Growth[J]. Review of Agricultural Economics,2007,29(3):381-389.

[166]Nicholas C. Williamson,Nir Kshetri,Tim Heijwegen,et al. An Exploratory Study of the Functional Forms of Export Market Identification Variables[J]. Journal of International Marketing,2006,14(1):71-97.

[167]American Economic Association . C:Mathematical and Quantitative Methods[J]. Journal of Economic Literature,2009,47(2):550-552.

[168]Charles M. Tiebout. A Pure Theory of Local Expenditures[J]. The Journal of Political Economy, 1956, 64(5):416-424.

[169]Luc Anselin . Local Indicators of Spatial Association-LISA[J]. Geographical Analysis, 1995, 27(2):93-115.

[170]Tor-Martin Tveit , Juha Aaltola, Timo Laukkanen, et al. A framework for Local and Regional Energy System Integration between Industry and Municipalities—Case Study UPM-Kymmene Kaukas[J]. Elsevier Science. Reprinted with Permission from Energy, 2006, 31(12):1826-1839.

[171]Masahisa Fujita. Thünen and the New Economic Geography[J]. Regional Science and Urban Economics, 2012, 42(6):907-912.

[172]Klaus Gugler, Michael Pfaffermayr. Convergence in Structure and Productivity in European Manufacturing? [J]. German Economic Review, 2004, 5(1):61-79.

[173]Paul Krugman. Increasing Returns and Economic Geography[J]. The Journal of Political Economy, 1991, 99(3):483-199.

[174]Li Pei. Metropolitan Economic Growth and Spatial Dependence: Evidence from a Panel of China[J]. Frontiers of Economics in China, 2008, 3(3):277-295.

[175]Patrick Legros, Andrew F. Newman. A Price Theory of Vertical and Lateral Intergration[J]. The Quarterly Journal of Economics, 2013, 128(2):725-770.

[176]Paul Krugman. Space :The Final Frontier[J]. The Journal of Economic Perspectives, 1998,. 12(2):161-174.

[177]Paul Krugman. Scale Economies, Product Differentiation, and the Pattern of Trade [J]. The American Economic Review, 1980, 70(5): 950-959.

[178]Matías Mayor, Ana Jesús López. Spatial Shift-share Analysis Versus Spatial Filtering:An Application to Spanish Employment Data[J]. Empiri-

cal Economics,2008,(34):123-142.

［179］Masahisa Fujita, Jacques - Francois Thisse. Spatial Competition with a Land Market:Hotelling and Von Thunen Unified［J］. The Review of Economic Studies,1986,53(5):819-841.

［180］Nuno Crespo,Maria Paula Fontoura. Regional Integration and Internal Economic Geography - an Empirical Evaluation with Portuguese Data ［J］. Regional and Sectoral Economic Studies,2013,13(2):99-116.

［181］Valente J. Matlaba,Mark Holmes,Philip McCann,et al. Classic and Spatial Shift-Share Analysis of State-Level Employment Change in Brazil ［R］. Department of Economics,University of Waikato,Working Paper in Economics 08/12,July 2012:12-25.

［182］Maurice Schiff,L. Alan Winters. Regional cooperation,and the role of international organizations and regional integration［R］. World Bank Policy Research Working Paper No. 2872,July 2002:4-13.

［183］Marcus Berliant,Masahisa Fujita. Knowledge Creation as a Square Dance on the Hilbert Cube［R］. KIER Working Papers No. 580,Institute of Economic Research,Kyoto University,January 2004:37-52.

［184］Cláudio André Gondim Nogueira,Daniel A. Feitosa Lopes. Employment growth in Ceara:a shift-share analysis(2000-2005)［R］. IPECE Working Papers No. 49,June 2009:3-23.

［185］John Bound,Harry J. Holzer. Industrial Shifts,Skills Levels,and The Labor Market for White and Black males［R］. National Bureau of Economic Research Working Paper No. 3715:9-15.

［186］J. W. Fedderke. Competition,Industrial Structure and Economic Growth［R］. Economic Research Southern Africa(ERSA) working paper No. 330,February 2013:19-26.

［187］Masahisa Fujita,Tomoya Mori. Frontiers of the New Economic Geography［R］. Institute of Developing Economies Discussion paper No. 27 April

2005:5-13.

[188] Garen K. Evans. Spatial Shift-Share Analysis of the Leisure and Hospitality Sector on the Gulf Coast following Hurricane Katrina[R]. Department of Agricultural Economics Discussion paper No. 9755, Mississippi State University, 2008:5-12.